Cpammata Eswtika

海外文學

創刊號

東　京
海外文學研究會編

海外文學社社友募集趣旨

우리는 朝鮮文壇의한劃時機를지을터이니 이로써海外文學을世上에내노으며 짜러서朝鮮의文學을年世世界各國文壇을 設實하개程 紹介하야世上에紹介하는것이 『海外文學』의使命이다.

이런큰使命을個人의힘으로는 能히達치못하고 萬人의合力이絕大必要함으로 本社에서는滿天下에同志를求코저海外文學社友制를두개되엇다.

◇ 社友規定

一, 社友建社友券을與함니다.

一, 社友께는月刊雜誌『海外文學』을無料로進呈하고 本社發行書籍에限하야 一割으로하며 (도經營非業에特典을되림니다)

一, 永年維持社友가되실라면 一金六十圓을先給하시고, 普通社友가될라면先金三圓만 先給하면됩니다.

一, 여러가지處理上關係로社友는二百名限하고募集합니다. 以此數가超過하는境遇에는 先着順으로定한다.

◇ 社友特典及海外文學社豫定事業

一, 巡廻講演及巡廻講習會 ……………… 無 料 入 場

一, 巡廻文庫設置 ……………… 絕大社友에限함

一, 普籍出版 ……………… 實費提供

一, 月刊雜誌發刊 ……………… 無料進呈

해외문학【海外文學】

1927년에 창간되었던 해외문학연구회의 기관지.

해외문학파란 실상 그 범위가 상당히 애매하다. 1926년 가을 일본 동경 유학생들을 중심으로 구성된 외국문학연구회의 회원들과 1927년 1월 서울(京城)에서 창간된 『해외문학(海外文學)』지의 집필진들을 일단 그 대상으로 볼 수 있을 것이다.

외국문학연구회는 주로 일본 호세이대학(法政大學)에 재학 중인 외국 문학 전공 유학생들을 중심으로 구성되었는데, 회원으로는 이하윤(異河潤)·김진섭(金晉燮)·홍재범(洪在範)·손우성(孫宇聲)·이선근(李瑄根)·정인섭(鄭寅燮)·김명엽(金明燁)·김온(金鎰) 등이었다. 여기에 『해외문학』지를 통하여 함일돈(咸逸敦)·정규창(丁奎昶)·김한용(金翰容)·이병호(李炳虎)·장기제(張起悌)·유석동(柳錫東) 등이 추가되었다.

그리고 '해외문학파'의 연장이라고 할 수 있는 『문예월간(文藝月刊)』지 및 '극예술연구회(劇藝術研究會)'와 관련된 이헌구(李軒求)·함대훈(咸大勳)·김광섭(金珖燮)·서항석(徐恒錫)·박용철(朴龍喆)·최정우(崔珽宇)·김상용(金尙鎔)·이형우(李亨雨)·이홍종(李弘鍾)·허보(許保)·김삼규(金三奎)·조희순(曺希淳)·유치진(柳致眞) 등이 가세하여 뚜렷한 문단 세력을 형성하였다.

이하윤과 더불어 그 핵심 구성원이었다고 볼 수 있는 정인섭의 회고에 의하면, 해외문학파의 활동은 동경시대와 경성시대로 나눌 수 있다고 하였다. 동경시대가 동호인적 친목이나 외국 문학의 번역 소개 같은 비교적 소극적 활동기였다면, 1929년 이들이 학업을 마치고 귀국하면서 시작된 경성시대는 이들에 의하여 각 신문사의 편집인이나 학예면이 거의 지배되다시피 되어 상당한 영향력을 행사하게 되었다.

그리하여 이들은 하나의 문단 세력권을 형성하면서 프로문학 등 기성 문인들과 날카롭게 대립하게 되었는데, 이 대립은 이데올로기나 번역 문제를 중심으로 한 여러 차례의 논전(論戰)으로 나타난다.

해외문학파의 공적은 외국 문학의 본격적인 번역·소개라는 면도 중요하지만, 그보다도 수필이나 희곡 같은 미개척 분야에 대한 이들의 선구적 업적이 더욱 중요하다고 할 것이다.

해외문학파 [海外文學派] (한국민족문화대백과, 한국학중앙연구원)

『海外文學』誌에 對하여

金 根 洙

『海外文學』誌는, 周知하는 바와 같이, 外國文學研究會(通稱 海外文學研究會)의 機關誌로

서, 1927年 1月 17日에 創刊(창간호는 서울서 發行, 국판202面)되어 同年 7月 4

日 通卷 2號(2號는 日本 京東서 發行 국판 68面)로써 終刊된 外國文學의 번역과 소개를

목적으로 한 잡지이다.

이 잡지의 母体인 外國文學研究會는 이보다 앞서 곧 1926年에 當時 日本 東京에 留

學中인, 主로 海外文學을 專攻하는 金晋燮(獨文學 專攻), 孫宇聲(佛文學 專攻), 李鍾涯(露

文學 專攻)、金䃥(露文學)、鄭寅燮(英文學 專攻), 異河潤(佛文學 專攻) 등이 組織했고, 뒤

에 李軒求(佛文學 專攻)、金晄燮(英文學 專攻)、張起悌(英文學 專攻) 등이 가담, 外國文

學의 번역, 소개, 연구 및 우리문학의 건설과 세계문학의 상호범위를 넓히기 위하여 조직

된 문학연구단체였던 것이다.

『海外文學』誌는 비록 겨우 두號로 終刊되었으나, 그 멤버들은 世稱 〈海外文學派〉로서, 外

國文學의 移植과 評論, 詩, 小說, 隨筆, 戱曲 등의 創作을 通하여, 反프로文學的 立場에서

純粹文學을 옹호하여 우리 文壇에 큰 波紋과 영향을 미쳤던 것이었다.

이제 『海外文學』誌의 業績과 特色을 뽑아 보면 이렇다.

첫째, 外國文學을 各其 專攻者들에 의해 번역·소개한 이 나라 최초의 잡지였던 점이다.

이 잡지가 출현하기 전에도, 물론, 新文學의 發足과 더불어 外國文學의 번역·소개가 없었

던 것은 아니었으나, 대부분이 間接的이었다. 따라서 重譯이었고, 甚함에 이르러서는 三重

譯이었던 것이다.

둘째, 어느 一國에 치우치지 않고 英·佛·獨·露·美 등 先進國家의 文學을 직접 번역,
소개한 점이다.

세째, 主義나 分派에 예속되거나 그 亞流가 될 위험성이 있는 때문이었다. 이건 當時의 우리 文學으로서는 어느 文
學의 主義나 分派를 超越한 잡지였다는 點이다.

네째, 本 誌에 실린 評論과 번역된 詩·小説·戲曲 등의 작품은 대체로 19世紀 後半期以
後의 歐美文學에 局限된 點이다. 따라서·멀리 歷史的 古典과 第一次 大戰 後의 新興文學에
까지는 미치지 못했던 것이다.

아무렇든, 李軒求가 〈『海外文學』創刊 前後〉에서 指摘한 바와 같이,

『朝鮮의 文學運動이 直接、間接으로 日本文藝의 影響과 感化를 絶大的으로 맡아 왔다.
그러나 日本文藝는 어떤가? 그것도 英·美文藝의 直接、間接的 영향 가운데서 胚胎·發
展되지 않았던가? 이와 같이, 조선은 새로운 文學思想의 直接的 輸入이 없고 恒常 間接
的으로 輸入되지 못했다. (中略)이 우리 文學의 비참하고도 빈약한 亞流의 吸收밖에
안 됨을 알게 될 때 여기에 한 가지 새로운 野心과 必然的 欲求가 생기게 되어、直接으로
吾人도 外國文學을 鑑賞하고 紹介하기 爲해서는 外國語의 힘을 빌어 直接 그들의 作品과
思潮에 接觸할 밖에 있다.

그리하여 必然的으로 外國文學을 專攻하는 文學徒가 생기게 되고、이 文學專攻者、로써
結成된 會合이 곧 外國文學研究會였다.』 그리고 그 設立 趣旨와 目的 下에서 發刊된 것
이 『海外文學』誌였던 것이다.

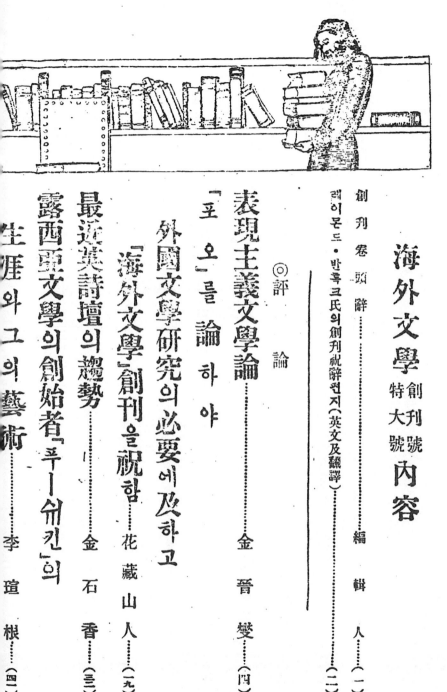

海外文學 創刊號 特大號 內容

爲海外文壇發展殿

朝鮮文壇二月號重要目次

東京留學生學友會雜誌

學之光

—「冬季號」—

重要目次

發行所 東京市外長崎村並木町一三四〇

發行人 洪秉三

[定價五十錢]

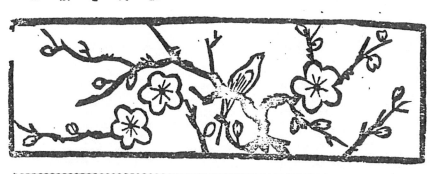

創刊卷頭辭

●外國文學研究會는 一九二七서에 비롯터 「海外文學」을 世上에 내놋는다。悲慘한 過去、微弱한 現

實보다도 遠大한 未來의 거록한 理想을 爲하야 우리는 하로밧비 뜻잇는 運動을 實地식히 는것이다

●무릇 新文學의 創設은 外國文學輸入으로 그 記錄을 비롯한다。우리가 外國文學을 研究하는 것은

決코 外國文學研究 그것만이 目的이아니오 첫재에 우리 文學의 建設、둘재로 世界文學의 互相範圍를

넓히 는데잇다。

●即우리는 가장敬虔한態度로 먼저 偉大한 外國의 作家를 對하며 作品을 研究하여서 우리 文學을 偉

大히 充實히 세워 노며 그光彩를 독거보자 는것이다。이에 우리는 우리 新文學建設에 압서 우리 荒

蕪한 文壇에 外國文學을 밧어 드리는바이다。

●머리나 胚胎될 우리 文學이 잘어잇고 빗어나는것이 된다면 우리가 이크던 이 時代의 必然的 使驛

은 그目的을 達하게 된다, 同時에 世界的 見地에서 보는 文學 그것으로 모한 成功이다。그만처 우리의

責任은 重大하다。

●어런 意味에서 이 雜誌는 世上에 흔이 보는 여러한 文學的 主義 下에 모히고 그것과 다르다。創版된 一部

人의 發義를 爲主로 하 는 同人雜誌 그것도 아니다, 이 雜誌는 엇던 時代를 劃하야 우리 文壇

에 큰 波動을 어르키 는 뜻잇는 運動全體의 機關이다。同時에 主義나 源分을 超越한 廣汎한 그것이어니

여긔 意味된다。——

——秋松—— (一九二六、十二, 東京)

Waseda University,

Tokyo, Japan.

Nov. 1926

My Dear Mr. Chung,

I am delighted to hear that you and some of your friends are intending to edit and publish next January a new magazine entitled "Foreign Literature." The study of foreign literature is, in my opinion, the most necessary and important inspirer of the writers of any country. It brings in a flood of new and fresh ideas, encourages new writers and prevents the old ones from becoming stale, and without it a true literary life is impossible. We in England owe practically everything to foreign literature. All our greatest men stole ideas and themes from the continent, not only at the time of Renaissance, but before and afterwords.

So let us hope that this new magazine of yours will be the herald of the Twentieth Century Renaissance of the literary life of Korea.

Wishing you every success,

Yours truly

Raymond Bantock

日 本 東 京

早 稻 田 大 學

나의敬愛하는鄭君,

君과君의友人몃사람들이 『海外文學』이라는 새로운朝鮮雜誌를編輯하야 다음正月에發刊하려고 計畫中이라합을듯고 나는깃버합니다. 나의意見으로서는 外國文學의硏究는 各國作家의가장必要하고重要한 靈感者일가합니다. 그것은 新鮮한觀念을 넘치도록持來하고 새로운作家를舊發식히며 녯作家가無氣力하게됨을防禦하는것이니 그것업시는 眞正한文學生活이不可能입니다. 우리英國에는 모든것이 實際的으로 外國文學에依하고잇슴니다. 우리의가장偉大한사람들은 모다 大陸에서 觀念과論題를 竊取하얏슴니다. 루네쌍쓰(文藝復興)時代뿐만아니라 그前과後에도.

그럼으로 그대들의 이새로운雜誌가 朝鮮의文學生活에 第二十世紀루네쌍쓰의先驅者되기를 希望합시다.

그대에게 모든成功을바래면서

眞正한 그대의

레이몬드

表現主義文學論

새藝術은 발서藝術됨을긋치리라

―이리―야●에렌부르크―

金晋燮

藝術上의如何한主義主張도 그것이얼마나偉□한것일망정 永遠性을호을로確執할수잇난것이아니다。 不斷의創造的進化를意味하는 意識

歷史的反復이許□하난바 旣成의信仰이對한新藝術의反逆과革新은 必然히招來하는要請이다。

的生類의生의問題로서 時代本能과民衆感覺이

十九世紀에잇서서 自然主義는 理想主義가지운因習을打破하고文藝의領域을擴張하얏다。 理想主義文

學者가 想像的經驗에김히耽溺으로依하야 보담놉흔飛翔의가운대人生의理想을撫索하면서 世界의一

般美를爲하야美化된것을다시美化하고 純化된것을다시純化하고 偉化된것을다시更化식히는信仰을一蹴

의밋태破粹하고 그飛散하는信仰의廢墟의우에 無엇보다도人間의現實的直接經驗을重

視하고强調하야 純客觀的으로科學的으로 自然即外象世界의忠實한描寫를主張하고그리하야 그러한그

들의信仰을築造하얏다。 그들의맘하는바에依하면 한장의巧妙한寫眞의가운대에 藝術家로서의藝術의乃

또는人生의本質과眞繼가잇다하는것이다。 그들은十九世紀의自然科學的物質主義的感化의밋태培養된結果

藝術의科學化의意味와그價値를頑冥히主張도하고 그以上精力으로實行하얏다。 그들은作者主觀의尊貴

를集成하고　人間性의生得性自由意志를排拒하야써純粹客觀에對한尊奉에醉하엿다。그리고그들은自進自

好⋯　醜惡한人生의矛盾矛斷而을찍어내며　이것이야참自然眞理(Naturwahrheit)라하야　粗野

한⋯의暗黑한部分面을提示하는以上에　一步를나아갈수업섯다。이제에「보난것」의狂信者自然主義者들

은⋯도새로운因習과傳統을깨고　다시極히狹窄한領域의內奧에跼蹐하야自己自身을限定하지아니하면

아니될運命에陷落한것이다。

世紀는왓다　그리하야自然主義藝術의信仰은　二十世紀의灼熱에　傳染病菌的死滅을遂行하엿다。二十

世紀의現代人이　그들에게이미아모滿足도感動도줄수업는自然主義에　웨　이러버리며잇난그의功價를愛

惜하지아니하면아니되랴?　世界大戰은　二十世紀의藝術表現主義를誕生하지아니하엿느냐?

表現主義藝術은　實로印象主義乃至自然主義의投擲에비롯한다　그것은出發한다。藝術은模倣이란

古代希臘以來의傳統에對한抗議이며　쓰그것으로부터의印象의再現이라하야　오작自然의接近과相似에全心專力하는

忠實한模倣이며描寫이며　다시말하면藝術對象이　新與의客體的現質의

過去藝術의外象에對한感覺主義乃至感覺에依한直觀主義를一擧에拒否하고　客觀의無意味한暴威로부터

蟬脫하야　우리의가장本質的인것(Das "wesentliche"　un Lehr)과靈魂(Seele)의　즉主觀의表出을高調하며　自然主義詩人의게冷遇를바

든精神(Geist)과靈魂(Seele)의　서부리미티를樹立하랴는것이다。埃太利의文人헤르만・바-ㄹ(Herman

un Lehr)과　그의著書인　「表現主義」(Expressionismus, 1916)에서　印象主義에離反하고勃起한印象派以

後의總藝術　換言하면主觀의表出을意圖하는藝術一般을　表現主義란名目의가운대總括한것도　表現主義

藝術이結局印象　그것을棄却하고自然視하야　主觀表出을高調함으로써積極的으로能勤的으로客體

의權威를足下에蹂躙하고　一切의外象의亡觀主義化를指標하는明白한原理를　共通이所持하는所以에다름

업다。

이러하야表現主義藝術은　일즉이自然主義印象主義藝術에依하야　客觀的權威와自然의서부리미티의

後의自然主義藝術가되自從하고잇는個性과人間그것을　그客體의우에서지쇠으러을너여　個性主觀의完全한奪還

而窗에서⋯

과 支配를엇재한것이다。冷死的自然의때從者이든사람이든乃至藝術家는 이제야自然을征服한　•에로•베르그가

되고해로쉬가되엇다。征服者가된것이다。靈主者가된것이다。純然로表現主義者는 自己內部의主觀을

其滿으로하고얼마던지外部領域을變容하고改造할수잇다。表現主義者는 自然이엇더한片鱗도비

나도엽다。그것우自然의超絶한排斥이고 그리하야그것은 容體의印象이아니다、또한自然人生의再現도아

「모―든哲學은個々人의言語다」라는意味와立脚地에서 나의觀察하는바에依하면 主題의强調商抱은

二十世紀의時代兆候이고、그리고二十世紀의時代懨과時代的價値制度의代言者로서二十世紀을培養할오

날의藝術의特相이다。웨그러냐하면二十世紀의現代人의特徵과主傾向이 그리고그들의直하는生活態度가

現代主義의이며 싸라서그現實思想이必然的으로進展할路程方向은 敎語할必要를늣기지아니하고主觀主

義의强調에連結될수밧게업슴이明白하다。쉽게말하자면 現代人우現實的精神의心膸에懷抱되야　個

人主義思想에思醒한것이다。理路의明瞭와確證을獲得하기爲하야 그의顯著한界例를過去의思想家에차지

면 뿌리―드릿히•늬―체(Friedrich Nietzsche)의超人思想과막크스•슈털나―(Max Stirner)의個性强

調의思想이곳이것이다。이리하야이個人主義思想은다시勢展하야야二十世紀의現代人으로하여금 社會主義

的乃至世界主義의思想의懷抱性에서지그들의悟性의理解를擴充식혓다。個體的으로個人이른個人에게分化하

면할사록 그의社會性은더욱增長한것이다 사람은다自我의個性을가지고잇다 한個人이이른個人과相異

하다는感覺의事實을認識하는同時에 우리는그것에도不拘하고그들이完全한社會生活을한가지營爲하고잇

난經驗의事實을正當이認識하는處地에서지到達한것이다。

이러한思想의經過의속에 表現主義藝術의母胎는잇섯든것이다。우리는그것을너머나容易히　發見의큰깃

悅을늣길수도업시 確認할것이다。이제에우리난 그것이너머나廣布的으로人口에膾炙하기때문에 우리로하

야곰重復幾多의와陳腐感을걸맷하면이리키는 늬―체의超人思想을전되리는데警戒하고 그것보다는世上에理

解範圍가좁은슈틸나―의一節語을傾聽하야볼가!

『나는나의原因을아모것에도두지안엇다。내以上에存在하는것은 그것이神이던사람이던모다나의個性의
感情을軟弱케한다。나는나의原因을나라일킷는 『唯一者——Der Einzige——』에둘뿐이다。』

II

主觀表出의藝術即表現主義의起源을論하고 그것의發祥的萌芽라던隱微한足痕을 傳統의藝術即印象主
義自然主義의藝術潮流의波浪의속에서捕捉하랴는 計劃은全然히至難의事에屬한다。만뿌렛쓰·슈나이데르
(Manfred Schneider)난그의著作 『戱曲의表現主義』(Der Expressionismus in Drama)에서 表現主義의起
源을大膽히 그러나至極히漠然히論斷하야 獨逸의表現主義는 繪畵에잇서서난호도러에서지遡及하고 文
學에잇서서난 Stuerm und Drang 時代即靑年귀—레、靑年실라—에까지遡及할수잇다고하엿다。그斷定
의安當與否와眞僞는如何間 우리는表現主義藝術을觀察할째에 적어도거기에獨逸的根據를無視하고생각
하야서는아니된다。過去의藝術이徹底히羅典的임에反하야 新興의表現主義는 緻密한意味에잇서서도獨
逸的이라할수잇다。表現主義의印象主義에對한反逆과否定의 未曾有로强烈한革命性에徹하야서보
아도 그것이 라틴文化에對한츄—론文化의根本的對蹠을意味하고 佛蘭西的美와律調에對한獨逸的意力
과半觀의勝利를高揚함이라하겟다。그런緣由로이러한藝術鬪爭은內面深奧에忍隱하야 暗默의사이에長久
한時間을두고持續되엿섯다고볼수도잇다。다만그것이徹底하고 明確한表現形式을取하게된것이偶然의動
機라고할수도잇고 必然의動機라고할수잇는今番의歐洲大戰인것만은興年하다。物質的으로큰沒落의打擊
을준獨逸國民의所謂 『崩壞——Zusammenbruch——』가精神的으로난 偉大한藝術인表現主義에 그形態
의完成을授與하고發生의早速을모리비지—텐한것이다。우리난우리가한바見解에追從하야 表現主義藝
術이 그의發生의基盤을獨逸에두고 또한그文學形態와詩的品種(Dichtungsart)이獨逸的인緣故로 表現
主義의藝術運動을살피기前에 表現主義以前의獨逸文學의狀況에對하야顧慮의意識的一瞥을投下할必要에
盲目일수업다。——

十九世紀의科學思潮의風靡는　獨逸文壇에잇서서도亦是同一道程을밟아　自然主義的文學을要求하도록

하였다。그의有名한作品「日出前」(Vor Sonnenaufgang)이　一八八九年에上演되여서質로自然主義文學의完成者이

頂이엿섯다。그리나하우푸트만自身이　그自然主義의徹底의속에新浪漫主義의萌芽를培養하고잇섯다。그

때에時機는飢熟하야　新浪漫主義的文藝에對한渴仰의소래가차츰〈 이러나기始作하엿다。一八九二年에

하우푸트만이自然主義文學의代表作「織匠」(Die Weber)을公表하자　詩樂게―데以後로稀有한現代叙情詩의

巨匠리하르트·떼―멜(Richard Dehmel)이문헨―München―에서發行하는雜誌「社會」(Die Gesell-

chaft)에發表한評論「獨逸新日常悲劇」(Die neue deutsche Alltagstragoedie)의一文이契機를지여忽地에自

然主義에對한反抗이擴大하야갓섯다。여기 헤로만·빠―르의統導의밋헤　新興維納文學―Das junge

Wien――運動이이러나　新浪漫主義象徵主義文學이勃興하엿다。이思潮는一九〇〇年代로부터一九一〇年

代에延亘하는獨逸文學의主潮로서文壇을支配하는바된것이다。

自然主義에잇서서는　俗象이詩人觀察의對象이엿고下流階級의罪人이가장興味잇는素材이엿다。그리하

야그들은環境이라던가遺傳이라던外的物質에支配되는人生의運動을描寫하는것이다。그러하대新浪漫主義者

들은　病的으로發達한神經、銳敏한感受性、薄弱한意志　官能的要素로써　自己本位의快感과滿足을要求

하엿다。그들의主張하는形式藝術이　徹底히享樂的이고遊戲的이고氣分的인것은　自己를爲하야그들이美

를追求하고고美를夢想하는써닭이다　Hermann Bahr 를爲始하야 Hugo von Hofmannsthal Arthur Schni-

tzler, Richard Beer-Hofmann, Ernst Hardt, Karl Gusta Vollmoeller 等의新浪漫主義象徵主義를代表하는

錚々의詩人이다。

上述한바와가리　社會的色彩가濃厚한自然主義藝術이下流階級의混濁한現質而의描寫에偏重한反動으로

現質生活의醜惡에堪耐할수업시　人生을　아니自己를美化하고저　高踏的인　貴族的인　享樂的인　遊戲

氣分的新浪漫主義가勃興하엿스나　一八九八年에　하우푸트만이　自然主義作品「運送人헨설」(Fuhrmann Henschel)를公表하고 新浪漫主義의巨匠 호푸만수타ー르이氣分主義戱曲「窓中의女」(Die frau im Fenster)를發表한同年에 파울·에른스트(Paul Ernst)가처음으로 一戲曲과近代宇宙觀」(Das Drama und die moderne Weltanschauung) 이란論文을發表하야 新古典主義 —— Neuklassizismus —— 의烽火를들고 자류엘·루쑉린수키ー(Samuel Lublinski) 벨헤림·뽄·솔쓰(Wilhelm von Scholz) 와한가지自然主義新浪漫主義에對抗하야 作爲的으로意識的으로 祖國的傳統인古典主義와의結合을企圖하야써規範을설나ー와 過去의大詩人에게길을무를수밧게업다。헵뻴에求하엿다。 古典主義者는宣明하야말하는것이다。 오날의獨逸文學의窒息狀態를打開항에는 過去의大詩人에게길을무를수밧게업다。우리의歡喜는自然主義인同時에新浪漫主義다。二者는一見相異한것가로나 그러나根本에잇서서 同一土壤에서는樹木이다。卽사람이란獨立自由가아니고自然에支配된다하나 學說를根抵로한自然科學的宇宙觀에서濫觴한다。여기에自然主義의境遇劇이生起고 自然主義에잇서서社會的으로發顯한것이心理的으로麁概되면新浪漫主義의氣分藝術이된다。兩者는서로無意志한線由에偉大한 藝術에到達할수업고 作品의價値는題材如何로決定되는것인새닭에 偉大한藝術은偉大한人物과性格을主人公으로하지아니하면아니된다。

III

그러나 自然主義와新浪漫主義에反展들들고擡頭한新古典主義난 幸인지不幸인지 充實한成育을보지못하고 歐洲大戰의勃發이곳表現主義의誕降으로하야끔그에代身석혓다。

總括的으로말하야 藝術上의새로운反逆運動은 造形美術로依하야 그機運의促進을밧고破壞의意味를한先驅性을容易히發見할수잇슬것이다。그것은勿論造形美術其自身이 그들의藝術的革命運動에關會하야 適應한條件을自軆의속에具備하야잇슴으로써임은말할必要도업다。그리하야十九世紀時代의象徵인藝術 自然主義及印象에猛烈히反逆을高배용이만라。우리가一般藝術史의페ー지를덧처고造形美術의跡는踪跡을探索하면 造形美術의時代에敏感

밋하고擡頭한二十世紀의藝術表現主義에잇서서도 그러한史的으로確定된先驅的傾向은 例에漏洩합이업

시造形美術에干先發現된것이다。——싸라서 表現主義文學의主張과傾向은 結局造形美術特히 表現主

義繪畫의主張과傾向을移植한것에지나지아니한다 繪畫에잇서서 色彩가하라하는바革命을 表現主義文

學은言語로서하랴는것이다。

大戰이 그들에게준經驗은 想像할수잇는最大의것이엿다。大戰은그들에게. 敗殘과絕望과困窮과不具性

을선사한것이다。그들은質로苦惱의사람이고失脚의사람이엿든것이다。——이不可抗의壞滅의가운데에서 悲慘

기여나아가랴하는그들의希望에는自못悲痛한것이잇다 或者는 自己自身의體驗을기림으로依하야 非軍國

한現在에서逃避하랴하엿다。或者는自己와世界의破壞를叫喚하엿다。或者는戰禍의恐怖를부루지저非軍國

主義을强調하엿다。舊時代에對한憎惡과反逆을기리며 現代文明의虛無를喝破하야原始에의逆行을表現하

는者도잇섯다。神秘感과宗敎的恍惚의속에깁히沈沒하야 自己의救濟와世界의仁愛를探求하는者가잇난一面

에는 畸形的病的인奇々怪々한物象을描寫하는者도잇섯다。——그러나그들表現主義를建造하랴는當初의

藝術家의全部가 그들의病的인이고不健全하다하야그것을排斥하지안는다 그들의

病的인이온너무나必然하지아니하냐。너무나眞質하지아니하냐?——에도不拘하고 그들이그들의作品에對

하야『그의참된自我에恰似한엇던理想』을表現하랴苦心하고 그것에熱烈한憧憬과强堅한信仰과快樂한希

믯을진하고잇섯든것이다。

——一九〇七年에 表現主義의造形美術運動이드레스덴——Dresden——에서初發하엿다。 그것에前後

하야또 뮨헨 Muenchen——에그運動은이러낫다。『橋』(Bruecke)란이름이밋는集團한靑年藝術家가前

者이고 이른바『新藝術家同盟』(Neue Kuenstlervereinigung) 이後者이다。이리하야 이運動은發神되엿

스나 常例的으로表現主義的繪畫는激烈한社會의嘲笑의가운대育成되야갓섯다。

表現主義의文學運動은 그具現을歐洲大戰의初年에發端하엿다。雜誌『行動』——Aktion——을中心으

하야 大戰當時의非軍國主義的、平和論的、人道主義的、民主主義的、國際主義的要素에向을所持한文

으로하고

——（ 10 ）——

士의 一群이 極端에다라난戰爭否定의態度를取하야 그들의 主義思想을表示하고 戰禍를主題로한人生問題의作品을發表하엿다。戰時의非常期에잇서서 이러한反戰論은勿論危險思想의色彩를濃厚히띄인것이아니먼아니될것이다。戰時秩序의維持上必然한結果로 政府와官憲은戰時檢閱法으로依하야 그러한不穩雜誌의發行을禁止하엿다。때문에 表現主義의機關雜誌「行動」은 엇더한期限內에 不可不沈默할수밧게다른道理가업섯다。그들의이러한不可避의抛手狀態의가운데에 二三의文士는 그들의原稿를中立國瑞西의都市 쮜―릿히에서 表現派叙情詩人루네·쉿케데(René Schickele)가 編輯하는雜誌「白紙」(Die Weisson Blnetter)에密送하야 主義的活動을繼續하엿다。當時쮜―릿히에는 表現主義와밋非戰思想을 同市의有名한書舗탓쉘會社가『歐羅巴叢書』(Europäische Bücher)를刊行하야 表現主義文學思想을 宣傳하고鼓吹하는等 危險分子의巢窟이이곳에形成되됏感이잇섯다。그런데 一九一八年에大戰이終熄하고 이여革命이이러나자 그들反逆의藝術家들은白日에堂々의旗、正々의陣으로 文壇에怒號吐況함을어더 이리하야滿天下의青年文士들은 翕然히 그旗幟의밋혜蝟集하여왓다。大端한氣勢로서表現主義文學은進展하야 雜誌書籍이此屢蔟出하엿다。主要한雜誌의數種을들면 「新青年」(Neue Jugend) 「末日」(Der juengate Tag) 「藝術誌」(Kunstblatt) 「마르가씨」(Margus)가튼것이다。

이리하야 이제 表現主義文學은獨逸文壇의全容을덥고 新進文士의거이全部數가表現派라하야도過言이아닐만한形勢에서지到達하야잇다。그들表現派의이름을잇는일흠을現在를基準으로하고記錄하야보면 詩壇에잇서서는 루벡·쉿케레(René Schickele) 헤르만·헷쎄(Hermann Hesse) 삐란쯔·웨르펠(Franz Werfel) 뺵헤르(Becher) 에―렌슈타인(Ehrenstein) 크라뺀드(Klabund) 뽈펜슈타인(Wolfenstein)——戲曲으로는 (獨文壇에서戲曲엔恒常有力한部面이고 싸라서表現主義에잇서서도무엇보다勢力이만코價値도크다) 하―젠크레―뼬르(Walter Hasenclever) 뿔라―(Ernst Toller) 카이자―(Georg Kaiser) 윤루――(Fritz von, Unruh) 슈테른하임(Karl Sternheim) 요―스트(Hans Johst) 쩐루스트(Alfred Brust) 코룬뼬르드(Paul Kornfeld) 大戰에서夭折한才能인 조르케(Reinhard Sorgel) 아이쓰나―(Kurt Eisner) 켐

링크(Reinhard Goering) 애이쓰만텔(Leo Weismantel) 뻴드깐쓰(Anton Wildgans) 쉐—터 헤로(Her-mann von Boettcher) 코々슈카(Oskar Kokoschka) 小說方面으로는 『瑪瑙珠』의作者로有名한 에—드슈밋트(Edschmid) 카푸카(Kafka) 발자—(Walser) 等을손꼽아헤아릴수잇스나 詩, 戲曲, 小說이란直分은確實한本質的區分이아닌것은勿論이다。한사람으로詩도쓰고戲曲도創作하며 畵家로서文學創作하는이도잇고 한사람이多角的으로各方面에活動하는사람도잇스니써다。다만藝術創作의分岐와才能과本意를假定的으로標準하고區別한것에지나지안는다。그들濟々多士의個別的作品에對한紹介는 機會를보아다시一文을艸할作定이니써。여기선論及치안코 表現主義가標識하는理論을살펴보자。

二A

表現主義藝術의理解에잇서々 그것의完全性을約束할수업는나의結屑贅牙 苦澁에찬說明보담은 그것이쏘한抽象에失한懷이업지아니하나 그것을直接主張하고 그自身의로직코를案出한 表現主義理論家의나의눈에 그것이表現主義의骨子이고。그核心을構成하고잇난듯보이난數行語를 다음에引用함으로依하야 그것의本質的意味를讀者로하야곰穿鑿케하고。窺知식힘이더욱效果的인줄밋는다。

——『온갓自然模倣을棄却하라。』하고。 란베르제르敎授(Lanberger)난 그의著『印象主義와表現主義』(Impressionismus und Expressionismus) 에서말한다。『空間의錯覺을낫난遠近畵法을 投擲하라。藝術은이러한詐欺術을 要치아니한다。藝術의眞은 外界와의一致가아니고 藝術家의內界와의一致다。"Kunst ist Gabe, nicht Wiedergabe." 藝術은再現이아니고表現이다。……』

에—드슈밋트(Kasimir Edschmid)는 『詩作上의表現主義論』(Ueber den dichterischen Expressionismus)에서말하되

『事實은 그것을貫通하야 그背後에潛伏한것을 藝術家가 把握할수잇난範圍와限度에잇서々 오

작意味가잇다。

──「世界난것기가잇다。 그것을再現하야난것은無意味한것이아닐세。 最後의瘞牽에서 가장本質的인積必에

서 探求되고 그리고새로히創造된것 그것이 藝術의最大任務다。── 모─든사람은 이쩌에 義務다

던, 道德이라면, 家庭이라면, 社會라면, 그러한것에結傳된個人이아니다。 그는 表現主義藝術에잇서々

는 最高者어고 그러나가장哀憐한者以外에아모것도아닌者리라── 即 人間이되리라……。」

그는다서말한다。

──「表現主義藝術 그것은 非單藝術의事件(잣혀 Sache)이아니다。 精神(가이스트 Geist)의要求다。그

것은 樣式의프로그람이아니다。靈魂(제─떼 Seele)의質問이다。人間性의事物이다……。」

그들表現主義者는 무엇보담도 精神과靈魂을高調한다。 그런써닭에 그들은 自我를表現하고 必靈

을때嘆하고 (에기 前者는 自己告白劇(잇히·드라마 Ich-Drama) 뒤낫코 後者는 따嘆劇(슈라이·드라

─Sohrei-Drama) 을난것이다。 純情을直射하고 뉴─제의이른바 「되으늬소스的」 의奈放한 여크쓰락

─야 에재 陶醉하고 觀念을透視하고 宇宙的或情을爆發식히 無形式의形式의속에 生命의律勳의接題現

다 宇宙心藏파의一致와 世界理念의到達을目標한다。

써라서 그들의主題는 精神靈魂의가장本質的인것乃至는가장普通的인것── 自己表現이고 人類全體

의運命어다 資本主義의目的, 勞働者의未來, 機械文明의價値, 戰爭의意味, 兩性愛의問題, 人生敎濟의

問題等 그러한一般的題材가만코 써라서特別한主人公이라는것어업다。

그러면 그意味하난바 精神이라는것은무엇이냐。 그것을 우리는좀더仔細히알必要가

잇슴을늣긴다。

디─쉘드 (Bernhard Diebold)는 그의著書 『戲曲의無政府』 (Anarchie im Drama)에서 精神과靈魂을

區別하야說明하며 가로되

──「精神」(가이스트)이란말과 「靈魂」(제─떼)이란말은 現代의敎養인난사람의日常言語에잇서々는

──(13)──

거이 同意語가되야바렷스나 그것은怪異한事實이아니라。오늘날까지 精神이란 오작知性이란 劣等한形

式에서만作用하고잇섯든緣故이다。그리고 靈魂은 全然히업서저서 日常生活의機械의運轉과 産業戰爭과 强制國家에잇서서는 無

價値의것이되야바렷다。組織狂은 個性을均一히하야엇다。事務室、工場、軍隊、國家의사람은 오작番號

에지나지아니하얏다。善이라던惡이라던 그것은問題가아니고 오작腦髓力 쏘는筋肉力만이重視된것이

다。英米的思想인 "Time is money." 와 利慾者의投機心이敎育을支配하얏다。저古代의善美의倫理는、文

明人으로부터 美와德을要求하고 中世時代는 敬神과武勇을 古典主義는人道를要求하얏스나 오늘의

사람은 그社會生活에잇서々는오작 産業戰爭에잇서서 가장有力한武器인智力만이 標準으로서評價된다……

──『科學은 顯微鏡에잇서 質驗心理學은分折作用에依하야 自然主義의戱曲家는 性格과環境의描

寫에依하야 사람을硏究하고 乃至는構成하야엇스니사 그것은 사람이란機械이고 靈魂을갓지아니하얏

섯다。이리하야 機械的文化時代의學者라던 詩人에는 靈魂觀念이全혀업서지고 精神과靈魂은 混淆

되고同一視됨에이르렷다……

──『精神은 外延的으로 萬有의極限이밋치고 認識할수업난것을比判하고 形而上學的性質을形成하

고 一切을排除하야 知識(싸이쓰하이드)──Weisheit──를짓는다。그것의 가장人間的인것이 倫理

感情(에-토쓰)──Ethos──及이와한가지 그의膝制인道德的自由에의意思다。靈魂은 內延的으로 우

리의心情(헤르쯔)──Herz──의 가장暗黑한神秘에밋치고 肉體와 密接한結合을지어 이것을 不可

思識하게도웁지기게한다。靈魂은感情이盲目하기싸문에 認識할수업스나 無數한本能으로 愛情을區別

한다。靈魂은 觀察하며詩作(딋허텐)──Dichten──한다。認識할수업는것은 一切人間의心肝을透視하고 良心의가장

深遠한소리와 世界支配者의가장高崇한諧調를듯는다。靈魂의最貴한者는 愛(리베)──Liebe──에基緣

한獻身이고 그最後의救濟는 神과萬有에의融合이다……。

──『靈魂은 道德의法則과 그生活를 狹隘하게極限하난律法 ──Kanon──을增惡하고 意志의意識

性을 賤視하나 靈魂은 藝術家가 鑄造하야주난 精神的 形式을 願從히 기대리고잇다。 精神은 靈魂이 그
鼓動하난 心臟을 包納하난 理想肉體를 形造한다……。

『立體主義(Kubismus)』 建築術、音樂形式인 走法(뿌─게)──Fuge─、크라식크、形式、哲學派
의 存在(자인)──Sein─、 活動的信仰、倫理感情、意志──이럿것은 大部分精神에서온다……。表現
主義、 叙情的叫喚、損律、融解하난色彩、로맛티크、表現、헤라크리─르哲學派의 發生(베르덴)──Werden
一、 碧徒崇拜、 愛를爲한獻身、──이런것은 大概靈魂에서온다──。

칸덴스키─(Kundenski)가主張하난 舞蹈藝術의 要點은 『舞蹈은 運動의 全意味를 表現하난 唯一의 手
段이다』하난 一言에緊縮할수잇다。 表現派는 이리하야 그의表現하랴하난 精神과靈魂을 運動이라한
다。 躍進、突進、爆發、畸形、奇怪、 衝動이라解釋한다。 表現派의 作品이 爆發的이고、 銳角的이고、非
現實이고 躍動的이고 突發的이고 畸形的이고 怪奇的이고 飛躍的距離無視的이고 不調和感的인
所以는 그러한精神 靈魂의 本質性에서나오것에 다름업다。主觀法則에 追從하야 內心의 複雜한一時多存
性的要求 그것을 感情의恍惚그것을 自己心靈의飛躍力에 作用하난反動그것을 表現하랴하난必然의結果
이다。

──『詩의任務는』 하고 그들은 말하난것이다。現實을 그現象의 輪廓에서 脫却식히난곳에잇다。
現實을克服한다는것이다。 그러나그것은 現實그自身의手段을가지고한다것이아니고 現實을避適合으
로依하야서도아니고 그럼어反하야 더욱熱烈히 現實을抱擁하면서 精神의貫穿力과 流動性과 解明
의憧憬에依하야 幾法의强烈과爆發力에依하야 그것을征服하고制縛합으로써말이다……』
이리하야 어기 근근線 明確한輪廓 힘잇난樣式이要求되난것이다。

윗드나──(Witwer)는 말한다。

──『一九○○年代의小說家는 叙述이描寫가 自己目的이엿섯스나 新時代의小說家의藝術은 恒常엇
더한目標를갓고잇다。 이目標는 昔日과갓히 Dart pour Part 가아니고 生活(레벤)──Leben──이다。

克服할수업난不可抗力이라解釋한다。그들의作品은　現實의描寫이고　世界의映像이다──。』

『世界난』하고　웨르뻴은　부르짓난것이다。『世界난　人間에　始作한다。人間은被造物이아니고　創造者다。』

表現主義作家가　주라난것은　心理學이아니고　心靈그것이다。心靈의秘密을　露見하고剝奪하랴난것

이아니고　心靈의發展을（엔트윗케룽크）──Entwicklung──目的한다。自然主義의骨髓를構成하고잇난

『心理學的이란것』을排斥하야　〔個人의受動狀態를敘述하지안코　사람으로써直接行動케싼다。自然派에잇

서々　藝術의容體이던사람은　表現에서々는主體다。사람은行爲한다。現實에反抗한다。外界와爭鬪하난

것이다。그리하야그들의創作에際會난　靈魂力에對한信仰이며。仁愛의宗敎、地上의極樂、人

間神性에對한限업난信仰이다。──그들은　처음부럭것기始作한다。計算하다그난사람이　쏘한번計算하

야난것가티　그들은　原始狀態에復歸하야　逆行（Regression）을하난것이다。그들의第一步가　正當한지난

判斷할수업스나　가장그들이　眞摯한것만은保證할수잇다。웨그러냐하면　表現主義者가探求하난聖杯난

文間의烟煙에毒害되지아니한　純粹한本質的人間이며　普通問題이며　世界理念이며　그리하야그것의題

材를包容할쏘器物　──굴근線　힘잇난樣式　簡明한輪廓이너서다。

이러한　統一이업난斷片의引用으로서　表現主義藝術이果然이러한것

인가　하난槪念을自己理解의圖內에너키에는　너머나間隙이만코　그것이　쏘한나의企圖하난바도아니엿

섯스나 結局그러한理論은 伴隨的 第二次的의것이고 表現主義文學의理解의最近道가 그들의作品을 直接讀破하난곳에잇난것은勿論이다。藝術의意味와價値는 그作品이가지고잇난것이고 理論그것이아닌 것도 坐한贅言인듯하다。

八

【새藝術은 발서藝術됨을굿치리라。】하난命題는 安當하다。우리난 表現主義의가운데 엇더한美的要素를發見하느냐 엇더한美를發見하느냐。아모美도아니다。表現派以前의藝術的 傳統이우리로하야금그가운대 藝術을發見하고 美를鑑賞하난길을妨害하고 遮斷하난새닭이다。過去의 藝術에培養되고 그慣性에저져진사람의見解에依하면 藝術이藝術되난意味를獲得함에난「自然에의接近과 相似一를前提로하고 보당조흔藝術은 客觀의世界에接近함으로依하야 忠實히自然을再現함에잇난대도 不拘하고 새藝術됨을標榜하난表現主義藝術이 그藝術的意味價値를 主觀으로出發하난 自然의絶對排 斥의우에 두난까닭이다。價値난顚倒되여앗 旣成藝術이藝術이엿더면 表現主義난 藝術됨을굿칠것이 고 表現主義가藝術이란이름에비로소삽한다면 一切의旣成藝術은 藝術이란이름을 沫殺하지아니하면 아니될境地에잇다。旣成藝術과表現主義의사이에는 아모橋梁이업난것이다。藝術의革命이냐。奇々怪々한態化學 派이냐 表現主義가 우리의鑑賞에提供하난그것은 大體무엇이냐。言語의論理와文法을 藝術의死 的圖形의가운대 처박은線과色彩의勦雜한交叉——이것을그들은기림이라고보인다。 破壞하고 喑驕한叫喚、音節업난音을 小兒의片言、理解할수업난吃音을 無秩序하게羅列한것을 그들 은이름하야文學이라한다。——엇지 그것을理解하고感得할수잇겟느냐。難解의七封의書 哲學의書도 이 러케어렵든가생각한다。表現派以前의藝術은 그ー이엇더한種類의流派의藝術家의作品 이던間에 모ー다 自然을對象으로하고 우리의觀念과表象과記憶의가운대潛在하여잇난物象을 그대로 描寫하야 써라서 그것은自然眞의一面을가지고잇섯기싸문에 그것을機綠으로하야作者의 志向을알고 作者가暗示하야意圖한强勞를同感하며 그內面世界에서지도侵入할어덧엇다。그러한대 藝術 術理解의唯一의機綠이던自然이 表現主義藝術에서는 放棄되고 直接한自己生命의律動을表示하기싸문

에 그것이 作者自身에게는 內部的 必然이라 하더라도 그의 感情의 露出이라든 熱情의 躍動을 表現하기 爲

하야 選擇된 連脈이 업는 言語羅列이 理解의 困難을 原因함에 아모 疑心이 업다. 從來의 藝術에 馴致된 鑑賞者

가 이러한 表現主義作品과 藝術의 面前에 混亂을 늣기고 暗騷를 드름이 쏘한 理由에 잇난 것이다. 原始藝術

이라던 兒童藝術이라던데 혼이 發見할수 잇난 自然客體의 變容 乃至 自然의 非類似는 그것이 그들의

無意識과 技巧的 無能力에서 結果하난 것이나 그것이 表現主義藝術에 잇서々는 意識的 故意ー卽 自然에

對한 道意的 排斥이란 點에 前者와 區別된다. 이리하야 表現主義가 求하난 完全性은 이러한 自然排斥의 意

識的 故意와 主觀表出의 속에 鑑賞者가 自然스러히 큰 努力이업시 作者의 表現精神과 暗示意味를 感

得하난 곳에 存在하난 것이다. 거기 表現主義가 意味하고 解釋하든 藝術됨을 긋치고 새藝術

이 意味하고 解釋하난 主觀出發의 旣成藝術의 道程의 先頭에서난 참藝術이 될 것이다.

ーー그것이 理解할수업다난것은 非再現的 藝術의 存在를 懷疑하고 否定하난 아모問題도 構成할수업다.

그것은 結局 自己自身의 傳統을 證據하고 그들의 無精神을 厚顔히 告白하난 以上아모것도아니다. 表現主義그

것에도 形式은잇난것이다 無形式의 形式이 잇난것이다. 藝術理解의 唯一한 機緣이던 過去藝

術에 잇슴과 가리 理解의 機緣은 必然히 存在하여야 할 것이다. 그것이 自然이 아니고 硬化된

様式이아닌代身에 무엇이 잇지나 하면아니될것이다. 사람은 가장本質的의 것이고 人類는 結合한一

者다. 表現主義는 그것을 標로하고 莫進하난것이다. 한個人의 主觀은 다른個人의 主觀의 理解의 機緣이되

아니면아니된다. 人類는 精神的으로 更生하야다. 한個人의 主觀은 다른個人의 主觀의 理解의 機緣이되

자못할 理가 잇슬가. 우리가 무엇보다도 人類의 精神의 更生의 廿世紀的 思想을 基調로하고 表現主義藝術

을 生각하면 그것의 誕生의 意味와 必然을 가장 容易하게 解得할 것이다. 表現主義는 人類의 理想을 基調로하고

나왓다. 健全한 精神, 潑溂한 生氣, 熱情의 戰慄, 生命의 流動, 人間의 偉大, 人類愛, 犧牲의 精神, 우리가

끗락命名하고 尊崇하난모ー든 것이 그속에 잇다. 幾分의 不自然 頹廢的色彩 混淆은 未來에의 表現主義

의 追展에서 라 純化될것은 말할必要도 업난 일이다.

者다. 實로 表現主義는 人類의 運命과 重大한 關係를 가지고 잇다. 나는 그 未來를 〇目하난者의 하나임을 부끄러

위하지안는다. 나는 表現派藝術의 가운대 엇더한 藝術에서도 볼수업던 人間의 意志를 본다 生의힘(Lebenskraft)를 본

다. 애네르기!의 人類的 發現을 본다. 廿世紀의 藝術은 그것이여만한다 그것이여만한단말이다.

「포 오」를論하야外國文學硏究의 必要에及하고「海外文學」의創刊함을祝함

花藏 山人

序

人類의文藝의所産의綜合的範圍를 假令 사람의藝術的本能을 그共通中心으로한 一種의圓面積에比할수잇다면 國民文學

圓周上의各点은 相互不離이密接한影響狀態를保存하고잇스니 半徑이크지면커달수록 넓도커지고 圓이커지면커질수록 半

世界文學은 그半徑과圓의關係를가젓다할수잇슬것이다.

現在 우리文學은 그圓周上의가장細弱한点일지도모른다.

그럼으로 爲先 他에對해서 追從的인一種의吸取狀態에엇슬지라도 延次 그遠心力이强烈해지면 그一点도또한 膨脹하고緊

張될지니 未久에는 그圓上에 銳敏한一角을作하야 圓用上의모든点에게 一種의先導的波動의電流를주어 그結果 世

界文學의綜合의質과量의偉大化를늘수잇슬것이다.

米國文豪로서 米國人에게 그다지熱狂的歡迎을밧지못한世界的詩人은 「횟트만」과「포 오」일것이다.

前者가 全人類的이요 民主的인대對해서 後者는 個人的이요.

「포 오」는 다만個人心理의구석에서 苦悶하고呻吟하는魂의그림자 憂苦와恐怖의神秘的空氣를노래하

고 쏘는美를探求하려는戰慄의그림자가 奇怪한光彩와暗黑에交錯되여 그가운데서 피름게숨쉬고잇는

自我를 表現하려고하엿다.

米國의神秘的傾向은 大槪 自然가운대서 쏘는神의瞑想가운대서 感激되는것이엿지만 「포 오」것은

그와갓흔古代的神秘가아니요 어대까지든지 現實生活에드러가서 그긔에 個人魂의뿌리를發見하려는

近代的特色을가진 痛切한神秘이다.

그이의生活이 발서近代的苦悶의地下室이엿스니 그이의强烈한自我意識이 그내새속에드러갈수잇는

대서지드러가서 描寫하려고하엿다. 平凡한生活을하고잇는者에게는 그이의藝術이 奇怪的으로보일지

모르나 「포오」自身에게는 決코奇怪도아니요 變態도아니엿다. 그이의藝術에는 夢幻的地境이만흔써

닭에 엇더케보면 꿈隱遁的氣分으로생각될는지모르나 그것은皮相的觀察에不過할것이다. 그이는 人

間魂의表面에써잇는 愛苦와恐怖를 다마시고나면 그뒤에는 엇든平和로운地境과美의世界가現出될지

모로겟다는 一縷의希望을가지고 勇敢하게 그愛苦와恐怖를向하야 勇進하얏다.

그러나 그이는 美와愛苦와恐怖와의境界에서 痛切히懷疑햇스며 거긔에 「포오」의熙異가잇고 異

常한色彩와香氣를가지게하는 엇든힘이잇다. 그이의作品을읽어보면 一面에는 魂의무섭고도피로운그

림자가잇는同時에 他面에는 그가운대包含된 一種의美를가진 莊嚴하고悽刻한幻想의舞蹈를發見할수

잇서 讀者로하여금 眼前에무엇이切迫해오는것을늣기게한다.

그이가主張하는美는 그이의魂이安作를要求한證據가되고 그이의作品에包含된不安恐怖는 그이가아

직完全한美에到達치못햇다는 魂의못업는苦悶을證明하는것이다.

「赤死의假面」은 그이의散文中에서도 傑作의하나이니 自己自身의幻想을捕縛하야 그로써美와恐怖

를 가장慘愴하게强烈하게 表現하려고한것이다.

그이는 極히感激的인半面에 쏘한極히知的이며意識的이엿다. 그이는科學的方法을 藝術創作에도 利

用하려고하엿지만 그것은佛蘭西의졸라式의科學主義와는 쪽다른것이다. 그이는 感激이高調에達할쌔

한숨에 그것을記述하지안코 그것을反省하며知的으로硏究하야 엇더케햇스면 가장完全한效果를得할가

하는 不絕의努力을하엿다. 特히 그이의詩型은 整頓됨과明瞭하게鍊磨됨으로써 크게注目되는바이요

散文短篇의歷史上에 그創始者라는 重大한地位를占하게되엿다.

그이는 長篇詩란것이 벌서 말그自體에 矛盾이잇다는意見을 小說에도 適用하얏다。그래서 讀者는 痿勞와障碍에서생기는 外部에不純한分子에 支配되지안는다하야 그『單一의效果』를主張하고 賢明한 作家는 自己의意圖를事件에適合식히지안코 自己가收獲하려는效果를 먼저心中에그러보고 그效果를 어들수잇게 事件을生覺해내며 그目的을達할수잇게努力하여야된다하고 書頭부터一語一句라도 直接 間接으로 그目的의效果에適合하도록하여야한다하엿스며 自己自身이 그것을實行한것은 氏의短篇小 說이證明하는바이다。

이제 우리가 氏의作品을分類하려고하면 그題目에依하는것과 그效果를爲한것과 두길이잇슬것이 요 前者의皮相의임을避하야 後者를簡單히적으려한다。

內容이進行될사록 漸漸不安이甚해지고 最後에이르러 最高潮의結末을作하는것이잇스니 그效果는 一種의楔形으로始終됨으로 이것을A字型이라稱한다。또한가지는 이약이가운데 休息이잇서서 最後 의結末全體가 途中에서表示되지안코 第一部와第二部의符合갓치보이는것이니 一種의B型이될것이다 그래서 氏의作品은 大部分A型으로表現되엇고 『赤死의假面』이 其中에서도 最短形式의하나이다。

以上에記述한바로서 『에드가아·알란·포오』를論盡하엿다하기에는 너머나簡單하고 너머나輕率한感 이不無하나 나는 여긔에 『포오』를引用하야 各國에波及한氏의影響이 廣汎함을附記하고 써라서外 國文學이 意識的이오든 無意識的이오든 얼마나一國의文藝에 深刻한相互關係를가젓스며 또外的으로나內 的이오나 無比의苦痛을늣기며 破壞와建設의中間地境에서 呻吟하며 日常不足만을늣기는우리社會生活 에는 個人生命에게 豊富한海外의文學的所産을 힘껏온전히紹介하야서 『지안코는마지안을』 偉大한 우리文學兒의養育에 微弱한樂器나마 한曲調의子守歌를合奏하고 探育母인讀者諸氏의胸襟의琴線에 一 縷의愛情을術動식히려는 用刊雜誌『海外文學』을爲하야 默坐할수업서 喜悅과共鳴의材料一部를 供給 하려고한것이다。

勿論 『포오는當廣用하고 또廣汎한內容範圍를가진 文學上의英雄豪傑天才가잇지만 이제 紙面關係로

─(21)─

『夾死의假面』을揭載함에際하야 『포오』의範圍에限해서만 簡單히瓜論하고저한다。

東西를英論하고 近代文藝의基調를形成한 現實主義에反抗하야 神秘主義, 象徵主義, 唯美主義를建

設한 大部分의作家로서 『포오』의影響을밧지안한者는업다하여도 過言이아니다。

『포오』의死後 그文名은 歐洲大陸에서旺盛하엿다。特히잇지못할것은 佛蘭西이다。그래서 『포오』

재는 반다시佛蘭西가關聯되지안코는 마지안는다。그러나 氏의作品을 가장먼저飜譯한나라는 露西

亞이다。露國에서는 米國

文學을말하면 반다시 『포오』를聯想하고 詩全譯이된 지도오래다。

獨逸에서도 그讀界는 廣汎하거니와 純粹한鑑賞이 아니라 深刻한研究에이르럿다。英國의『헥쓰피여─』

는批評家들가진獨逸은 그面에는

하기는 우리獨逸임으로써 他面에서는 『포오』研究가 그

하기는 『포오』의傾向을 獨逸『호흐만』의影響에歸하려한다。그眞僞는・充分한研究를要하겟지마

는 『포오』가 獨逸語는읽을줄을낫스나 그飜譯에依하야읽을것이分明하다면 『포오』그自身이 獨逸文

學의影響을 밧지안흘수가업섯슬것이다。

伊太利에서는 처음 『보―드페―르』의佛語譯으로서 『포오』를읽엇다가 그後에 伊語로譯되엇다。

─(포 오)─

國民性의하나인 細微한科學的探求精神에依하야 그만큼 『포오』를注目視하엿스머 狂的意識을가젓다는 것을 暗々히證明하는까이요 甚至於다음과흔協的的 皮想論을 弄한批評家도잇다。

『포오』는 米國人도아니요 佛人아니다。何故오하면 『포오』를 가장理解

여기서 忘却할수업는것은 『赤死의假面』이 그題目은爲先두고 그場所가 北伊太利近傍에둔것이며 作品의內容氣分이小說의最后所產이라는 伊太利의『북카치오作人』『데카메론』에 通하는바가잇다는것을 確信하는사람에게는 文學의相互影響關係가 얼마나偉大한가를可知할것이다。

이제 西班牙를보면 坐한『포오』의힘이크다는것을發見할것이니 西班牙의有名한世界的小說家인 이바네쓰가 一九一九年에말하기를 ——

『포오』는 우리들의精神的쏘는文學的先祖이다하고 米國人으로서는偉人『링컨』과同等으로 有名하니 그西班牙譯은 勿論이다。萬一우리가 右記한『이바네쓰』의말을承認한다면 西班牙의精神의又는文學의所產은 過言일지모르나 『포오』가 업섯드라면 아니 『포오』의藝術이업섯드라면 西班牙의精神的의又는文學的所產은 볼것업슬것이다。

다음에 眼界를돌려 英國을觀察해볼째에 『포오』黨이만흥을알것이다。『포오』傳記中에도 가장權威잇는것은 即『존에취·잉그람』氏의著述한바이요 詩人『레니손』、『쓰위니버-ㄴ』이며 坐『안드류·랑』『에드먼드·고-쓰』等도 그天才를承認하엿다。그럼으로 『포오』가供給한藝術은 英文學에도 만흔刺戟을주엇스며 『에취·지·웰쓰』의初期作品其他作家의小說에는 『포오』의一面인科學小說의傳統에 則한것이 만타。『코난·도일』의探偵的作品도 『포오』의一面이요 『쓰리뷴손』의作品中에 二重人格을描寫한点은 『포오』가 빌서 『윌리암·일손』에서 試驗해본것이다。

그러면 이제 가장『포오』를完全히 發見하엿다는 佛國에서는 果然엇더한가?

『포오』를 『世界的』으로하야 不朽의偉人으로을든者는 『보-드레-르』와『말라르메』이니 前者가 一八五〇年에 『포오』의散文을譯하야出版한것은 模範的이라하야世人의鄭重히하는바요 讀書界의注目된바이엿다。그것은 氏가 『포오』를 가장잘理解하엿다는것을意味하고 氏가말한것과갓치 『포오』를模倣한것이아니요 自己가말하려는것을 『포오』가表現해주엇기에 그共鳴을感하엿다하지마는 兩者의相瓦關係가非凡한것은 그兩者의藝術과交際에서도 發見된다。

『말라르메』는 『포오』의詩를 散文으로譯한것인데 이事實은 『쓰미스』氏가評함과갓치 『포오』의詩

는 그 美와 妙味의 大成分인 形式을써나서도 오히려 本來의 內容美가남어잇다는것을 雄辯으로證明한바라하껫다.

右記한 兩佛人의 詩境과 그地位는 論旨의 本領이아니나 約하거나와 그로말미암아 直接間接으로 佛文學에 波及된 所得은 얼마나큰가를 比較的研究의結果에依하면 容易히알것이다.

다음에 마지막으로 日本에와서 「포오」運動을考察하려할새 잇지못할先頭로 現在大衆文藝作家로서有名한 江戶川亂步氏이니 이雅名은 「애도가아·알란·포오」의語音을取한것이며 勿論「포오」의作品을愛讀한것이오 氏가일즉이 早稻田의學生時代에 附近에잇는 江戶川의江邊을 追憶한것에隔通식힌것이지만 特히探偵小說文擄에서는 그名이異彩를發하고잇다. 그리고 氏에追從하는 大衆作家의作家는 遠原近因을英論하고 「포오」의밤새가나는것이다. 싸라서 그의作品이라든가 氏에追從하는 地位向上에싸라 新靑年其他雜誌에 探偵小說의根源에對한研究이며 그作品에附屬되는 「포오」運動도 無意識으로도 크게될것이다.

그리고 神秘的象徵詩人「日夏耿之介」도 「포오」를研究하야 作品에 그氣外을取해엿스며 종々나에재말하기를 「포오」의散文은 散文的形式이지만 實로散文詩와다름이업다하고 近代의短篇小說이란것을始作햇다고도 公言하는바이다. 그리고 일즉이「太陽」에記載된「夜半」이란作品도 「포오」의作品을連想식히는 것이다.

그러면 朝鮮은엇드냐?

여긔서 나는 「포오」를論하려는 第二義의地境에達하엿다. 佛詩人이 「포오」는 自己나라에서 엇지못한王座를 佛蘭西의象徵派詩人가운데서어덧다할파갓치 「포오」를 別로히朝鮮에건설하자는것도아니오 쓰는 내自身이 그이를全的으로讚揚한다는것도아니오 「포오」의作品의하나인 「赤死의假面」을發表함에싸라 旣述함과갓치 「포오」의一例를들어 各外國의先進文學上에 重大한相互影響의事實을적어 날々이完成의前程으로勇進하는 우리文學運動에 그를紹介하고 싸라서 外國文學研究의必

要를말하려함이다。「海外文學」은　各其自體가表示함과갓치　外國文藝의研究와紹介와飜譯과創作其他文

學의各形式에亘하야　各其專門하는部門과　各其專門하는語學으로通하야는　一切의文學的材料를

發表하려는것이며　決코　數人의同人의野心으로가진것이아니고　讀者와先覺들과　쏘는各外國人들의直接

間接의助力敎示에依하야　가장穩全한　眞生命을保存할수잇스면　문幸福의曙光을볼수가한다。

「海外文學」은　決코單純한「코쓰모포-리탄」이아니오　쏘는　皮相的西洋崇拜見이아니며　우리精神을

下觀하는　그런淺薄한自我沒識의思想도아니다。　모든것이微弱하든歐洲各國이　먼저　先進文化인希臘

興文學을　가장敬虔한態度로　實質的으로研究하야　或은形式의模倣、或은內容의模作　그래서　各其自由

고　그와並立進行되여야할　民族固有精神의特殊藝術本能과　混合식히여　今日의偉大한各其文學과　밋

詩의藝術魂에適合한　새로운形式과內容을가진文學을建設할수잇게　濃厚한色彩와豐富한材料를盆益히

그에附屬하여야發達된　모든文化部分의曙光을作함과갓치　우리도　今日의우리社會에서는　볼수잇는데서

지의忠實한態度로써　海外의文學을紹介할必要가잇다는것이다。

이제　海外文學을紹介할세에　第一먼저苦痛을늣기게되는것은　우리말이外觀語에比하야　貧弱하고不

完全한것은事實이다。우리들自身의知識이不足한것도잇게지만　原文의細密한맛을得할만큼　適當한譯語가不

足한것은事實이다。日人이外國作品을譯할세에도　이와갓흔波瀾을가젓다는것은　高山樗牛쏘는上田敏갓흔文

藝들이　몃날에公言한바이며　現在에도譯本序言에는　그와同一한意味를表示한句節이만타。그리고　쏘

朝鮮사람들이이英語보당日語가　勿論各其固有的特殊要素도　原因위하

나이까지만　英語보당日語가　그것을伊太利로　發達이되지안헛다는것을意

味산것이아닐가。그리고　英文을佛文으로　或은英文을伊語로　이와갓흔째는　그

와갓흔譯語不足이라는苦痛이　比較的적은것은　事實이니　이에는　그들의文化樣式이　보당더共同點을　그

가젓고　文章形式에도　비슷한地點까지는　相當한地點에서지도　相當한地點까지는

這되잇닷다？　今日의日本文學과姉妹藝術이　그만큼發達된것도　明治維新의輸入的精神

파 수日까지의 海外文學影響의 만흔힘을준것이다。明治初年의日本文學形式과內容을 現在의그것에比

할째에 外國文學의影響이偉大함을可知할것이요 兩期의譯本을比較할째도 얼마나日本語가初年보담

富해진가를 明白히發見할것이다。一例를들면 英語의He와She를譯하되 日語는 彼와彼女로서代用한

다。그래서 수日에는 原語의味가온전히傳하여지게되엿지마는 日語도 始初에는同一한苦悶을經驗하엿슬것

로譯할째의 그兩語에對한苦痛을 속임업시明言함과갓치 日語도 發達되엿다는것은 外國文

이요 今日의語感갓흔「彼」와「彼女」는 업섯든것이아닌가。그만큼 日文도

學의影響이深刻함을承認치안을수가업다。

우리는 아직 그「彼와彼女」兩語도 決定치못햇스니 그만큼不足한우리는 外國文學을輸入하는同時

에 우리말을硏究하여야할것이다。時期와機會는 우리에게必然的努力을要求하는것이니 一般의「가가

넘」의誕生은 時代相의必然的要求에依한것이라하겟다。얼마나반가운일이냐! 어느누구가 國語를敬愛

치아니하리요 其中에도 文學은國語를써낼수업슬만큼 文豪는 自己의國語를完全히

『文學中에서 가장精緻한表現力을가진것은 世界의모든國語中에도 아마露語일것이다。露語를사랑한

外國語에옴기는것은 困難하지만 엇던外國語든지 容易하게 露語도「옴길수잇다」 ――이것은 露文豪

『드르시니 ?가 過言한것인지모르나。文豪가 얼마나 自己나라말을 受護하며 讚揚한가를알만한一例이

다。

「아々 말은 얼마나아람다운것인가! 오래동안을經過하여온 말의用例를回顧해보시요 말에는 光榮

의花冠이쌘싹임니다。 ……要컨댄 나는 우리祖先의感情이 脈動하고잇는말우에 나의思想을고요히

安養식히렴니다 …… 萬若내가 祖先에서바든 이가장明瞭하고 가장潤澤나는 가

장人間的인 우리佛蘭西國語우에 조곰이라도 光彩낼수잇스면 나는幸福이라하기엔

――아니 너머나幸福스럽습니다」 ――이것은 佛文豪「아나토―ㄹ·ㅎ란쓰」가 엇든「에쓰페란토」崇拜

將校에게한말의一節이요 「에쓰페란토」를 아람다운人形에比하고 佛語를 醜婦나마生命잇는女性에比

하야 自己國語에對한愛着을 卒直하게吐한것이다.

其他各國을勿論하고 文學은이와갓흔關係에잇스니 『가갸날』은 우리社會에 얼마나큰意義를가젓는
가! 그것은 곳必然性과可能性의두가지價値를包含한것이니 即 우리國文字가必要的으로 남에게지
지안흘만큼 偉大한根本的構造를가젓다는 尊仰欣慕意識과充分한發達完成의可能性이잇는 努力奮鬪
精神을鼓吹식히는대 얼마나큰效果를주겟느냐! 왜 이재서지默々하얏는가! 하는不平이날만큼 반
가운暖節일것이다.

그러나 果然 우리自身이想像하고信依할만들 그自體가 今日의우리生活을完全히表現할수잇는가?
先入의潛在意識을업세고 冷靜하게考察해볼째에 果然 英佛이니 其他文
明諸國의語學만치 量과內容이豐富한가? 더구나 文字的根本認識과 藝術的本能意識이 어느程度싸
지發達되엿스며 어느限度싸지表現할수잇는가?

여긔에 朝鮮의『인테리겐차』가注目하지안흐면안될 義務的先覺運動의하나가잇지안흔가? 여긔에
또한 外國文學紹介의內的苦難이잇지안흔가! 우리가 『가갸날』을重要視하는것만큼 特히文學에서는
其國語를써낼수업다. 그만큼 作品飜譯態度는 忠實하여야하겟다. 그만큼 二重三重譯을避하여야만될
自覺이必要하고 우리말을盛旺식히기爲하야 그만큼 一般의合同的愛護를願하며 『海外文學』의生命이
길고 무겁고 빗나기를바래지안흘수업다.

너머槪念的이요抽象的인지는모르나 以上에論한바와갓치 何如間 우리는 文學이란一題目을爲하야
서는勿論이거니와 보담더偉大한文化를建設하며 個人의藝術的衝動의表現滿足쯤는 人間
生活의表現本能의意識을 徹底식히기爲하야 現在에잇서서 外國文學硏究가 重大한地位의하나
를占합에잇다. 그러면 文學硏究의形式이여러가지잇다하면 現在우리는 엇더한
道程과階段을밟어야할가? 이것은 勿論맛당히議論의價値를가젓스며 結論의認識을爲하야는 相當히
考慮할바이다.

이제例를들어 나의筆意를明白케하게한다。為先「포오」를말해 보자。임이記錄한바와갓치「포오」를硏究하는 各國의態度는 稀少한先覺專門家의個人的研究模式은 為先保留하고 그이들의結果가民衆쓰는社會와接觸할새는 作品의忠實한飜譯을沒却하고 單純한槪念만을論할이적으니 「포오」를제아모리論述하드라도 原作그自體를맛보지못한民衆에게 何等의實質的感動을주지못할것은 明白한論旨일것이다。그럼으로 佛蘭西의「보―드레―르」와「말라르메」는 가장문저 「포오」作品을硏究한結果 그것을譯하야公表한것이오 그文學本位的批評研究와並行하얏다。그리고 「보―드레―르」의譯本이 模範的標準이라하야도 그中에다만한마듸의誤譯이잇다는것을 世人은指摘하야批難한다。그誤譯語는 도로혀「포오」作品의效果를妙하게하는것임에不拘하고도 오히려云々함에이러럿서는 그들이 얼마나 作品의完全한紹介를重大視하는가를 可히알수가잇다。

「쉑쓰피어」의研究家 坪內逍遙氏는 世界의으로일홈이잇슬지언정 「쉑쓰피어」論은 될수잇는대로避한다。고잇스며 氏自身이明言한바와갓치 「沙翁의作品全體를飜譯이나하고나면 文學本位의論을써브리려한다 그것은危險한誤解가아닐슬가念應하는이쌀듯이다……」함은 우리에게만흔暗示를준다。

十八世紀의沙翁劇研究는 純全히訓詁本位의原作整理이엿스니 이것은 亂雜하고無秩序하든原稿와誤傳、自作의眞僞、年代의探求其他、語綴의現代英語化、校正評釋等을쌀히기為한것이니 英國人自體도이와갓치原作正確을重要視하얏스며 急先務로생각하얏스나 이와갓흔時期를經過치안햇스면「쉑쓰피어」는 그正體의偉大性을埋沒된그대로 默過되엿슬지도모른다。그러나 英人自身들은 氏의偉大性을公言함에躊躇하엿다。도로혀 獨逸人들어그偉大함을宣言하엿스며 「렛싱」「헤르베르」「피헤」「쉴렐」갓흔이들이 그偉大性을論하엿슬쌔 英人들은처음으로 「希臘以後의最大劇作家」임을쌔달앗슬것이다。이것도쏘한 原劇의完全한整頓과紹介의結果가아닌가!

外國人들은 그飜譯에莫大한苦痛을늣것슬것이다。그것은特히 用語數가가장豊富하다는것이니 現在英國의敎養바든者가使用하는語彙는 三四千밧게되지안코 大雄辯家는 굿萬에不過하며 舊約全書中에도

겨우 五千六百四二語 밧게 안된다는대 「엑스피어」는 最高 壹萬五千에 達한다하니 그것을엇더케譯하엿

슬가! 그것를輪人한것만큼 各國은語彙硏究와發達과豊富을所得하엿슬것은 明白한일이다。坪內氏의

沙翁劇에對한態度는 맛치 砂金파는者와갓치 一字一句에對한語源을調査하며 原版再版의比較에서發

見하는 誤傳의改正……그만치忠實하다。그리고恒常 日語의語源不足을痛切히늣긴다。그만큼 文

學은그나라國語를써서 날수업스며 그만큼 우리는原語의맛을알아야할것이다。여긔에譯의危險性이잇스며 文

여긔에輕妄한譯의作亂을 不許하는데 그만큼 日譯의沙翁劇을 그것대로 쓰는그것만으

도 朝鮮語譯하는것은 根據가微弱하다。勿論參考는必要한일이요 오히려奬勵하여야될일이지만 個人

의作亂으로하는것은조오며 自己의語學範圍가許諾하는대까지의努力은 可히아람다운일이나마 그것이

民衆對社會對 或은復數의對目的의文學運動에잇섯서는 또한注意를要치안흘것인가? 이것은 決코내

自身對社會對는 一個人의主觀的獨斷이아니요 客觀的으로歸着되는 普遍的論旨일것이다。

엽길에드러간는지모르나 外國文學硏究가必要한以上에는 그方針에드러가서 細密한探求의結果 밋

못은전한效果를엇기爲하야 힘못은전한譯의紹介가 輕視치못할根本要素의하나를占하엿다는것을말하고

저함이다。英詩人「레―몬드반독」氏는 恒常나에게말하되 「日本에와서보니 文學硏究의方針이퍽밧귄것

갓해보인다。요전에 엇든日本英文學者의집에갓드니 藏書中에作品은稀少하고 換言하면 「文學의冊」

은업고 「文學에對한冊」뿐이엇다。日本人들은 當々한文學論은하지만 質質的獨創的內容이稀少하다。

이것이쓰한 넓게말하면 米國에서는 英國보담 優秀한英文學이誕生안는理由일지도모른다……」하

엿다。그것은 곳 作品을보지안흔劇評家에게 가벼운칼날을보엿다。現英劇壇에도 그런事實이잇는모

양이나 何如間 우리朝鮮에잇서서는 飜譯時期란 一階段의文學的效果가 必要하지안흘가。우리讀者外

는 너머나狹少하고 貧弱하지안는가。그리고 여긔에는 政治的、經濟的、여러가지의原因도잇겟지마는 华面

에는 事實上 材料의不足도또문제치못할것이다。

언젠가 生田長江(?)氏는 日本의 飜譯局이란것의 創立必要을 論하야 政府에對해서 國營事業으로합

이엇드냐? 하는意見을 發表한것을 即今도記憶하고잇지만 그主旨는 日本의語學敎育이 그年限數에比하

야 너머나效果가적으며 完全히理解와使用의結果를보는者는 極々少數요 여러가지意味에잇서서 國

家의精力損失이라하야 오히려外國文化一切를 日本化하야效果를增加케함에는 政治의保助로서 專門

的飜譯局이라는 特殊機關을設立하고 各其勞力者로하여금 充分한時間과餘有를給하야 生活難에依한障

碍를업세게하면 日本文化가그로因하야 文化輸入能率의增加를볼수잇다는意見것닭했다.

이理旨의質質效果를 어느程度까지期待할수잇슬가? 그것은피廣汎한考察을要하겟지마는 一部의全

的努力이 確實히만흔效果가잇섯다는事例를하나들고저한다.

그것은 大隈候가會長이든 大日本文明協會의事蹟이니 明治四十一年創設以來로 世界名著의飜譯을

爲하야 權威잇는國家의保助가偉大하여서 數百種의舊籍을出版하야 全國的으로影響된바가莫

大하다. 여긔에는國家의保護가 今日까지크다란勢力으로 著書事業을進行하고잇다.

今日의우리社會에서는 크게보면國家의保護가 波及될理는萬無하고 他國에잇는家庭쏘는社會의써스

뜻한援助도업다. 여긔에 우리朝鮮의出版界、쏘는 우리文化를土臺로한一切의「저—나라즘」이 微弱하

고朝生夕死의運命에빠지는 큰原因이잇슬것이요 各個有志들의先覺運動이 自조失敗에歸하고만다. 그

러나 一雜誌의生命이短期엿슴을보고 곳그努力者들의精神을左右論評하는것은 너머나輕率한생각이어라

하겟다. 그래도 各其個人의活動이 우리社會에서는 만흔意味와暗示와效果를주는것이니 몸부림치고

애쓰는그가운대 同情치안흘수업는 生命의躍動이잇고理想의曙光이보이는것이다.

우리의新聞誌가 여러가지波瀾을격그면서도 이여서〳〵나아가는힘은 얼마나讚頌할일이며 努力하

는有志들의結果는 얼마나光榮스러움일일가! 그모든것을써나고는 우리에게는社會敎育이란重大한效

果를주는 何等의다른힘이업지안흔가. 좀過言일지모르나 廣義로보아서 今日까지의努力은 一種의文

學的으로네생쓰(말이不適한지모르나)運動이라할수잇슬것이다.

우리는材料를要求한다。完全한材料를期待하고잇다。文學의一浪漫主義가 왼文化의全體에큰影響을주

고 藝術의新運動이 生活樣式에도떠날수업는關係를가진以上 우리社會에서도 特히 輕視치못할것은

文學이다。그文學을完成식히기爲하야 外國文學硏究가必要하고 그것을社會에普及식히기爲하야 가장

忠實한作品의紹介가必要한同時에 그目的을達하는 機關이必要하니 이제微弱하나마 「海外文學」이란

人形兒가出生되엿다。

兄弟姉妹여! 찬바람부는이째에 눈서리치는우리싱에서 당신들의써人뙷한가상의搖籃에안기여 당

신들의키쓰를! 색와피는 바다건너異國에서 숫사낫지만 당신들의兄弟가고히모와서 耳目口鼻를못치주엇슴니다。

그리고心臟에는피가됩니다。

最近英詩壇의 趨勢

金石香

現在는 過去의 延長이다。近代의 文學이나　思潮와 文化의 一般을 論할째에　누구나　그 焦点을 文藝復興期에둔다。近代文明은・質노 文藝復興期思潮의 延長인사닭이다。

이제　最近의 英詩壇　即 죠―지안 詩壇을 論하기前에도　먼저그 源泉을 浪漫主義에두고　그로부러　빅토리아朝詩壇을거처온 프로세스를 대강말한뒤에야　비로소그趨勢를짐작할수있슬것이다。

다르지만은 近代英文學이라면 一八八五年으로부터以來今日까지의文學이라함에別노異議는 업슬것이다。二十世紀의文學은 十九世紀末思潮의混亂한되렌마에서胚胎되여나온사닭이다。

다시一七六〇年으로一八三二年까지의文學을 浪漫主義의文學　一八三二年으로一八八五年까지의文學을 빅토리아朝文學이라함에도　異議는업슬것이다。一七六〇年에죠―지三世가即位한째로부터　英國의로맨・릐시즘은 그幕을열엇스며　一八三二年에 월러・스코트가世上을써나는째에　英國의로맨릐시즘은 그幕을다처바리엇고　그로부러近代文學時期의序幕이비롯된사닭이다。

로맨릐시즘의 特色

워―즈워스、코러릿지、바이론、쉘리、키―쓰等의詩人은　英國로맨릐시즘文學時期의代表的人物들이다。그들의共有한特色은 像想과情熱의解放이엿스며　人間的興味의新生이엿다。

自然으로의復歸(Return to nature) 人間으로의復歸(Return to past)의思想은　로맨릐시즘(英國의自然主義는浪漫主義안에包含됨) 思想의標語이다。

워ー즈워스가 노래한自然은 靈을가진 人間을 超越한自然이엿스며 쉐리의 노래한人間은 抽象的인이오

想像的인 人間의 魂이엿다。바이론의 巡禮의 노래(Childe Harold's Pilgrimage)는 호ー머 以來의 情熱的인 크락이

맥스이엿다。

다시「自然으로의 復歸」와「人間으로의 復歸」의 思想과 並行하며 그를 綜合한「過去의 復活」(Re, vival of the Past)의 思想은 다시말하면 로맨틱시즘의 모든特色을 統括한 思想은 곳 윌리ー・스코트의 藝術이엿다

一七七一年에 出生한 그는 詩人이요 또는 小說家로서 浪漫主義時期의 全期를 生存하엿스며 이時期의 엿던

詩人보다도 엿던 散文家보다도 만흔作品을 내 인사람이다。그의 詩에서난 自然과

人間도 바이론의 情熱도차즐수 잇스며 그의 小說에서난 自然과 人間을 過去의 꿈으로 잇쓸을 發見할수 잇다。

그의 小說은 아름다운 過去의 이야기에서 지나지 못한 것이엿다。

엑로리朝文學의 特色

다음 엑로리朝時期의 特色은 科學的思想이엿다。社會的進步와 科學的發明의 時期이엿다。前世紀의 아

메리카革命、佛蘭西革命、愛蘭革命、英國海軍의 動亂等의 事變은 엑로리朝思想의 胎胎이엿스며 科學

的思想의 基礎를 이룬것이다。그것이 十九世紀에 와서는 다ー윈의 進化論、스펜서ー의 哲學이되여 그影響

이 思想界와 文藝上에 큰 緩調를 준것이다。

前期浪漫主義의 想像과 情熱은 이에 理性과 知識으로 밧구어지고 文藝上現實主義를 形成하게되엿다。그

리고 人間的興味의 新生은 이에 한거름 더 나아가 人生과 社會에 對한 覺醒 곳社會主義(廣義의)思想으로 대선

的의 小說에는 滿足을 求할수업시 된것이다。그들은 사ーㄴ人生의 實際問題로써 觀察하며 새로운科學的

된것이다。

엑로리아朝의 사람들은 빌서워ー즈워스의 靈的自然이나 쉐리의 超越的人間이나 스코트의 華麗한歷史

神에비초여 모든것을 解決하기에 興味를 찾겨 되엿스며 滿足을 갓게된것이다。그럼으로 또그들은 文藝的

政治에잇서서는浪漫主義에浴養되여 마츰새질八소나에눈뜨며 社會的宗敎的問題에 自然히逢着하게되엿다

이에 매슈·아ー놀드의現實主義와懷疑主義가생긴것이요 로셋듸一派의社會主義文藝運動(Pre-Raphaelite movement)이엇고 위리암·모리스(W Jliam Morris)의社會主義文藝가생진것이다.

그들은 엇더한時代의사람들보다도 더文學의□□것을實際에갓가히하려고애쓴것이다. 그러므로 그들

은理想과實地 知識과靈魂과의되렘마에서苦悶하엿다. 十九世紀末에이르러 이苦悶은極度에達하엿스며

그結果로서 엇더던사람은象牙의塔속에 쏘는中世紀宗敎的信仰에 쏘는廢頹生活을爲한藝

하엿다. 이世紀末思潮의크라이막스는 英國에잇서서는 오스카·와일드(Oscar Wilde)의「藝術을爲한藝

術」(Art for Art's sake)的唯美主義이엇스며 佛蘭西에잇서서는 보ー드레르(Baudelaire)一派의耽美主

義文學이엇다. ——一八九〇年頃에는 英國의文壇은 自家의苦悶을解決하려 或은逃避하려한結果·外

國文學을輸入하게되엿다. 째에英國의世紀末靑年詩人들은 特히佛蘭西의新進作家들 말하자면 고ー티

에(Gautier) 졸라(Zola) 모ー파스상(Maupassant) 쎄ー르레ーㄴ(Verlaine) 보ー드레르가튼사람들의思

想을耽識하려 애썻다. 그들의佛蘭西文學思潮에는自然主義象徵的要素도잇섯고 惡魔主義的傾向도濃厚하엿

다 만은 英國의世紀末詩人들이 배운것은 그들의耽美象徵의文學이엇다. 이에조차서 英國의世紀末

文學은唯美頹廢의特色을씌지아니치못하엿다. 世人은이것을 데카단스文學(Literature of Decadence)이

라고무른다. 勿論이世紀末的데카단스文學은二十世紀에이르러는 그光輝를이처바리엿스며 决코 永久

한生命을갓지못할文學이엇다.

　自家의苦悶을풀기爲하야 佛蘭西의耽美主義를吸入하여 理想과希望의世界보다도 人生으로부러遊離

한感覺的耽美的藝術의世界 安逸享樂의世界에살여한 빅토리아朝의文學——이것을 批評家체스터론

(Chesterton)은 빅토리아朝文學의安協(Victorian Compromise)이라고말하엿다. 이安協은 幼稚한唯物主

義科學主義時代의可能한結果일것이다. 이安協을打破하여바리고 世紀末的데렘마를超越하여 勇敢히그

解決을求하는新文學이顯出하지아니치못할機運에達하엿다. 그것은곳近代英文學의特色이다. 다시말하면

情熱과 偶像의 꿈꾸는 浪漫主義와 耽美頹廢的 世界에 逃避케한 되멤마的 世紀末思想을거쳐 온것이 곳近代의 英文學이다。綜合하여 命名한다면 그는 곳新理想主義의(Neo-Idealism) 文學일것이다。新理想主義的 色彩는 英詩壇에 잇서서 마즈막그리 하다 할지니 各其詩人들을 研究하거나 或은批評家의 말을빌어 도可히알수 잇다。

四十年前 아ー놀드의 豫言이 今日의 英詩壇의 傾向을 的中한듯 하다。「우리人類를 爲하야 人生을 解釋하여주며 慰勞하며 그理想을도을만한 精神을詩에서 찻지아니치못할것이 次々로 明白하여지리라……」 그러나 新理想主義는 決코英詩의 모든詩人들을包容할수는업다。로맨틔시즘의想像의날개와 워ー즈워스의自然의노래는 그餘韻이今日에도미처잇다。아니 그것은어느時代에나 업지못할것이다。이제키프렝, 드링크워터, 메ー쏘等의 詩人은 그러한目然主義的色彩를써 인사람들이다。 最近英詩壇의 新理想主義의代表的人物은 락셀스·애버크롬비이다。同時에그는 現英詩壇의代表的 詩人이다。이에나는 그와존·메이스떽드와 로버ー드·브릿지스와의 세사람을드러서 最近英詩壇의 先驅라하겟스며 그들의特色을말하야서 新理想主義的 傾向을 解釋코저한다。

락셀스·애버크롬비(Lascelles Abercrombie, 1881—)

그는 今年三十五歲의 壯年으로서 쏘는 批評家로서 現在리ー드大學의 教鞭을들고잇다。一九〇九年에 出版된「戀樂과詩」(Interludes and Poems)을 내이기까지 그의일홈은 조곰도 世上에알지못하엿다。이詩集을내인뒤에 그는메이스떽드와가치卒地에英詩壇의第一位를占하게되엿다。一九一二年에「사랑의象徵」(Emblems of Love)를 내인뒤에 다시그는近代哲學詩人의第一人으로推薦되엿다。

哲學的思想과 批評力이豊富한 그의詩는 時澁한欠点이업지아니나 그의無韻詩는 決코乾燥하지안코 쐈敏한理知의 皷舞와 無겁게효르는情熱이잇다。쏘그의詩에는恒常 굿센宗教的意志의힘이 흐름을볼수잇다。批評家로서의애버크롬비는 크리스도教的理想을가지고 人生의價值를呼訴하는点에서 그들理

想主義者라 말할수잇다。

海洋詩人 존·메이스필드 (John Musefreuld, 1878——)

最近英詩壇에서 가장만흔讚美者를가진 그는 一八七八年에 뗴르버리의 한가난한家庭에태여나서어려서부터船員이되여海上生活을하여왓다。그의父親은法律家이엇스나 그生活은조끔도除有롭지못하엿스며 그의性格은放浪的生活을 恒常憧憬하여왓다。一八九五年에 그는뉴욕코롬비아旅舘에서食器부시는下人노릇까지경험한일이잇다。

·그의放浪生活의果質은 ·일즉이二十七歲時에내인「鹽水歌謠」(Salt-Water Ballade)에서맛볼수잇다。그는恒常現實의悲哀들보고놀내며 그를잇지못하는詩人이다。勞働者로서 船夫로서호텔쎄이로서社會의暗黑面을體驗하니만큼人生의悲哀와 그內面에潜在한心理를辛辣히抽出하는点에서英詩壇의第一人일것이다。

三年前에故人이란 죠셉·콘라드는海洋小說家의일홈을가젓슬쎄에 메이스필드는海洋詩人의稱呼를가지재되엿다。紅塵萬大하고煩多한都會生活에厭症은近代人의心理에는 반다시放浪慾(Wander thire)이업지못할것이다。그가海洋詩人으로서 만흔愛讀者를가진까닭도 에있는것이다。

海洋의自由로움을노래한 그의詩가운데 「海洋熱慕」(Sea-fever)가 가장일홈놉흔것이다。

——放浪慾은 미칠드시 내가슴을쓸게하며

나로하여금 써나재한다

바다는부르며별은손길질하고

하날이 쏘나를 부르는도다

——放浪慾 「放浪慾」에서——

詩의民衆化를뜻하는點에서 크라이스트敎的理想을目標로써 人生의價値를批評하는點에서 에머크롬지고——ㄹ드「放浪慾」에서

비와 메―스퀠―드는 一致된다。 前者는 人性의 根抵에 潛在한 心理를 後者는 社會問題에서 그 詩材를 取함이

다 크다 할가?

桂冠詩人 로버트·브릿지스 (Robert Bridges, 1844――)

現英國桂冠詩人 (Poet Laureate)으로서 英詩壇의 最高地位에 잇는 그는 今年八十四歲의 老人으로 아직써

지붓을 놋치 안는 詩人이다。

그러나 그가 하―되나메―스퀠―ㄹ드보다도 닐피讀者를 갓지 못한써닭은 그가 처음에 着手하엿든 醫業을 廢

하고 템스河畔 얏든 村家로隱退한以後로쓴 詩가 不少하엿지마는 처음에는 公然히出版法에 依하야 世上에

내여 노은것은업고 대늬엘氏의 私刊物을利用하야 發表한써닭이다。 그러므로 처음에는 親한知友들새에에

만配布한것이요 그後에 그가 詩壇의 名聲과 地位를 具備하게되기는 그의 詩가 刊行物로써 詿히 世上에 公布된

以後의 일이다。

自然科學의 硏究가 深奧하고 音樂의 素質을 兼備한 브릿지스는 自然描寫의 精密한 點과 그 律韻의 하―모니

를 가추운 詩律을쓰는 點에서 英詩壇의 第一人이라 할수잇다。 그의 詩體는 英國古來의 傳統的 精神에 잇다 고말할

수잇다。 그러니만콤 그의 詩에는 英國의 特色을 豐富히 가진것이다。

그가 말하려는 것은 소직나의 美를사랑하는데에지나지못하고 나의愛를 사랑하는데에 지나지못하는 詩人이다。 가장穩健하며 人

優麗한 것을지어내며 그로써 善의길을발브며 神을讃美하는데에지나지못하는 詩人이다。 가장穩健하며 人

情的主義色彩를띤 詩人이다。

그의 詩에는 버―ㄴ즈의 노래를想念케 하는 듯 실픈 情熱의 따聲이 잇슴을特히말하고싶다。

　　너히들이 처저드는 그山들은

　　오― 아름다우리라

　　너히들이 노래를내우려 그들

老年詩人　로마스·하-듸　(Thomas Hardy)

————「나이 횡게일스」에서————

樹木이 무성한 산곡의 시내는

오! 맑고 정결하리라

‥‥‥‥‥

오! 나도 그곳에 거닐고십다

그는 今年八十七歲의 老齡이요 現英文壇의 長兄이다。그가어려서부터 詩作에 熱中한것은 그에말을비러 알수잇스나 그가英文壇에일홈을 놉피게됨은 테스어면·드어버엘스(受難의데 스란譯名이잇다)(Tess-of Durbervilles)란 小說을내인째부터이다。그럼으로그는 詩人보다도 小說家로서 世上에알려윤것이다그러나詩人으로서도 決코失敗한것은아니다。

그의特色을말하면 運命主義(Fatalism)일것이다。그는人生을觀察할째어 恒常運命的인 悲觀的인懷度를取한다。그의小說이나詩에서나 如斯한傾向을同樣으로차즐수잇다。그의作品가운데 特筆할것은되나스·쓰詩劇이다。이것우나포레온戰爭을取材한것이며 모든批評家들은 이를千歲의傑作品이라고讚揚한다。엇던批評家는「되나스쓰」를고식(Gothicstyle)式의大伽籃이라하면 그의모든短篇은그伽籃의附屬建物이라고 批評한것은가장興味잇는말일가한다。하-듸의父親은建築家이엇스며 詩人도어려서建築業을배윤일이잇다。그의作品中의重要한것만을드러보면

Desperate Remedies　處女作　1871

The Return of the Natives　1878

Wessex Tales　1888

Jude the Obscure　1895

Poems of the Past & Present 1901
The Dynasts. Part I, II, III. 1904—8

戰爭詩人들 (Poets of the War)

以上에말한세詩人은 現英詩壇의老人詩人들도잇다。그리고現在詩壇에잇서서名聲을獲得한靑年詩人들

은特히戰爭詩人이란稱號를갓고잇다。그들은죠—지안文壇의아름다운별들이니 새수—ㄴ뇌골스 그레이

ㄴ스 等이다。그들은모다世界大戰에出征한經驗이잇스며 그들의詩의大部分이戰爭을取材한것이다。

一九一二年版이죠—지안詩選第一輯에는 우에말한壯年及老人詩人 새버크롬비 보—롬리메이스쩨—ㄹ드

諸氏의詩만을실린것을볼수잇스나 一九二二年版에는戰爭詩人(靑年詩人)의詩도가치실린것을차즐수잇다

勿論메이스쩨—ㄹ드等壯年詩人과靑年詩人새이에別로劃然한時期的區別이나 思想的差異는업슬것이다。

大體로보아그들의色彩와同一하다고말할수잇스며 쏘는하—듸가튼老年詩人도運命主義的色彩는씌엿스

나 亦是그反面에는理想主義的思想도업지아늘을볼수잇다。

靑年詩人(戰爭詩人)을의傾向을大體로말하면 壯快하고英雄人物의나이로(武士)라든가完全無缺한天使

에갓가운神格의美人을取材하며 노래하는中世紀的로맨스의藝術을代身함에 船夫、石工、印刷工、農夫

曲馬閼員、木手工가튼無敎育者와平凡한人生의 心情파日常生活를取材하는 一般의傾向이생지것이다。이것

우처음에말한바와갓치 社會主義的傾向을惹起한것이며 새로운問題를社會에提供한것이다。이것은로맨

듸시즘으로부터엑토리아朝文學에到達한過程을말합에不過하며 그問題의解答은다시世界大戰이란人生의

屠獸場에서서차즌것이니 곳말하면新理想主義的傾向이그解答이엿다。로맨듸시즘或은自然主義乃至機械主義에反抗하는表

現主義도이러낫스며 他而으로는自然主義에或은機械主義에屈服하는運命主義도나라낫것이다。

그러나그解答의全部가決코新理想主義는아니엿다。

새수—ㄴ은大膽하고痛烈한戰爭의詩를쓰며 그레이언스는 그들더光彩나게幻想的으로쓰며 데—쎄스

는 그들더 데리케이드하게 抒情的으로 쓰는 詩人들이다。

의 韻律에 마초아 쓴다。 이밧게도 戰爭 詩人으로 일홈잇는 로ー렌스 브루ー크 노이에스 휴베 等 諸氏가 잇스나 다시 쓸 機會가 오기를 기대리고 이에 근치려 한다。

마즈막으로 附言하여 두고십픈 것은 愛蘭文藝復興運動에 對한 것이다。 例ー쓰(W. B. Yeats)와 씽(J.ー M. Synge) 兩人을 主腦로 한 이 運動은 一八九九年에 비롯된 것이며 近代 英文壇에 向하야 異彩를 發한 者라 하겟다。

비록 愛蘭文學이 英語란 他民族의 言語를 通하야 表現되엿다 할지라도 그를 한 民族의 民族文學으로써 觀察할 째 愛蘭文學과 英文學은 佛文學이 英文學과 相異한 것만치 亦是 相異한 것이라 하겟다。 愛蘭文學의 特質을 말함에는 特別한 地面으로써 充分히 말하지 아느면 다할 수 업슬가 한다。 다만 이 運動이 將次 如何히 發展될 것이며 쌔라서 英文學에 對하야 如何한 影響을 비칠 것인가를 히 우리는 興味잇게 觀察하여야 할 것 特히 말하여 둔다。 ——쯧——

新刊豫告

크로포토킨 著
李殷松 譯

크로의 基督敎觀

本書는 크로의 白鳥의 노래라고 하는 著倫理學과 其發達과 起原이란 冊의 第六章 基督敎ーー中世紀ー루네쌍스ーー라는 小部分을 抄譯한 것이다

우리 朝鮮에 反基督敎運動이 猛烈히 일코잇난 이째 저 偉大한 革命家의 觀察 特히 古代中世 近代 等으로난 오아 基督敎를 論하엿다 識者여 보라 基督敎의 起原 及 成功의 原因 貧者가 본 基督敎 等으로난 다로 크로로서는 明白히 하게 論하엿다

오아서 明白히 論하엿다

海外文學社 發行

定價 拾五錢

露西亞國民文學의 始祖 「푸―쉬킨」의 生涯와 그의 藝術

李 瑄 根

一, 露西亞文學史上에 푸―쉬킨

露西亞란 나라의 近代政治的 建設이 彼得大帝를 出發點으로 勃與되듯키 近代露西亞國民의 文學的建設은 大詩人푸―쉬킨을 第一紀元으로 잡고이러난 것이다. 따라서 詩人푸―쉬킨의 文學史上地位는 政治史上彼得帝의 地位보다 조금도 못할바이업다.

안이 오히려 現代文化人의 公正한眼目으로 二大天才의 事業을 批判해본다면 彼殘忍無道한君主專制政治의 根本을 만드러 大革命이란 慘禍까지 招來한 彼得大帝의 政治的事實보다 純朴하고偉大한露西亞의國民性을 世界에 紹介하고 同時에그네의獨特한國民文學을完全히 樹立하야 露西亞國民의藝術的天才를永遠히發揮식힌 大詩人푸―쉬킨의文化的事業이 멧倍더意義잇고偉大한가십다. 보자, 彼得大帝의政治的建設이란 前後를勿論하고露西亞國民의머리속에永遠히빗나며 그네의生活을一層더意義잇게만드러간다. 이에確然한證據로는 今日勞農露西亞의一般民衆이革命前보다도 오히려푸―쉬킨의作品을만히읽고 넘어普及식힌다는것만보아도알수잇다.

그러면露西亞文學史上에잇서 이갓치重要한地位를차지하고잇는 푸―쉬킨의事業이란果然엇더한것이며얼마나偉大한것이랴?

敎育文學、古典文學의偏僻하고姑息的인形式을버서나 十八世紀末葉에露西亞民衆을잇끌고西歐浪漫主義文學을輸入하야 거기로붓허十九世紀以後의國民文學을完全히樹立해논것이 곳푸―쉬킨의偉大한事業이다。좀더仔細히말하면 在來의因襲的古典文學을排斥하고 西歐文學을露西亞에紹介하기始作한黎明期의先輩文豪카라므진(Karamgin)쥬코브스키(Jhukovskiy)크릴로푸(Kryloff)等의 뒤를바다 그네의事業을完成하는同時에 여기로붓허露西亞國民의獨特한文學을새로히樹立한이가 곳푸―쉬킨이오 一面으로十九世紀以後 레―르몬토푸(Jermontoff)고―고리(Gogol)투르게네푸(Turgeneff)等의世界的大文豪를나하近代露西亞文學을世界文壇에까지 잇쓰러논論第一의先驅者가 곳푸―쉬킨이다。싸라서푸―쉬킨은露西亞文學史上古典文學과近代文學의分岐點으로볼수잇는同時에過去의文學을完成해논功勞者이요 後代文學의基礎를確立해논露西亞文學史上第一의偉人이라볼수잇다。

二、푸―쉬킨의 生涯

푸―쉬킨은一七九九年五月二十六日모스크바上流家庭에태여낫다。그의外曾祖父가彼得大帝의宮庭에出入하든黑人으로 그는어머니를通하야 아푸리카黑人의피줄기를밧게되어스니 이러한血統아레그갓치偉大한天賦의詩人이태여남도過然한일은안인것갓다。

어렷슬째 그의性格은몸시도沈滯하야섯다。 그리하야썰믄父母님네의사랑을밧지못하고 겨우늘근祖母와그의乳母가그를사랑하며길너주엇다。 싸타서어렷슬째그의敎養싸지도 거의大部分의祖母와乳母의指導에맛긴바되엿섯다。 그의祖母는自己가宮庭에出入햇든關係上만히주어드른歷史的傳說갓흔것을 어린그에게들이여주엇고 그의乳母는아조純直하고善良한老婆로서그에게滋味잇는民族的神話、靈話、民謠傳說等을恒常들니여주엇스니 이것이將來大詩人될어린이의敎養에얼마나힘잇섯다는것은두말안이하야도짐작할수잇겟다。

變하는것은자라는어린이의性格이다 沈鬱하기짝업든어린푸―쉬킨의性格도 그가일곱살적小學校에入

學할째 붓히는 주然히 變하야 아조快活하고 앳염잇는 兒孩로밧귀엿다。그리하야아즉까지 그에게無關心하든父母들도비로소 그를사랑하게되고 어린同僚들도 그를써르며 조화하게되엿다。이에그의父親은그 貴族中學에入學하기前부리佛人家庭敎師써지雇聘하야 그에게佛語를가릇치게되엿스니 이때붓히써그는 루쏘나 올리에르等을眈讀하는同時에 佛文으로 小品短詩써지써보기始作하게되엿다。

貴族中學에入學한푸―쉬킨은一層詩作에熱心하야 一八一四年붓허는A、H、K라는匿名으로新聞에投稿를始作하얏스며 그後얼마안지나過然히貴族中學試驗場에서 老詩人『데르좌빈』(Derdlavin)에게 알니워지는同時 當時文壇에巨星인쑤코엔스키에써지그의天才를알ㅅ우게되자 차츰〳〵當代一流文豪들과交際케되고드되여文壇에中心人物이되게되엿다。

그러나 이에싸한가지注目할것은 熱々한詩人인푸―쉬킨인만치그가詩人만으로 滿足치안코當時社會制度에改革을부르지즈며 이리난政治的秘密結社에서參加하야 그의절문氣運을發揮하얏다는것이다。

文壇에스기써지그의生活은아조平順하얏다。그러나文壇에손以後그의生活은決코安靜된生活이안이요。恒常動搖와紛亂이끗칠사이업는不安한狀態에逼迫을免치못하게되엿다。그리하야그의第一重要한靑年時期는 거의大部分을地方僻村으로피로운귀양사리를하며지냇것이니。그의作品大部分이갓혼生活의産物이다。그의피로운經驗을醫間도 爲政者의無理한壓迫을免치못하게되엿다。

라보면 皇帝의感情을傷하다가겨우特赦되야다시出世케된것이다。그러타가그 後에보면 皇帝의感情을傷하야 시베리아流刑을當할섄하다가겨우免하고 南部露西亞어느地方官廳에吏屬이란名目으로定配를當한일도잇섯스며 뱃사라비아에서오뎃사써지放浪生活을해본적도잇섯다。그리다가그

가진苦生을맛본靑年詩人은一八三一年비로소모스코에서結婚하고그後로는아조安協的穩健한生活을하얏다。그리하야一般民衆과는얼마쯤성기여지고皇帝와는安協하야다시出世케된것이다。

그러나詩人의性情은決코平凡하지는안엇나。안이오히려屈服的生活에苦痛을늣기는그의感情은隱然中極

度로 날카러워저 結局自身의 運命을 決定하게서지된것이다。그는 結婚後不過五六年에 乍小한感情上衝突노一八三七年一月二十七日단례一란伯爵과 決鬪케되야 그의피스를에 致命傷을當하고 잇흘後四十未滿의 壯年으로 不歸의客이 되엇다。

그의 生涯를 紹介하기너무나 簡單하나 仔細한것은 後日 노밀고 以上갓흔 쎨본紹介가운데서라도 大詩人의딸 본生涯가 주體를 表하야 얼마나 變化가 만핫스며 얼마나 熱情的이엇겟다는것만 짐작해준다면 筆者로는滿足일가한다。(未完)

『푸—쉬킨의 藝術』에 對하야는 次號로 밀다。

赤死의 假面
(The masque The of Red Death)

——米國 에드가아·알란·포오作——

鄭 寅 爕 譯

一八四二年五月에 「그락함」이란 雜誌에 記載되엿든것이다。伊太利「북카치오」作 「데카메론」에서 暗示를 엇지 안헛는가하는 말성도 잇스나 이것은 엇든 歷史的現實味를 目的한것이아니요 一種을 漠然히 北部伊太利近方에 군 相像的産物이라。鮮明한色彩와 暗黑과 歡樂과 寂滅이 힘잇슷對照되여잇다。

『붉은죽음』이 오래동안 그나라를 황패식형다。그러케 사람을잘죽이는 흉악한피질은 이째서지한번도업섯다。피는 그화신(化身)이요 그도장이엿다——피의 붉음과 무서움! 날카로운고통이 잇서 갑작이 눈을실々감엇다가 다음에는 털구멍이해여저서 흠벅피를흘리고 죽는것이엿다。환자의몸둥이에와 특히 그얼골에잇는 진홍빗판점은 그피질의표적이라 그것이 사람들의간호와동정을 밧지못하게하엿다。그리고 그병의침노와 경과와 결말은 모다 반시간동안에 생기는일이엿다。

그러나 『프로쓰페로』공(公)은 행복스러웟스며 용감하고도령리하엿다。자긔영로의인구가 반이나줄어젓슬째 궁중의긔사들과 귀부녀가운데서 건장하고 마음가벼운동모천여명을 자긔압헤히

불너 그사람들과합세 성갓치싸아둔 자긔의크다란 실속으로깁흠을감초앗다。

이절집은 넓고도평장한건물이요 이벽에는 쇠로만든문이 달려잇섯다。시관들은 여긔에드러와서 쇠녹히는큰화로와묵직한장도리를가지고 빗장(閂)을 녹혀붓첫다。그이돌은속에서 실망과팽중의충동이 돌연히이러나드라도 출입의길을낭겨두지안키로결심을하엿다。그절은량식을충분히준비해두엇다。신하들은 이와갓흔예방으로써 전염병을 대항하려고 햇슬지도모른다。밧갓세상은 제멋대로될것이엿다。그럴동안에숨어하거나 싸는생각하는것은 어리석은짓이엿다。공은 과탁의모든설비를 다해두엇다。어릿광대도잇섯고 직흥시인(即興詩人)도잇섯고 춤추는사람도잇섯고 악대도잇섯고 미인도잇섯고술도잇섯다 이모든것과 보안(保安)이 그속에잇섯다。업는것은 다만『붉은죽음』이엿다。

공이 숨어잇게된후로 거진오륙개월이 다되여갓슬째 밧갓해서는 피질이 가장흉악하해성을내고잇섯지만 그동안『프로쓰페로』공은 일상에는업는 아주평장한 가면무도회를열어 천여명의동모들대접하고잇섯다。그가면무도회는 사치일락의팽경이엿다。그러나위선 그무도회가열린방을말해보자。

방은일곱개장음하게 채린것이엿다。그러나 만혼궁궐에서는 그것이 길고고든비쓰타(通景)로되여잇버서서 평풍문이 거진량편벽까지 줄々거듯치게되는싸위 원전경이 조금도 막히지안코 잘보인다 그러나별스른공의 취미에서기대할수잇는듯시 여긔서는 사정이픠다르다。

방의정돈은 너머나 불규측하엿다。그래서 한번에하나식밧게누ー더볼수가업섯다。이삼십야ー드마다 날가로운구비가잇고 구비마다신기한효과가잇섯다。좌우에는 벽마다 한가운대 키크고좁은고식크식ㅇ창문이 방의구비에싸린 소잡은마루우에 열리어잇섯다。

이창문들은 쓰틘드ㆍ그라쓰가 박혀잇섯고 그빗흔 창문열면보이는 방치장의주장되는빗해 일치되여서 여러가지로 변하엿다。레킨댄 동쪽구석에는 푸른벽조회가 발러잇섯다。ーーー그래서 그창문들도 생々한푸른빗이엿다。둘재방은 치장한것과 담요가자색이요。그래서창경도여긔는 자색이엿다。셋재는전혀 류록색이엿고 창경도또한그러하엿다。넷재는 치장과등불이 굴빗이엿다。다섯재는 흰빗호로써── 여섯재는 가락지곳빗호로。일곱재방은 원천장에서 원벽으로걸려잇는 검은배르뱃달 요에。 빈름업시 덥허잇섯고 그담요는 무거운주름을잡은양으로 그와갓흔재료와 갓흔빗호로되여잇 는방바닥에다루어저잇섯다。그러나 다만 이방에서는 창경빗이방치장과 일치되지못하엿다。이곳창 경은 진홍빗── 진한피빗이엿다。

이제 이방일곱개중에는 아그대도압뒤로 만히홋러저잇고 또는천장에서달려잇는 여러가지도업섯 장치사이에 람프, 또눈촉대하나업섯다 방가운대람프또는초ㅅ불에서 쌧처오는불빗흔 한가지도업섯 다。그러나 그방에쌀린마루에는 창군하나식을 마주호고불유화료가진 무거운삼각대(三脚臺)가 서 잇서서 채색한창경으로불쌀을쏘아내며 방을아주반짝── 하게빗초엿다。이러케해서찬란하고도 이상 스럽게수민군중이낫하낫구。그러나 서편, 또는검은방에서는 피빗호로물드린창경을통해서 검게걸려 잇는담요우으로흘녀나오는불빗호과가 극히우중충하게되여서 이방에드러오는사람의모양을 심히무섭 게빗초이는ㅅ닭에 그모임중에는 넉ㅅ히그경내에 발을드러 노음만큼대담한이가도모지업섯다。

또이방에는서편벽에기대여 펑장하게 커다란 검은박달나무 시계가 세워저잇섯다。진자(振子)는 둔하고 무겁고 단조한소리로 똑닥!──하면서 압뒤로흔들고잇섯다。

그리고장침이 시계판을 한번돌고나서 시간을치면 놋쇠로써만든시계의패장에서는 분명하고놉고 깅흐며 대단히 음악적인소리가들린다。그러나 그곡조가심히별나고도 힘이잇서서 한시간식지내고 나면오ㅣ케쓰트라의악대들의 ·탄주하다가도 잠시동안그들의연주를굿치고 부득이그소리를들을수바게 업섯다。그래서와로쓰춤을추는이들도 진행하든노름을억제로굿친다。그리고유쾌하게놀고잇든원모임이 라케되고 좀더나먹은이와 침착한이들은흠히사무순환상이나 침상이나하고잇는것갓치 이마에 손을대 조끔혼란상에잇게된다。그리고 시계가아직태시간을치고잇슬동안 제일신경과민한이는 얼골이·파ᅵ

──(47)──

이고잇섯다。그러나울리든소리가 전혀선어엿슬째곳가벼운우슴소리가 그뫼임중에갓득저젓다。악대들

은 서로놀라보면서 흡사갓々자긔의신경과민마어러석은짓을웃는것갓햇다。그러다가 서로속살그리면서

쏘다시시계가철지라도 그와갓흔감동은다시내지안키로 맹세하엿다。그리고 륙십분이 지난후(그것

은새의삼천륙빅호를 안고나라간다)쏘 다시시계가치면 쏘전과쏙갓흔 혼란과소요와 침사가 생겨

온다。

그러나 이련일에불구하고 그노름은 유쾌하고쏘 장음한것이엿다。공의취미는 별스러웟다。그이

는 색채와의장(意匠)에 대해서 례민한시력을 가지고잇섯다。그이는 단순한류행의장식을 생각지도

아니하엿다。그이의계획은 대담하고 열렬하엿다。그리고 그이의착상(着想)은 야만적광채에싸이게

되엿다。그이를밋첫다고 생각할사람이잇지마는 공예개싸라다니는이들은 그이가 그럿치안타는것을

늣겟다。그이가 밋치지안햇다는것을 확신히알려면 그이의말을듯고 그이를보고 쏘는그이의몸에접

촉해보는것이필요하엿다。이큰잔채에임해서방일곱개의움즉일수잇는치장을대부분 공이지도하엿다。

그리고가면쓴사람들에게 각々역활을준것도 자긔자신의취미가 지도한것이엿다。정말 그취미는그피

한것이엿다거긔여는。섬광 閃光)찬란(燦爛)자격(刺戟) 환상(幻想)———『에르나ーニ』속에서 볼수잇

든것이만히잇섯다。몸에맛지안는팔다리와 장구(裝具)가진아라비아모양이잇섯다。밋친사람이 즐길만

한그런정신일흔 망상이잇섯다。아람다운것이만히잇섯다 거피 한것도만히잇섯다。

무서운것도 다소간잇섯스며 미움을흥분식힐만한것도적지안햇다 (방일곱개에는 사실상쑴의군중이압

뒤로가만〈〉거러다녓다。그리고 이것들이——쑴—— 방의처색에 빗초이면서 전후좌우로몸부림치고

오ー케쓰트라의 장음한음악을 그들의발자욱 소리처름생각되게하엿다。그리고얼마안되여서 담요쌀

린큰방에세워잇든 검은박달나무시계가 시간을친다。그리면 잠간동안모든것이 적々해지고 그시계

소리외에는 모든것이고요해진다。쑴은 이러선양으로 생々얼재된다。그러나 시간치는음향이 씃나

면잠간만계속하지만 —— 가벼윈고 반씀억제하는우숨이 그소리가 쩌나감을셔라 뒤를이여서 쩌나

온다。 그리고 이재쓰다시 음악이크게울려들리고 꿈을살아나 삼각대에서 흘너나오는 여리가지로

불드린 창경벳헤빗초이면서 전보다 더욱유쾌하게 압뒤로몸부림친다。

그러나이제일곱개중에도 가장서편 잇는방으로 감히드러가보려는이는 한사람도업섯잇다。 그것은

밤이점々깁허가고 피물드린창경으로는 더욱붉은불빗치흘녀오는새닭이다。 검은담요의검은빗혼 사람

을놀내게하고 검은장판우에발을들어놋는이에게는 멀리쩌려진 다른방에서 환락에싸지고잇는사람들

의귀에쏠리는 엇든소리보담도 더욱엄숙하고 힘잇는보에쌔인듯한 핑々울리는소리가 갓가히잇는검

은박달나무시계에서 들러온다。

그러나 다른방에는 사람들이 색々하게모혀잇는대 그가운대는 생명의십장이 열병적으로 고

동하고잇섯다。 그리고연회가 쌩々돌아진행되여서 나종에는 시계에서야반의 소리가 치기시작하엿

다。 그러다가 먼저말한섯갓치 음악이쏫치고 와르쓰두도자의진행도중지되고 전파갓치만물의불안한

정자가잇섯다그러나 이제시계의종은 열두점을치게되엿다。

이럼으로 시간이길어지면 노름하든이들가운대도 생각깁혼이들은 더욱만혼생각을하야 묵상에잠

기게되엿슬것이다。 그리고 쏘 맨나종에치는시간의최후음향이 전혀침묵에싸지기전에 그군중가운대

는이째서지한사람의쥬의도 구속치안햇든 엇던가면쓴형용이 와잇다는것을쌔닷게된이도 만히잇섯

다。 그리고 이새로운출석자의 소문이재절노ヽ좌우에소군々〈퍼젓다 나죵에는 비난과놀냄을표시하

는 잔소리와 중얼거리는소리가 원모임중에서 이러낫다。 —— 최후에는 전률파꽁포와 미움을표시

하는것으로 변하엿다。

이와갓혼 그환상의모임에서는 생각해볼것도업시 평범한모양은 이갓혼감각을흥분식힐수는것이

다。정말 그날밤의가면무도회는 방탕하기에 거진제한이업섯다。 그러나 문제되는그형용은 흉악한

폼군도 겁내게하엿스며 공의한정업는 도량의범위싸지라도 넘어갓다。 가장무분별한마음에라도 점

축하기만하면 반다시감동식힐만한 거푼고의줄이잇섯다。모든것을버리고 생과사를다갓치 희롱처못할물건이쏘잇다。정말 이제원모임은 난데업시드러온사람의 의장과태

도에긔지도업고 례절도업다는것을 깁히늣기는것갓치해보엿다。

그형용은 키크고 쌔々여위고 머리부터발까지 송장옷을입고잇섯다。그얼골을갑춘가면은 쌍당

〈어물게 된 송장의형용에아주흡사함으로 아모리 자세히검사해보아도 그사긔를탐정해서 구별하

기어려웟다。그러나 자우에들녀잇든 밋친노름장이들은 칭찬은단햇슬지라도 오히려이모든것을건디

엿슬지도모른다。그러나 그말업는가면무도자가 『붉은죽음』의자태를 취하기까지되엿다。그이의옷은

피물에젓고잇섯다。——그리고 그이의넓은이마에는 얼골의다른모든부분과갓치 진홍빗의공포가싸려

저잇섯다。『프로쓰페로』공은 이귀신갓흔모양을보고 (그모양은천々히엄숙하게 움즉이면서 그역할을

더욱충분히의지하려는듯시 와르々춤을추는이들가운대로 이리저리 가만〈 거러다녓다) 첫순간에는공

포 쓰든분쾌의 강렬한전률을늣겨 경풍들린것갓해보엿다가 다음에는 분노해서 그이의이마는붉개되엿다

『누구가, 감히』——그이는 자긔갓가이서잇든시판에게 신목소래로명하엿다。——

『누구가 감히 이불경한조롱으로서 우리들을모욱하려하느냐? 그놈을잡어서 가면을벳겨보아라

——해가돗이면 성벽에 목걸놈을 알겟지!』

방일곱개로 울녀전햇다。공은 용감하고 근장한사람이엿스며 ——음악은그이가손을흔들매 묵々하개되

엿다。

공이자긔겻해 얼골푸른시판 한모닥이를다리고 서잇기는푸른방에서이엿다。처음에 그이이가말햇

슬때는 손갓가히잇섯다가 이제는 침착하고 당々한보조로서 말하는공에게로 점々갓가이온 그즘

입자(闖人者)쪽으로 왈캉밀고나가는 군중의소래가 알푼들렷다。그러나 그말업는부도자의 밋친듯

한표만이 원모임을고취식혀서 무엇이라고 일홈할수업는 엇든무서움이잇기쌈으에 그모임중에는 아

모도손을내여서 그놈을잡으려고아니하엿다。그래서 그놈은 것침업시공의안방에서 서너자밧게안되

는곳으로드러갓다。그리하야팡범한회집이 흡사 한충동을가진것갓치 방한가운데서 벽잇는쪽으로몸

을피하고잇슬동안 처음부터 자괴를분별케한 그엄숙하고 조리잇는발자옥으로 푸른방에서자색방으로

자색방을지내서 ──초록색방으로 ──록색방을지내서── 굴빗방으로── 이곳을지내서── 쏘초흰곳으로

그리고는쏘거긔서 가락지쏫빗방으로 엇든결정된행동이 그놈을포박하기전에그놈은거침업시거러갓다

그러나 마참그때「프로쓰페로」공은 분노하고 쏘자괴자신이 잠간검냇든것을 붓그러히넉여 밥비

방여섯개를지내 다라나는대 원전체가혼이나서 아모도공의뒤를싸라가지아니하엿다。공은 쎄ㄴ칼을

놉히들고 급하고도 맹렬하게 거러가서 자취를감추려는 그피물갓가히 삼사척의내에 드러갓다。

그때그물너가든놈은 베르뻬르담요쌀틴방 한쪽구석에도달하자 돌연이방향을변해서 싸라가는공에게

대항하엿다。날카로운 부르지즘이잇섯다 ──그리고 그칼이 검은장판우에 번득이자마자

곳이여서 그방바닥우에는 「프로쓰페로」공이죽어서업더저잇섯다。그래서 노름하든군중의쎄는 절망

쏫혜 거치른용긔를내여 직시 검은방에뛰여드러가 검은박달나무시계의그림자속에 쑴적도안코쌧쌧

서잇는 커다란형용의가면쓴놈을포박하야 뫼구덕속의송장옷과 시체갓흔을 격렬하게 사정업시쥐

여흔들어보앗스나 아모명백한형생이아니엇슴으로 말할수업는공포에 숨울식수그럿다。

그리고 이제야 『붉은죽음』이 와잇슴을쌔달엇다。그병은 밤도적놈갓치 드러왓섯다。그리고 노

름하든사람들은 한사람식 그들이놀고잇든 그피에저진방에서 잡바저죽엇다。그리고 각々잡바진참

혹한모양 그대로 목숨을쓴힛다。그리고 검은박달나무시계의목숨도 연회의최후생명과합긔 다되엿

다。그리고 삼가락자의불쏫도 쎠젓다。그리고 「암욱」과 「파멸」과 「적사」가 만물우에 무한의지

배를가젓다。(쏫)

(註)「에로나니」는 「빅톤•유고─」의 一八三○年作인데 그有名한悲劇의主人公名이다。
「포오小傳」은 다음號의 諷刺諧謔에 잇슴니다

크랭크비이으

(아나톨르·프란스)

盧再崑 譯

・法令의 戒嚴은 統治民의이름으로서 判事가녀의는 判決의 하나하나속에 온전히 存在한다。步行商人 계로・므, 크랭크・비이으는 그가治安警察의警官을 侮辱하엿다는輕罪로서引致當하엿슬새에 얼마나法令의 戒嚴이 大端한것인가를알엇다。宏壯히큰 어둠컴컴한廣室의 被告席에거러안저서 그는制服입은判事들에 書記니 辯護士들을보고 쇠사실을가지고잇는門직이에 憲兵하고 坐隔欄넘어 默々한傍聽者들의帽子벗은머리를보앗다。坐自己自身이 좀놉히된座席에안저잇슬은 恰然 官吏들압혜 被告自身이 吉事롭지못한光彩이나 밧고잇는것이가티뵈엿다。廣室의奧部에는 두陪審判事의새이에 裁判長부-리슈氏가着席하여잇섯다。翰林院任員의勳章이 그의가슴우에는걸려잇섯다。共和國象徵의半身像과 十字架우의基督像이 裁判廷의우에잇서서 모든聖法과人法이 크랭크・비이으의우에 덥처잇는것이엇다。그는이것에서 正當한恐怖心을 가슴속에 늣겻다。哲學的의頭惱를갓지안은그는 이胸像과十字架像이 무엇을 意味하고잇는가를 自問하지안헛스며 耶蘇와마리안느(佛蘭西共和國을象徵하는女性)가 裁判廷에서만은 和合하고잇는것을 探究하지안헛다。然이나 이것은反省하여 보아야할題目이엿다。왜냐면 要컨대 司敎의學說과敎會法은 여러見地로보아서 共和國의制度와民法에 相反하는것이니。이것으로보아도 敎會이 아조全廢되지안헛다는것은 基督의敎會는 昔時와가티 그敎會가權限을授與한勢力만이 合法的인이라고함을 가르치고잇다。佛蘭西共和國은 지금까지 그가司敎의權限으로서 이러난것이안이라고 主張한다。크랭크・비이으는 어지간히正當하게이럿케말할수잇섯슬것이

다。

──判事諸氏 大統領무──베는 그 當身네들머리우에걸려잇는基督의敎를 듯지안헛스니 宗敎會議

와 法王의機關에依한當身네를 信賴치안합니다。이基督像은 敎會의權利를생각하게하느라고여긔잇서

當身네의權利를無効케하는것이며 그리치안흐면 이像의存在는 아모正當한意味를가지고잇지안습니다

이말에 裁判長부──리슈는 아마 이러케對答하엿슬것이다。

──被告크랭크베이으여 佛蘭西의諸王들은 늘 法王과는 못치못한새이에잇섯다。위·요──므드·노가·레

는 破門을당하엿지만 그까짓널가지고 王位를辭任치는안엇다。裁判廷의基督은 그·레·고·아르七世나보

니·봐스八世의基督은안이다。이것은 말하자면 聖書에써잇는基督이다。그는 決코 敎會法이란말도알

지못하고 神聖한敎令을듯지안헛섯다。

그때에 크랭크베이으는 이러케 對句를낼수잇섯을것이다。

──聖書의基督은 水兵帽(輕蔑을表하는俗語)이엿다。그뿐더러 그는 一千九百年동안이나 모든基督敎

國民들이 司法上의重大한誤謬이라고생각하는 罪의宣告를바더왓다。裁判長閣下세서 그의이름으로서

나를宣告한다하면 나는單四十八時間의入獄일지라도拒絕하며 當身을信任치안합니다。

그러나크랭크베이으는 아모歷史上 政治上 社會上의觀察을 하지안엇다。그는 驚愕의속에머물러

잇섯다。그를둘러싼莊嚴이 그의게 正義에對한 高尙한觀念을갓게하엿다。會敬의念이 쎄속서지드머

가 慈悲의속에처백혀 그는 그자리에서바로 罪를지엿다고 생각치안엇지만 그의辯護士가 半이나그가無罪치안음을 밋게하엿다。

는 良心으로는 罪를지엿다고 法律의象徵과 社會公訴官吏압헤 一個果物商의良心

이얼마나적은것인가를 발서 그의우에 무겁게덥혀잇는重荷를 너려주엇다

簡略하고迅速한審理가 그의우에 ‖ 크랭크베이으事件

菜蔬商제로──므·크랭크버이으는 市中을돌어단기며 조그마한수뤠를밀면서 소리첫다「甘藍」蕪根

八蔘! 그라고정구지를가젓슬때에는「石刀柏의묵금이여—」그까란 정구지는 貧民의石刀柏의기색문에

다。그런데 十月二十日正午頃에、 그가몸말드그街를나려갈제 구두房집배이야로夫人이 店房에서나와

茶蔬수레로갓가이왓다。輕蔑하는듯이 한묵금읫정구지를들며

—아조낫븐걸! 자네정구지는。더조은건업는데요。

—十五錢이여유 아가씨。한묵근에얼마?

죳치도못한 서녀줄기정구를 十五錢이라구。

그라며 그네는 보기도실흔듯이 그묵금을 수레우에던젓다。

그때마침 六十四號警官이닥처와서 크랭크뷔이으의게말하엿다。

—通行! (Circuleg!)

크랭크뷔이으는 五十年以來로 아침부러저녁싸지 通行(Circulait) 하엿섯다。이러한命令은 그의게

는 合法的이며 事勢의自然에適合한것이라고 생각햇섯다。速々히그것에服從하려고 그는그아가씨에

게 마음에맛는것을집어달라고 催促하엿다。

—살物件을 가려보아야지。라고구두房宅네는 화를내며 對答하엿다。

그리고그네는 쓰다시 모든정구지묵금을만저보고는 그네의게第一조타고생각하는것을집고 敎會堂

의絢爛에잇는 聖女들이 凱旋을象徵하는椶櫚입흘 그네들의가슴에를켜안듯이 구두房宅은 그정구지묵

금을 그네의가슴에 놀켜쥐엇다。

—十四錢만줄게。그만해도만아。그리구두店房에 들어가서 돈을가저와야지。지금내게는갓지안엇서。

정구지는抱擁한채로 그네는 구두房으로들어갓다。그곳엔 먼저 한손님이 어린애를안고 들어와

잇섯다。

—이째에 六十四號警官은 두번채 크랭크뷔이으의게말하엿다。

—通行!

──돈을바더야지우 라고크랭크•비•으•는對答하엿다。

──나는 자네의게 돈바드란소리는 안햇서 나는 자네의게 …… 하라고말하여 라고警官은確然 히말하엿다。

그리는새에 구두房宅네는 店房속에서 두살먹은어린애의게 靑色牛靫를 신겨뵈이고잇섯다。그에 母親이 燥急하게군싸닭이다。그리고 정구지의풀은대궁은 帳臺우에쉬고잇섯다。街路에 수레를밀고다니기 牛世紀나되는크랭크•비•으는 當局의代表者의게는 服從할줄을알엇섯다。그러나이번에는 義務와權利의새이에섯겨 그는奇妙한地位에스게되엿다。그는 法律的의頭腦를 갓지안엇섯다。그는 個人의權利의亨受가 社會上의義務의履行을 못하게한다는것을 理解하지못하엿다。그는 十四錢을밧는다는그의權利를 너머重히역이여 그의義務 即수레를밀으며 압흐로 늘 압흐로 나가야한다는것에는 執着하지안엇다。그는머물러섯다。

세번채로 六十四號警官은 沈着하여 怒氣업시 그에게 通行하라는命令을나렷다。늘 威嚇만하며 決코處罰치안는 憲兵班長몬로──씨엘의習慣과는反對로 六十四號警官은 告諭는甚히하지안코 關書쯔

──通行하라는데 듯지안는단말인가!

크랭크•비•으는 이命令을 服從하기에는 그의눈에너머重大하게뵈이는 그자리 에머물러잇서야할理由를 갓고잇섯다。이러한게 그의性格이다。조금陰險은하지만 그는 홀륭한俸仕者며

──제─기참! 내돈을기다리구잇다구말해두그래유。

다。獅子의勇猛이잇스며 小兒의柔順이잇섯다。그는그의守則밧게는알지못한다。

──자네를違犯罪로…… 하란말인가? 그재所願이거든 그럿라고말하구려。

六十四號警官은 이러케對答함에滿足하엿다。

이말을들으며 크랭크•비•으는 슬그면히억개를웃석하고 警官을 슬쩍悲痛한눈짓으로처다보앗다。

다음에 그는 눈짓을한을로울엿다。

이 눈짓은 이러케말하고잇섯다。

「하누님 절좀봐준시우! 내가 法律을輕蔑하는 者입닛가。내가 나의行商이란職業을 統治하는法規와 命令을 蔑視하고잇슴닛가? 아침다섯시에 저는 市場의輔石우여잇섯슴니다。일곱時부터「甘藍、蕪根、人蔘이여! 」하고소리치며 수레안나무를 밀고가느라고 소바닥을태워왓슴니다。제가회는滿六十年이올시다。저는疲困하엿서유。그런대 當身세서는 지가叛逆의煽旗를들으라고要求하십닛가。弄談도어지히하십시유。坐當身의弄談은 殘忍합니다。」

이 눈짓의表現이 그의재腿瞟의엿든지 或은그가이것에 不服從에對한辨明을보지못하엿든지 學官은簡單한 억세인口調르 그가 蔑視하엿느냐고묻엇다。

그린대 마침의 思頭에 봉막드로街路의軒輻의滋難은 極端으로되엿섯다。街道馬車라 木桶運搬車、家畜鐵道、運鐵과 짐짹차가 서로輻輳하여 連結되고모여드것가티엇섯다。그들의 白白짐심부름역들과합새 街道馬車의車夫들은茲維的解說을交換하고 물리지못할湧湧으로 그들의川天수리 諸說이니 高喊소래가이러나기始作하엿다。그리고乘合自働車의車掌들은멀니서 천수의 그를더러 운정구지나라고부르지젓다。크랑크비이으를 이湙維의原因으로생각하고 漢維들이덤겨들여 이爭論을注視하고잇섯다。그리고 警官은 사람들이目

한편으로는 好奇澤들이덤겨들여 그의精藝를 發揮식하저는 생각하지안엇다。

────조라 라고그는말하엿다。

그리고는 봉창내서 阿體한手帖과 야즈짤막한鉛年을쓰내엿다。크랑크뷔이으는 제생각안쓰치며 內的勢力에服從하고잇섯다。그분안이라 지금으로서는 압흐로나

간수도뒤로물너날수도업섯다。그의수뎃박휘는 재수업시 牛乳車의박휘에셈겨잇섯다 그는帽子밋희머리털을 잡어끄들며 소리첫다

—그저만 내돈을기다린다구해두유! 참재수가업는일이지! 이일을어쩨야해여! 그것참!

叛逆보다도．絶望을表現하는이말에　六十四號警官은　侮辱을바덧다고생각하엿다．그리고그의게는　모

든侮辱이란　必然的으로傳統的、規範的、聖化한　典禮的의　말하자면禮拜形式的의　「染病할쇠색기」

(Mort aux vaches巡査를辱할쌔쓰는隱語)라는形式을입게되는故로　이形式을바더　自然그는　이違犯者의

말을알어듯고　固定식혓다．

ㅋ·····아!「染病할쇠색기!」라고　자네는말하엿지．좃타．나—ㄹ써러오게그려．

크랭크·비·으는　極度의驚愕과悲歎속에　太陽에태워진그의큰눈을가지고　六十四號警官을쳐다보앗다

—내가「染病할쇠색기」라고말하엿다고요？내가？·····오!

이捕搏을보고　商店員파어린애들은　으슥소리를쳐 울럿다．이光景은　모든人衆이　卑醜한　亂行的의

求景거리를보고적는趣味를　滿足식혓다．그러나　이群衆의새이를헷쳐　黑衣입은　禮帽쓴　大端히陰沈

한氣色의한老人이　警官의게갓가히와서　그의게　아조溫和하게　싸아조確乎하게　얏흔록소래로말하엿다

—當身은誤解하고게십니다．이친구는　當身을侮辱하지안엇슴니다．

—當身의게相關잇는事件에나參見하시오　라고警官은　威嚇하는록소래와는다른態度로　말하엿다．

왜냐면　그는지금　相當히옷닙은사람의게　主唱하엿다．그라고警官은　그의게　警察에가서說明하라는命令

을나렷다．

老人은　大端한冷靜과固執을가지고　소리치고잇섯다．

—내가「染病할쇠색기」라구햇단말이라니．오!·····

한편으로　크랭크비으는　소리치고잇섯다．

그가이런驚愕의말을내고잇슬쌔　구두房宅의베이야—ㄹ夫人이　十四錢을손에들고　그의게왓다．그러나

발서六十四號警官은　그의목둘기를틀며고잇섯다．그려너 베이야—ㄹ夫人은　警察署에끌려가는사람의게는

며 크랭크베이으는 중얼거렷다.

사로債務도업다고생각하고 그 二十四鐘을 그녜의압치마봉창에녀헛다.

突然히 그의 수레는 警留당하고 그의自由는 업서지고 그의발밋혼深淵이되고 太陽은消滅하여짐을보

——그것참!

警察官의압헤서 老人은이러케言明하엿다 「車輛의混雜으로 길가다머물러서서 그는이現場의目擊者

가되엿다. 그라고警官은 條塵닷한것이안이라 아조誤解한것이라」고 그는確言하엿다. 그는그의品品

位를말하엿다. 「암브로아

즈病院醫員長 례저몬·돈녀

ㄴ勳爵을어든士官 다앤·마

류—博士」다른째엿드면 이

蘭西에서는 學者란 모도

러한사람의豁言은 充分히

警察官의게 이輕侔을밧혓

슬것이다. 그러나이제엘佛

疑心人物이엿섯다.

크랭크베이으는 말하엿다.

것이엿다. 그는말하엿다.

——淸潔하구두淸潔한곳이로군. 참말이지참! 그냥 방바닥에밥이래두놋쿠먹깻네.

혼자남겨저서 그는長倚子를잡어 단기려고하엿다. 그러나 그것이壁에붓터잇는것을알엇다 그는그의

警歎을 커드란목소래로表現하엿다.

——奇妙한생각이로군! 이게야참 나로서는 發明해내지못할것이지 참!

스 랑 프
를 나
로苦痛스럽게도屈下的으
새우고 다음날아침 四

안되여 拘留所에그날밤을

人護送車로서 留置場으로

넘어갓다.

監獄生活은 그의게는 別

로苦痛스럽게도屈下的으

로되이지안엇다. 이것은그

의게必然的으로되엿다. 그

곳에들어갈째 그를놀래킨

것은 壁과방바닥의淸潔한

안저서 그는엄지손가락을비틀어보며 驚愕의속에머물러잇섯다。孤獨의寂寞이 그를참지못하게하엿

다。심々하기짝이업섯다。心慮하며 아직까지蒼藍、蕪根、和蘭三葉菜 들샹추 藤菜等을

실어논 拘擊당한그의수레를생각하고잇섯다。그는근심스러운듯이自問하엿다。

——어데냐 그者들이 내수레를처박거노앗슬가?

사흘채되든날 그는 그의辨護士 巴里辨護士組合의年少會員의하나 祖國佛蘭西聯盟의支部長인 멘.

메·료르先生의訪問을바덧다。

크랭크비이으는 그의게 저事件을이야기하랴고여엇지만 그것은쉬운닐이아이엿다。그게란 그는이

야기하는習慣을갓지안엇스니。아마 조금助力이잇섯스면 그는이것을하여보엇슬것이다。그러나그의

辨護士는 그가말하는모든것에 밋지안는얼굴로 머리만흔들고잇섯다。그라고종의를두적거려보며 그

는중얼거렷다。

——흠! 흠! 그런건 조금도 ·記錄에써잇지지안은걸……

그라고는 조금疲勞하여 물론三色의수염을어르만지며 말하엿다。

——자네를爲하여서 아마自白하는것이 낭흘걸。나로서보면 자네의絕對로否認하는짓은 明白한術

策업는짓이니라고 생각하는걸。

그제부러는 萬一 무엇을自白하여야 조흘가를알엇드면 크랭크·비이으는自白하엿슬것이다。

裁判長부리슈는 ㅌ 五議(裁判廷)압희크랭크·비이으의訊問에 消費하엿다。萬若 被告가 그의게向한所問 滿六分間을

에 對答을하여엇도면 이質問은 훨석明白하게 알리게되엿슬것이다。그러나 크랭크ㅂ이으는 討論하

는習慣을 못가젓다。그라고 이런사람들파가디잇서서는 尊敬과恐怖가 그의입을트러막고잇섯다。이

렷키제문에 그는沈默을직혀갓다。그라고 裁判長은 저혼자對答하엿다。참을수업는닐이라。그는結論

하엿다。

「染病할쇠색기」라구말햇시유。

—— 어색건 자네는『染病할쇠색기』라고말하엿슴을 皆定하지。

—— 警官나리께서「染病할쇠색기」라구말하시기에 나두「染病할쇠색기」라구말하엿시유。그째사 나두

그는 아조意外의 逞訴에놀내여 사람이그의게 그가하지도안은말을부티는 그가決斷코發言치안은이

異常한말을 警愕속에 返復하엿다는것을 諒解식히려고願하엿다。그는『내가! 이런辱說을입에내다니 當

身은 그것을미드시요?』라고마믈하는격으로『染病할쇠색기!』를말한것이다。

裁判長부—리슈는 이것을그럿케取하지안엇다。

—— 자네는 하려 그는말하엿다。警官이 이말을먼저發言하엿다고 主唱하나?』

크랑크비이으는 說明하기를斷念하엿다。이것은 그의게는 너머어려운일이엿다。』

—— 자네는 固執하지안네그려。그게을치라고裁判長은말하엿다。

그라고 그는證人을불러오개하엿다。

六十四號警官은 바스티앵마르라는그의이름에걸어서 眞實을말하겟다고 眞實以外에는아모말도안

하겟다고 盟誓하엿다。그라고서 그는이러한말로表明하엿다。

—— 十月二十日任務에당하여 午正時頭에몸말트르街에서 步行商人가티뵈이는 한人物이當치안케 三

二八號高地에 수래를더믈러 車輛의混雜을 이릇키에하는것을보왓슴니다。저는 그의게 三度나通

行하라고命令하엿는데 그는 服從키를拒絕하엿슴니다。내가그것에對하여 調書를作成하겟다고말하엿

드니 그는『染病할쇠색기!』라고應答하엿슴니다。그것은 제게侮辱이라고생각헛슴니다。

確呼한 調節잇는이陳述은 確實한好意를가지고 裁判廷의聽納한바가되엿다。辯護할證人으로서 靴

商의婆베이야르夫人파 암브로아즈·파레病院醫師長 레지온·돈너르勳章의士官 다비·마튜—博士가 召

喚당하엿다。베이야르夫人은 아모것도 듯지도 보지도안엇섯다。마튜—博士는 그事件이잇든달 商

人의게通行을命令하는警官을 들러싼 群衆의속에잇섯다。그의供述은 한附屬事件을이릇것다。

—나는 그事件의 目擊者가 되엿슴니다 라고그는말하엿다。나는

니다。그는侮辱당한것이안임니다。나는그의객갓가히가서 내意見을말하엿슴니다。警官은 그商人을 捕

押의狀態에잡고 나의게는 警察署까지써러오라고 말하엿슴니다。나는그릿케하엿슴니다。나는警察官

의압해 넉宣言을返覆하겟슴니다。

—안지십시요。라고裁判長은말하엿다。

門番 證人의마드로를불러되려라。

마트라 當身이 被告를捕搏하려할새에 博士마류—氏가 當身의게 當身이誤解한것이라고 말

승하지안엇소?

—即말하자면 裁判長閣下 그가 나를侮辱하엿슴니다。

—무어라고그가當身을侮辱하엿소?

—그는「染病할쇠색기!」라고 내게말하엿슴니다。

소근거림과 우슴소래가 傍聽者들의새이에이러낫다。

—退場하시요 라고裁判長은 急하게말하엿다。

그라고 그는公衆의게 萬一이런當치못한表明이 쏘이러나면 모도退場식히겟다고 注意하엿다。그

러나 辨護側에서는 凱旋한듯이 그長衣소매를흔들엇다。쏘 사람들우이쩨에 크랑크버이으가 放免

되리라고 생각하고잇섯다。

平靜은回復되고 르메ᄂᄅ先生이이러낫다。그는 縣의警官들의讚辭로서 辨護를始作하엿다「이謙遜

한社會의俸仕者들은 僅少한給料를어드며 疲困을忍耐하고 不絶의危險에當面하며 日々의英雄主義를

寶行함니다。그들은前日의軍人이며 쏘지금도軍人임니다。軍人 이말하나가 모든것을說明함니다…」

그라며 르메ᄂᄅ先生은 힘안되리고 軍人의道德에對하여 大端히高尙한觀察을녀럿다。그의說에依

하면 그는「自身의從屬하고잇슴을 光榮으로역이는 國家의軍隊 이軍隊에向하여 사람들이 이럿라저

럿다 말함을 「許諾치안는」사람들의 하나이엿다.

裁判長은 고개를 끗덕거럿다.

事實 르메르先生은 豫備陸軍中尉이엿다. 쓰 그는삐·센·이·으·오—드리엣로町의 國粹黨議員候補이엿다.

그는 이어말하엿다.

──참으로 나는 警官들이 勇敢한巴里의 住民을爲하여 날마다하여주는 盾素하고도 貴重한俸仕를 알지못하는바안임니다. 그라고 여러분 萬若꼭가 크랭크비이으에게 前日의軍人을侮辱한者들보앗드면 나는그를辨護하려고 여러분압혜出場함을 承諾치안엇겟슴니다. 사람들은 내가辨護하려는者가「染病할쇠색기─」(Mort aux vaches)라고말하엿다고 質責합니다. 이文句의意味에는 疑心들것이업니다. 隱語辭典을써들어보면 이러케써섯슴니다. (Vachard 懶怠한者 되지못한놈 일하지안코 양소가티 누어잣바저잇기만하는者── Vache. 警察에密告하는者 密告 Mort cws vaches 는 若此한사람들새이에쓰이는 文字임니다. 그러나 問題로될것은이것임니다. 어쩌 크랭크비이으가 이말을하엿느냐? 쓰 그나마 그가그말을하엿느냐? 여러분 제가그것에疑惑을품음을 容恕하여주십시요.

「나는 마르라가 조금이라도 낫분마음을가젓다고는 생각치안슴니다. 그러나 그는 제가말한바와가티 힘드는勤務를行하고잇습니다. 그는 째로서는 疲困하고 힘업시되고 過勞합니다. 이러한境遇에잇서서 그는一種의聽覺錯誤의犧牲이될수잇슴니다. 그라고 여러분 쩨지온·든녀ㄴ勳章한士官 압브로아즈·파레病院醫師長· 다비·마류─博士、 科學界의太公이요 社交界에出入하시는냥반이「染病할쇠색기.」라고소리첫다고 그가말하는바를들으면 우리는마르라가 幻覺病에 이말의語義가세지안라하면 處罰狂症에 들럿다고 認定치안을수가업슴니다.

「그라고 크랭크비이으가 설사「染病할쇠색기─!」라고소리첫다하드래도 이말은 그의입에서나오는것으로서는 精神異常者의言語의性質을가젓다함을 알어두어야하겠슴니다, 크랭크비이으는 亂行과飮酒에

骨沒한 步行商女의 私生子요 안코홀中毒을 밧고나온者임니다。여러분은 이곳에 六十年의 貧窮으로등

신이된者를 보십니다。여러분은이者의게 責任이업슬을알으시겟지요。

르메上르先生은 着席하고 裁判長부—리슈는 우물쭈물하며 제로—므·크랭크비이으를 十五日의 入獄

파五十쯔랑의 科料에 處하는 判決文을일것다。裁判廷은 이確證의 根據를 警官마르라의 證言에둔것이엿

당。

裁判所의 어둠컴컴한 기나진廊下를열려가며 크랭크비이으는 限업는同情의必要를 感하엿다。그

는 그를을고가는巴里衛兵외게돌아스며, 세번그를불럿다。

—씨팔!……씨팔……렝?씨팔……

그라고 그는진숨을내쉬엿다。

—겨우보름만지내면 내게올닐이당해온다고 그들이말해엇지!……

그라고 그는 이反省상하엿다。

—이낭반들은 너머遲히말한다。그들은말을잘하지만 그럿치만 그들은너머자조말한다。그들하고

는

—내일을說明할수도섯다……씨팔 자네는 그들이너머遲히말한다고생각지안나? 그들하고

—그러나·그兵丁은 對答도안코 도라다보지도안흐며 거러갓다。

—크랭크비이으는 그의게물엇다。

—왜 자네는 對答치안나?

—그려도 兵丁은沈默을직혓다。크랭크비이으는 쓰린마음을먹고 말하엿다。

—개색기에게도 對答은하는것인데 왜자네는。내게對答치안나?자네는 당체 입도안벌니게그려

입벌니면 범새난다고두려워하나?

——裁判長부—리슈—를爲한辨明 判決文이나린다음에 傍聽席을써낫다 그쌔에발서 書記는 다

數人의 好奇漢들과 二三人의 辯護士가

른訴訟人을呼出하고잇섯다。나가는者들은 아모도 이滋味업는크랭크비이으事件에對하야 反省하지안엇다。그라고그들은발서 그것을 念頭에도두지안엇다。다만 銅版彫刻家의장쩨르밋트氏가 偶然히裁判廷에와잇다가 그가보고돌은것에關하여 瞑想하고잇섯다。

죠세쁘오ー바레師의억개에 손을집흐며

——裁判長부ー 릭수氏의한닐에對하여 稱讚하여야할것은 하며그는그의게말하엿다 才智者와 모든 것을알고저하는 智識階級의自慢을 막어준것에잇지요。辯官마트라와다버・마튜ー博士의 逆說的供述이 서로對抗하고잇는데 裁判長은 疑惑과 不確實한것밧게 만나지못하는길에 발버들어갓슬것입니다。

批判의法則에싸러서 事實을調査하는方法은 善良한 正義의統治와는 和合할수업슴니다。萬一 官吏가 操心업시 이方法을 쏫차行한다하면 그의判斷은 大多數로는微弱한 個人의叡智와 恒久한人間의 無能에 依賴할것입니다。그라면 當局의權威란 어찌케될가요? 史的方法은 그의게 必要한確證을 供給하기에는 아조不適當한것임은 否認할수업는닐이지요。월터ー칼레이事件을想起하여도 그것은알수잇슴니다。

「어느날인가 월터ー칼레이가 倫敦塔에幽閉당하여 慣에다러 그의世界의第二部를쓰고잇는데 그의窓밋헤서 싸음이러낫섯슴니다。그는 이싸음하는者들을 求景하려 네려갓섯슴니다。그라고 그가도라와그의일을 始作하고잇슬쩨에는 그는 이싸음을 잘觀察하엿다고 생각하고잇섯슴니다。그런데 그이듬날 그곳에잇섯든 이싸음에한쌔가되기써지한 그의한親舊의게 이事件을말하엿다가 그는 모든點으로 이親舊한테反駁을바덧답니다。그째에 그는 제눈압헤서이러날事件도 誤解할수잇스니 遙遠하여진事件에 眞理를차지라는것이 얼마나困難한것인가를쌔닷고 그는 그의歷史原稿를 불에처너 허버렷다합니다。

「萬一判事들이 월러ー칼레이鄕만치 深慮하여일한다하면 그들은 모든調書를불에처너흘것입니다。이럿케하면 그들로서는 正義(裁判)을否認하는것이며 한 그러나 그들은 그權利를갓지안엇슴니다。

罪를짓는것입니다。悉知에는 斷念하여야할것이지만 判決하는것을斷念하여서는 못쓰지요。裁判廷의

判決이 事實의方法的探索에 基礎를두어가기를願하는者들은 危險한詭辯家들이오 行法正義와軍事正

義에對한 不忠한敵들입니다。裁判長부-리슈는 그의判決文을 結論의不絕의爭論을이릇키게하는 理

性과學文에依屬케하기에는 너머 法律的精神을가지고잇슴니다。그는 이러한判決을 獨斷에基礎두고

傳統에언저노아 이러히 그의判決은 敎會의命令에 對等하는權限을 가지고잇습니다。그의判決文은

宗敎法입니다。이말은 神聖한宗敎法에서 判決文을引用한다는 意味입니다。例로서 그가 不確實하

고 欺瞞的性質의 참가티뷔이기만하는人間的眞理에依하여 證言을評價치안고 內在的이오恒久的이며

明白한單純性에줏처서 證言을評價함을보시요。그는이런證言을武器의重量에依하여重하게役입니다。이것

보다더純하고 同時에 더賢明한것이 또잇겟슴닛가? 그는 人間性이지어낸 名簿番號만처 形而上

的으로생각하여낸 理想的警察의範疇에依한抽象인 警官의證言을 反駁할수업는것으로 생각하엿슴

다。콜시키의신토·문데库의 바스티앙·마트라가 誤認을짓는것이 그의게不可能한닐로 뵈언것이

안임니다。그는決코 바스티앙·마트라가 偉大한觀察力을가젓다고는생각치안엇스며 또그가事實의調査

에 正確하고嚴格한方法을 適用하엿다고 생각치도안습니다。眞實을말하면 그는 바스티앙·마트라를

보아준것이안이라 六十四號警官을보아준것입니다。──사람은失敗할수잇다 고그는생각합니다。대가

나 六十四號警官은 그의人間性이지은抽象으로서 過失을지을수업슴니다 이것은實在임니다。質在는

나 우리는 警官의番號는信賴할수잇슴니다。한人間의證言을信賴하여서는못씀니다。Testis unus, testis nullus 그러

의源泉이며 不確實의原因임니다。우리過失을理由는 數가업슴니다。感官의知覺과頭腦의判斷은 幻覺

에든지 모든닐에過失이잇슴니다。비샤나클로-드·빌나군은 그릇할수잇섯슴니다。우리는어느瞬間

그것은 純潔하고 不變이며 雜정을석지안엇슴니다。이런故로裁判廷은 한人間에지나지안는 다버。마

류—博士의 證言을 排斥함에 臨迫치 안엇스며 純金한 觀念인 法廷에 너려온 神의 光明가튼 六十四號警官

의 證言을 容納한것임니다。이 方法으로 行하여가며 裁判長부—리슈는 一種의 無謬性 即 判事가 主唱하

너갈수잇는 唯一의것을 保證하고잇슴니다。人間은 輕蔑할것이며 그릇될수잇는 사람이 長劍을 찻스면 그 長劍을 들어주어야

할것이지 사람을들어줄것은안임니다。人間은 輕蔑할것이며 그릇될수잇는 것임니다。長劍은 決코 그릇

치안어 늘 道理에닷는것임니다。 權力은 社會의 神聖한 基礎로서 尊敬하여주어야 할것임니다。法律은 權

의官吏의統治임니다。裁判長부—리슈는 六十四號警官이 主權者의 한分子언것을 알고잇슴니다。主權은 그

슈에가 그의莊重한語調로말한바와가티 六十四號警官의 權限을 無視함은 國家를薄弱하게하는것임니다。

로 六十四號警官의證明에依하여 被告크랭크버이으는 正當히 十五日의拘留와 五十프랑의科料에 處

刑당하엿다하엿슴니다。나는 裁判長부—리슈自身이 그의判決文을엇게한 高尙하고美麗한理由를說明함을

듯고잇는것갓슴니다。그는이럿케말합니다。

國家의 모든칼날은 한方面에向하고잇슴니다。그것을 서로對抗식히면 共和國은轉覆됩니다。이런故

「——나는 이者를 六十四號警官의意見에依하여 判決하엿슴니다 왜냐면 六十四號警官은 國家權

力의發見인세요。나의叡智를알어보라면 내가그反對를行하엿다고想像만하여도됩니다。이랫드면 이것

이 얼마나되지못한일이엿슬가를 바로알으시겟지요。即 내가權力에反抗하여判決하엿다하면 나의判

決은履行되지안엇슬것임니다。여러분 判事는 그들의저權力이잇지안으면 사람들이 그의게服從하지

안는다는것을 잘알어두세요。警官이업다하면 判事란 불상한夢想家에지내지안을것임니다。내가 警

官을그르다고하면 그것은 나를뽑 치는것임니다。그쓴더리 法律의精神이 그것에反對합니다。强者

를無力케하고 弱者를武裝식힘은 내가保存할使命을가지고잇는 社會組織을 變更하는것임니다。正義

e tirée de l' Ecriture Sainte, Passim)

（法律）란　旣成한不正義의聖化임니다。法律이　征服者나簒奪者의意志에反하여잇는것을　보섯슴닛가？

不正한權力이이러날째　法律은　그것을正當化하랴면　그것을認定하여주기만하면됨니다。모든것은　形

式에잇슴니다　罪와無罪의새이에는　捺印한종의한장의독게밧게업슴니다。——크랭크베이오여　强者가

되고안될은　당신의게잇슴니다。萬若「染病할쇠색기！」하고소리치고난다음에　當身이　帝王이니執政官

이니共和國大統領이나되엿드면　아니　다만市會議員이나되엿드면　나는　당신을　十五日의拘留와五十

쯔랑의科料에　處하지안엇슬것을　保證합니다。나는　당신을　모든刑罰의근심이업게　하엿슬것입니다

당신은나를머믈수잇슴니다。

「아마이럿케　裁判長부-리쉬는말하엿슬것임니다。왜냐면　그는法律的的머리를가젓고　官吏가　社會에

저고잇는바를　알고잇스냐요。그는　社會의原則을　秩序와規律을가지고　辯護하고잇슴니다。法律은社

會的임니다。그것이　人間的이며感情的이기를願하는者는　못쓸思想家밧게는업슴니다。法律은　定하여

는規則으로서管理하는것이지　肉體의戰慄과智識의光明으로서管理하는것은안임니다。무엇보다도　法律

의게　그것이正當하기를願하지마세요。나는　正當한正義(法律)의觀念은　無政府主義者의머리에밧게날

수업는것이라고도말합니다。裁判長그노-는　참으로公平한判決을　나라고잇슴니다。그러나　다른사

람들이　이判決을破壞합니다。이것이正義임니다。

「참말의判事는　證言을　武器의重量으로서　달어봄니다。이것은　크랭크베이오事件에도픠이는것이며

더有名한　션訴訟事件에도픠엿슴니다」

이럿케　장·뻬-은밋료先生은　파·필듀의廣間을　이구석에서저구석으로　도라다니며말하엿다。

——내意見으로서보면　나는　裁判庭의무엇인가를알고잇서서　그의코뭇을굴그며對答하엿다。

죠세쯔。오·바테-先生은　裁判長부-리슈氏가　그럿케高遠한哲學을갓게지되엿다고는　생각지

안슴니다。내생각으로는　其實의表現으로서　六十四號警官의證言을容納하며　그는　單純하게　다른사

람들이 놀하고 잇는 것을 行하엿다고봄니다。人間의行動의大部分의理由는　模倣속에차저야한니다」習慣에

依하여行하면　正直한사람으로서　늘지낼수잇슴니다。다른사람파가티行하는者를　善良한사람이라고稱
합니다。

∧　크랭크비이으　共和國法律에服從함。

크랭크비이으는　監獄에실려가　驚愕과歎美에차서　매여잇는倚子에안젓다。그는　그自身도　判事가
그릇되엿다는것을　잘알지못하엿다。裁判廷은　形相의威嚴으로서　그内的의弱点을숨기고잇섯다。크랭
크비이으는　自己가그理由를理解치는못하엿지만　官吏에違反하여　自己가올타함을밋지못하엿다。그
에게는　이럿케美麗한儀式에　錯誤가잇슬수가잇다고생각함은　不可能한일이엿다。왜냐면・禮拜式에도

가지안코　大統領官舍에도가보지안은그는　그의一平生　輕罪裁判所의判決보다　더莊麗한것을보지못하
엿다。그는그가「染病할쇠색기」라고　소리치지안엇슴을　잘알고잇다。그가이소리를첫다는理由로　十五
日의拘留는당하엿지만　그의생각으로는　이것은　한莊麗한神秘며　信者들이理解치도안코固持하는信仰
의條理며　暗昧한　燦爛한崇高한　무서운天啓의一種・이엿다。

이불상한老人은　敎會問答하러가는적은兒孩가　에쌔의罪를自認하듯이　六十四號警官을　神秘的으로
侮辱하엿다는罪를　自認하고잇섯다。判決文으로서　그는그가「染病할쇠색기!」라고소리첫슴을알엇다。
그는　超自然한世上에　쓸려갓다。그의判決은　그의天啓이엿다。

그는　犯罪에對한　明白한槪念을　갓지못하엿지만　그가가진刑罰의槪念은　더明白치안엇다。그의處
刑은　그의게는　威嚴잇는　典禮的인　理解되지안는　爭論하지못하는　눈이부신物件이며　稱讚할것도
不滿될것도업는일로뵈이면　이時刻에이엿드면　그는　裁判長부--리슈가　머리에後光을씌우고　흰날개
를달고　牛쓸버려지고天張에서　너려옴을보앗슬것이며　그天張이버려진다고　이새로운法律榮光의現示
에別로놀낼지도안엇슬것이다。그는다만이럿케생각할것이다「내일은이럿케繼續된다-」

──그래서자네!──別로쓰리지는안나？　勇氣를내게!──二週日이란　바로지나가지。別로怨痛할닐도

이듬날　그의辯護士가　訪問왓다。

업네。

—그럿타면 여긔낭반들은 順하고禮節잇구하달수잇지우 한마듸醜한소리두안내너。그락구 그써

팔은 흰掌甲을씨구잇슴되다그려 못보섯수?

—이것저것생각하고보면 自白한것이잘한닐이지。

—그럿켓지유。

—크랭크비이으。 나는 자네게반가운消息을하나가저왓네。내게서 자네處地를 仔細히말들은한사

람이 자네가宣告바든料金을치뤄주라고 내게五十프랑을맷겻네。

—그럼 언제 그五十프랑을 내게주시겟수。

—그것은 書記課에치뤄줄것일세。근십할것업네。

—마양가지지。그럿태두 나는그사람의게 感謝하지유。

—크랭크비이으느 瞑想하며 중얼거렷다。

—내게이러난닐은 普通닐이안이여。

—誇張하지말게 크랭크비이으。자네事件은 드문닐이안이지 안이다마다。

—어듸다 그者들은 내수레를처박어두엇는지하시유?

VI

輿論압회크랭크비이으

크랭크비이으느 監獄에서나와 몸말르르街에 自己수레를밀어가며 甘藍에蕪根 人蔘이여! 라는소

리처고잇섯다。그는 그의事件에 自慢도羞恥도늣기지안엇다 그는 조금도 쓰린追憶을안가젓다。그

의생각엔 이것은 劇場이나旅行 夢想가돈것이엿다。第一 그는 진탕속이나市街의輔道에거러가기나하

고 그의머리우에 문이가득찬 河水와가티더러운한을 그가사는都會의親한한을보기를 깃버하엿다。

그는 街路의구석구석마다머물러서 한잔석먹고는 自由롭고愉快하게 못이잔득백인손바닥을맨근거리

게하랴고 손에침을뱉고는 轅木을잡어쥐고 수레를밀어갓다 그타면그의압혜는 참새들이그와가티묵

起하여 가진것업시 길가서糧食을求하며 늘늘어온 甘藍에無根 人蔘이여! 하는소리에싸러 한째가

되여날려 단기고잇섯다。 한늙은안악네가 갓가히와서 和蘭三葉菜를만저보며 말하엿다。

—무슨일이 일어 낫섯수 크랭크버이으老人三週日동안이나 안비엿지요 알코잇섯든가요? 좀 얼골이

풀은데요 그려。

—말해드리지유 마이오슈宅 公밥을좀먹고잇섯지유。

그의生活엔 아모것도變한것이업섯다 다만 좀더자조 술집에드나단기는것은 그가祭事날이나된것

갓티생각하고잇스나 하는것이며 그가仁慈로운사람들을알게된서 닭이다。 당뇨우에드러누어 거리모렝이

밤장사가빌려준 이불로쓰는자루를열어단기며 생각한다。「監獄이란 別로낫븐곳은안이다。그곳엔먹

고살썬 다잇다。 그럿치만 제집에잇는것이 더편하지」

그의滿足은 繼續되지안엇다。 그는 그의顧客들이 그의게別로조흔얼골을하지안는것을 바로알어채

럿다。

—씌조흔三葉菜요 코앤트로—宅!

—안살나오

—무어요。안산다구요? 그럿치만 한울의空氣만먹고는 살수업지요。

크라년 코앤트로—宅은 對答도안코 거—만하게 그네가主人인큰麵麭店속으로드러가고잇섯다。店

房댁네나 門직이宅네들은 前날엔 그의壽綠의 花滿의수레를들러싸기에 분주하더니 지금은 그의게

둥지고도라갓다。 그의裁判事件이이러난出發点인 안쥬·갈리앵의구두房에이르러 그는불렷다。

—베이야ㅅ宅 前날에나한레 十五錢빗진게잇지요。

—그러나 베이야ㅅ宅은 고개도돌려주지안엇다。

몸말로 老人이監獄에서나왓슴을 알고잇섯다。 그런데 몸말로街全體가발

서 그를알기못하엿다。 그의處刑의所聞은 市外와 混雜스런리세街구석싸지이르럿다。 그곳에서 그는

午正쯤에 그의忠實한顧客인 사람조흔로ロ―드夫人이 小말탱의수레에 몸을굽혀잇슴을보앗다。그네는

커다란甘藍하나를 만저보고잇섯다。別것도못되는 하찬한작자의小말탱은 손을가슴에갓다대며 제것보다나흔商店은 世上에업다고

盟誓하고잇섯다。이光景을보고 크랭크비이으의가슴은 씨여지는것갓햇다。그는 제수레를 小말탱의

수레엽흐로밀어가서 로―드宅의게 哀願하는듯한 傷心한목소래말로하엿다。

―내게서 歡心하여가심은 솟치못합니다。

로―드夫人은 自己도알고잇섯지만 公爵夫人은안이엿다。蔬菜보구리나 監獄의觀念을더엿대냐 그

것은 社交界에서어든것이안이다。그러나 어느階級의사람이건 正直할수는잇다。그럿치안소？어느사

람이건 自己自尊心은가지고잇다。그라고 監獄에서나온者와相關함은 질겨하지안는다。그런故로 그

녀는 크랭크비이으의게 역정을내며對答하기밧게안하엿다。이늙은步行商人은 侮辱을感하여 소리첫

다。

―！쌕쟁이년！예이기！

로―드夫人은 그의甘藍을써러리며 소리첫다。

―에―물러나！ 坐도라온老馬갓흐니！ 監獄에서나와 사람의게辱질할만하늬―

크랭크비이으는 그가冷靜하엿드면 로―드夫人의處地를 非難치안엇슬것을 잘알고잇섯다。그러도四方에서 이人生에서는

하고심혼職業을엇지못한가티 하고심혼일을할수업는것을 잘알고잇섯다。그는

흠은 잘알고잇섯다。그는 그의顧客들이 그네들집에서하고잇는것을 神通하게 모르는체하고잇섯다。쌕쟁이년이나 썩은개나 갈보라

그러나 지금 그는精神을일헛다。그는 如前히嚴肅한辱說을交換하고잇는 로―드夫人과크랭크비이으를

는이름을불러첫다。그새 한警官이突然히나타나 沈默과不動으로서 直時에 그들싸지 로―드夫人과크랭크비이으를

물러쌋다。그새 好奇漢의한무레가 沈默과不動으로서 그만치沈默하고不動케

하지안엇드면 그들은 連하여 辱說의念慮을 繼續하엿슬것이다。그들은써러러젓다。그러나 이光景은

―（ 71 ）―

몸말로르街와리세街에 크랭크버이의人心을아조얼새게하엿다.

老人은 거러가며중얼거럿다.

VII 結末

——참말로 그년은못된년이다. 그위더못된년은읏지도안라.

그러나 그의마음속으로는 이것째메 그가그녀를非難한것이안이엿다. 그녀의人物을輕蔑하고잇슴은

안이엿다. 되려 그는 그녀가儉約하고節制로운것을 尊敬하고잇섯다. 前날엔 이두사람은 깃거히서

로對話도하엿섯다. 그녀는 그의게 시골에사는親戚의이야기를 잘하엿섯다. 그라고 그들은 서로다

—적은庭園에 菜蔬나심고 닭이나키우자는約條까지하엿섯다. 그녀는 착한觀客이엿섯다. 그녀가 醜한

작자인되지못한小말랭의게 甘藍을사는것을보고 그는氣가탁맥혀젓다 그녀가 그를輕蔑하는눈짓을뫼

일쎄 그는 골통을터첫다. 그라고 색이기라!

그를背德漢으로치는者가 그녀하나뿐이안인것이 제일참을수업섯다. 아모도 그를아는체하지안어섯다

모도가 쪼르夫人이나 麵麭店코앤트로—宅 안쥬·갈디행의베이야로宅가티 그를蔑視하고 그를排斥

하엿다. 社會全體가…무어라고—

그러면— 十五日동안 暗影에처백혀잇섯다고 그는 정구지팔기에도不適當하게된단말이가! 이것이正

常하냐? 칼찬냥반들하고事件이이잇섯다가 善良한사람을 飢餓로죽인다는道理가 잇단말인가? 菜蔬를팔

지못하면 그는 석구러질수밧게업다.

잘 간소하지안은葡萄酒가티 그는 다시여저갓다. 쪼르夫人파두어마듸爭論한뒤로부러 지금은 그

는모든사람들파言爭하엿다. 아모것도안인일을가지고 그는 그녀들의事質을 顧客네의게 禮節차리지

안코말하엿다. 그네들이 조금오랫동안 그의商品을만지고잇스면 그는 그네들이 참으로싹쟁이니

거—지니하고말하엿다. 그와가티 술집에서는 동모들을侮辱만하고잇섯다. 그의親舊밥장사는 그가아

조變하엿슴을보고 이크랭크버이으는 진짜의山도야지라고公言하엿다. 그것은否認할수업는널이엿다.

그는 野卑하게 性品낫븐말세못된 厥質잘하는者가되여갓다。 그게란 社會가 不完全한것임을알고서도

社會科學學校의敎授만치 制度의缺陷과 必要한改革에關하여 自己所見을說明할才能도업고 그의思想

이라는것도 그의머리속에서 秩序와節度를가지고展開하지못하니 그런것이다。

不運은 그를不正하게하엿다。그는 그의惡意를갓지안은사람들의게復讐하고 째로는 저보다더弱

한者들의게報復하엿다。한번은 술장사의아들뿐스가 監獄에서살기가조흐냐고 그의게물어보앗다고

그는 그애의써귀를첫다。그는. 그애의쌈을치고 말하엿다

——못된놈! 네애비가 毒을팔어배불리는代身에 監獄에들어가야할것이다。

行爲나. 言語나 그의光榮은못되엿다。왜냐면 밥장사가 正當하게譴責하여준바와가티 어린애를째

려서는못쓰는것이며 그애가言及치안은自己의懶怠를嚴格하게批判하엿다。

그는飮酒기始作하엿다。돈을못벌어면못벌울사록 그는酒精을더마셧다。前날엔 그는節制로웟스며 儉

約하엿섯는데 그 自身이지금의變化에놀래고잇섯다。

——어느째는 나도美食家엿섯다 라고그는말하엿다。늙어가면 理性도더업서진다고미더야하겟지。

째로는 그는自己가方正치안음과 自己의懶怠를嚴格하게批判하엿다。

——늙은크랭크버이으야 너는 술처먹는데밧게가업고나。

째로는 그는自己를속이며 그가 必要에依하여술먹는다고 제自身을說服하고도잇섯다。

——각금가다는 힘을엇고 氣도펴게 한잔먹어야지。確實히 내속에눈무엇인지할이낫다。끈치라면

아직 술이남어잇다。

째々로 그는 아침의公賣市에 缺席하는수가잇서 그의게外上으로주는。損傷한商品밧게。내여울수

업게되엿다。하로는 다리가불러지고 마음이疲困한것가티 늣겨 그는수레를興當히고 윈安息日하로

를 臟腑商로—즈宅의肉店近傍과 市場의모든술집에드나들며보내엿다。저녁째되여 箱子우에안저 그

는생각하엿다。그라고그가 墮落한것을自覺하엿다。그는 그의初期의精力과 前날의''」기른勞苦와幸

福스런所得 比等하고充滿한敷업는나날 밤부터 市場의輔石에公費를가다리러가든거름 한아람식바더

놋는菜蔬 수레속에그것을妙하게벌려놋키 다리를들고轄木을든々히잡고서 한모금에먹는데오도ㅡㄹ할

머니의검은죽 아침空氣를세치는 숫닭의우름소래가터억세인그의목소래 사람만흔街路세의步行

半世紀동안이나 그의車臺店우에 菜蔬園의색로운牧稜을실어 徵夜와군심에태워저가는市民의게供給하

든 馬人의生涯가라힘듬고無罪한全生涯를 回想하여보앗다。그라고는 머리를흔들며 그는長歎息하엿

다。

—안이다! 나는발서勇氣가업다。나도마즈막이되엿다。물길러가는물동의는 긔여히세지고만다。그

라고 裁判罪件以後로는 나는 갓흔性品을갓지안엇다。나는발서 同一한사람이안이다。웬닐이냐!

必覚 그는背德漢이되엿다。이러한處地에잇는사람은 그가凡人인以上에는 쓰이러스기는不可能하다

지나가는모든사람이 위에서 그를찌어눌른다。

Ⅷ 最後의 結末

困窮이왓다 黑色의困窮이왓다。老步行商人은 前날엔 몸말르街街에서 한주더니잔뜩식 百수ㅡ의

銀錢을버러오드니 지금은 그쌩그래미하나도갓지안엇다。겨을이엿다。집응밋貸房에서쫏겨나와 그는貸

車店의수레밋헤서잣다。二十四日동안이나。비가連하여쓰다저 下水가넘처서 貸車店은漫水하엿다。

수레밋헤쏙을치안저 毒氣에찬물우에 거미나 쥐나 주린고양이하고 한동모되여 그는 暗影속에

서생각하고잇섯다。그날하로 아모것도먹지안코 밥장사의자루도씨겨 덥흘것이엽서지니 그는 政府

가먹을것과담뇨를주엇든二週日을回想하엿다。그는 飢寒에苦痛을밧지안는 四人들의運命을 欽慕하엿

다。그라자 한생각이 써을럿다。

— 秘策을알엇스니 그것을質行치안는法이어되잇나?

그는 이러서서 街路에나섯다 아직 열한時가지나지안엇다。날은 쌀々하고감々하엿다。참 비

보다더차고 더배여드는가을비는 부슬부슬너려왓다。드믈게지나가는사람들은 壁을슬치겨러가고잇

섯다。

크•랭•크•비•이•으는 생•트•르•스타슈敎會엽흘지나 몸말든르街로도라갓다。그곳엔 사람하나업섯다。警官

이하나 敎會의머릿맛 瓦斯燈불밋헤 꼭서서잇섯다。그燈불周圍로는붉은빗의비가 너려옴이뵈엿다。

警官은 그비를 頭巾우에맛고잇섯다。그는 물에잠긴쌀을하고잇섯지만 暗影보다 光明이머조찻든것이

或은걸어단기기가실헛든지 燈불밋헤서서잇섯다。아마 그는 그것을동모로 親舊로역이고잇섯든것이

다。이 설리고잇는燈불이 寂寞한밤의 唯一의對手엿섯다。그의不動은 아조 人間的으로는뵈이지안

엇스며 湖水가티뵈이는 물에잠긴溝우의 그의두두소래反響은 그를 아래로길게열어너려 멀리서

보면 半身만물에서내여민 兩棲類巨物의風来를주고잇섯다。헐석갓가히와보면 그는 頭巾을쓴僧侶나

칼찬軍人가티뵈엿다。그의얼골의굼은輪廓은 頭巾의거름자로 더굵게뵈여 下和롭고도웅혼빗치잇섯다

그는 텁석한灰色의수염을가진 四十남짓된 늙은巡檢이엿다。

——染病할쇠색기！

크•랭•크•비•이•으는 가만히 그의게갓가히가서 蹋躇하는 弱한목소래로 말하엿다。

그라고나서 그는 이神聖한語句의結果를기다렷다。그러나 이것엔 아모結果도오지안엿다。巡檢은

不動으로 아모말도안코 팔둑은 만로밋테옥으리고잇섯다。커드랏케쩌잇서서 감々한속에빗나는 그의

눈은 •悲•哀•와 •操•心•과 •輕•蔑•로서 크랭크비이으를처다보고잇섯다。

크•랭•크•비•이•으는 놀래여 그려도決心한나머지를가지고 우물거렷다。

——•染•病•할쇠색기！라고말하엿는데요。

한참동안沈默이이어 그새에 가늘고붉은비는녀려오며 어름쌍가른暗黑을支配하고잇섯다。必竟그巡

檢이말하엿다。

——그런말이야 하여선못쓰지。

——그런말은하여서못써。당신年勢로는 줌더철이날듯십흔데요

……가든길이나거러가시요。

—(75)—

──왜 당신은 나를잡어 가지안수? 하고크랭크비아○는른물어 보앗다.

巡檢은 물을으는頭巾속에 머리를혼들엇다.

──말하여서못쓸말하는 모든酒酊軍들을잡어간다하면 참 할닐이만켓지! …그계무슨所用이잇소?

크랭크비디으는 이浩然한蔑視에눌러서 한참동안 우득커니 아모말업시 발을물속에두고 서잇섯

다○쩌나기前에그는 說明하려하엿다.

──당신보구「染病할쇠색기!」라구말한게안이유. 그것째메한개반이라 썬걸바래고한게유. 이전 한

──方策을爲하여한닐이건 썬것을爲하여한닐이건 그것은할말이안이요 왜냐면 自己義務를履行하

方策인데유.

며 數업는苦痛을참고잇는사람을 되지못한말로서侮辱하여서는 못쓰느요……또한번말합니다 가든길

이나걸어가시요.

크랭크비이으는 머리를푹숙이고 팔둑을너러트려 비를마지며 暗黑의속으로 잠겨드러갓다.

──（終）──

神父의 木犀草

아나돌르·프란스作

異河潤譯

나는녯날 보카쥬라는村에서 肉慾을全혀저바리고 깃븜으로 抛棄를實行하며 犧牲의愉樂外에야다른 愉樂을알지못하든 神父인한聖者를알엇섯다。그는 그庭園안에 果樹와 菜蔬와 藥草를栽培하엿다。

그러나 그는옷에까지 美를두려워하여 薔薇도 茉荊(자스망)도십기를願치안엇다。그는 다못멧싹리의木犀草를심는罪업는虛榮을 自許하엿다。그굽을 〈한줄기와 몸시초라한옷은 그가慈悲하신하나님의하날아래 甘藍밧새에서 祈禱를읽을째에도 조금도 그의視線을쓸지안엇다。聖者는少毫도 木犀草를疑心하는일이업섯긔에 자조 지나가는길에 그행가지를쒀거서 오래동안맛허보앗다。이植物의

그것밧게는 한번쯕기는 가지는네가지로퍼젓다。이리하야 그는惡魔의도음이랄자 神父의木犀草는 쓸안닭은밧을 덥게되엿다。그는좀은길우에내째쳐서 지나가는조흔神父의法衣를잡어다렷다。

神父는 이活氣잇는植物에 이끌니여 한시간에스므번이나 읽고 버는것을멈췃다。봄으로가을까지 敎

院에는 木犀草의香氣가 드려찻섯다。

우리들에關하야生覺해보면 얼마나우리는 晩弱한가를알껫지! 이하나님을섬기는사람은 눈물을직힐줄을알엇섯다。그러나 그

다려간다고 말하는데도 道理가잇다。이하나님을섬기는사람은 눈물을직힐줄을알엇섯다。그러나 그는鼻孔에 護衛를두지안엇섯다。그래그만 惡魔는 코를붓잡게된것이다。이聖者가 인제는木犀草의香氣를 情慾과 淫亂으로써 맛게되엿다。即우리들게 感覺的幸福의享樂을願케하야 모ー든誘惑에우리를案內하는 이조치못한本能으로써 맛흔것이다。그는 이째부터 하날의내음새와 마리아의香氣를 前

—(77)—

보다적은精誠으로맛보앗다。그의聖潔도減해젓다。그래서 바로그의게 한救援이업스면 그는아마도 柔隨에쌔젓슬것이오 그의靈魂도 점々 하날이새쏨는 冷隘한魂갓게되엿슬지모른다。넉적 레바이드(砂漠)안에 天使잇서 隱退해잇는聖者가 黃昏檀에서 이現世의塵榮을아직維持하고잇는것을 홈처어냇다 이와갓흔恩惠가보카쥬의神父게도나렷다。횐암닭한마리가 木犀草의싹리박인흠을 매우妙하게 버리저 노아서 그만그것을죄말녀버리게하엿다。어대서이새가왓는지를모른다。나는 砂漠안에隱者게서 술잔 울홈처낸天使가 횐암닭으로變裝을하고 이善良한神父의至善한道를 그릇치는障害를破壞하려는 것이 라는 意見을 밋고십다。

Balthasar 에서

豫告

異河潤作
詩集 움 길
海外文學社發行

△三月中旬頃에 두꿈나옴니다 ─

—(78)—

제·스·타·스

아나톨르·프란스作

異河潤 譯

「패스타스」는 우리 古代神秘가운대 예수 그리스도 右便에 옷 박힌 罪四의 일홈이니라。

主갈바아사대 「제스타스」는 天國에들어갈지어다。

(오―규스탕·티에리著랑돌의 贖罪)

世上에 가장몰가운데 노래를써낸다고 消閒이낫다。肉慾의罪人된

그 나죽한코박인얼골우에 씨여잇고 저녁째가되면 不義의快樂은 그파란눈속에 光彩를독근다。病院에잇지안는째면 길고푸운머리털이느

氣설째의醇雅한信仰을직혀온것이다。목덜미에는 聖母의畫像이

그는淡泊히 그리고그어렷슬째의 구리조각가치 번들번들빗나고

요세 제스타스라는조처못한者가잇서 그는벌서젊지도안타。그頭骨의혹은

物園속에에옛는 엇던旅舘안 조고만한방에留하고잇섯다。그곳 오래된貧寒한거리에선 모든돌싸저그를

알고 컴々한골목돌도 그들게寬大히하며 쏘그골목中에하나는 그의마음에맛는것이엿다。그것은兩便

해술집과隨屋만잇서지만 한집모통이에퍼런니쉬(譯者日 壁에 느람과形體等을 미리만들어노 무룩한곳) 속에걸어논

엿섯슴으로서이다。저녁째면 그는 까幣에서까幣로 變化업는順序를싸라 麥酒며 술을먹어낸다。即한

번코재放蕩한일을하려면 方法과秩序가必要되는故로서이다。엇던일인지알지도못하고 自己굴속으로도

라오면 흔이 밤이매우깁허진째다。그리고每日간흔奇蹟에달여 옷입은채로 十字꼿쑤우에쓰러저바린

다。그는거긔서 流浪人들잠가치 쏘는아해들잠가치 주먹을쥐고卒쓰러히자곤하엿다。그러나 그의잠은

쌀은것이엿다。

저력어窓을회작하고 써―랜새롱쑬너 이陰鬱한房에 빗의……삼을던지면곳 제스타스는 눈을쓰고필

― (79) ―

덕이러나 마치 主人업는개가 사람발길에채여 쌔는것가치 몸을부르르썰고 急하게螺旋形의긴다階段을나려간다。 그리고 다시금 그거리에— 賤하白姓과艱難한人間의罪惡이들어찬그립은거리에 快樂을다시 늦기끈하엿다。 그속눈섭은 아침빗 밝아오는細尖한줄에 쌈색인다。실례—느(양구비)갓흔그코구녁은 아참바람에붐혀오른다。튼튼히 뚝바로선그다리는 그의오랜류마티스로하여곰 구덕저서 그는 콜누이에(譯者曰、植物일홈、)집항이를의지하고다닌다。그집행이도 二十餘年이나 放浪生活하는싸동안 쇠는달어썰여젓다。 그것도 그가밤에도라다니더래도 한번도 물색리나 短杖을일허본적이업다。이世上에서 잠음파라서라도살 만한 그의가장큰快樂은 술집에가서 勞動者들과 아침白葡萄酒를마시는것이엿다。그리고 그는 매우조코 幸福스러운사람가치뵈인다。쓰그는事實그러키도하다。아침白葡萄酒 그것은 罪惡속에서 그의純潔을일치안흔 채밝지못한희미한아침 大木들의흰훗들새에 희맑안葡萄酒 그것은 罪惡속에서 그의純潔을일치안흔 靈을잇쓰는 罪업는것이엿다。

그런데 어쎈봄날아참 이러케하여 自己방에서 쓰터 모—르軒쎄지거리려간 제스라스는 鑄造彩色한사람人의머리가 노혀잇는분이열나는것을 보고줄거워하며 알지도못하는동모들춘해쎄여 주석대우에섯섯다。모다크류즈의일순의한패로 地方이야이를하고는 그들의술잔을맛대며 마치찰르마뉴의十二諸候들을가치交談을써내고덜잇섯다。그들은잔하나로돌녀먹고도하고 생셜집하나를쎨여난호괴도하야엿다。그쌔그들을中에하나가 滋味잇는生覺이나서 그는크게우스며 同伴들께잘 들녀주려고 주먹을세게쥐여그들의등을갈녓다。 그랫지만 늙은者하나는 잠갓고그팔굼을들어— 술을들어마섯다。이者들이 일을하러려나간后에 제스라스는 이프티 모—르軒을第一나종나와서 봄 코양술집으로갓다。그집은槍形의쇠울타리를한것으로 그는잘알엇섯다。거긔서도 그는사탕스런동모들과한잔하고 게다가疑心스턴平和와 점지안은두擊官의재 한잔勸하엿섯다。다음은 두男子가큰葡萄덩굴을들고잇는것을낫하내인 鐵製흔 看板이걸닌。 셋재변술집을차저갓다。 그리고그곳서 그는 知慧와힘과 快活로 은거리中에서有名한 어엽분루류메—르婦人개서 술을싸러먹엇다。다음에는 築城에갓가히가서 술독 구리마개가 번적이는 컵 々한 속에 잇는 釀造所집에서도 綠色窓문이 月桂樹심은두花鉢사이에 잠겨잇는잔술집에가서도 그는 또마셧다。 그리고 쓰고는 繁雜한거리로도라와 이카페저카페로다니며 쎄·르부트(酒)와말크(酒)를 請해먹엇다。 여덟시를첫다。 그는 한갈가치。 굿고器々한步調로 매우곳은길을 거러갓다。 머리를옥밋헤쪽진채。 맨머리바람으로 그는 일보려다려가는女子들이 그녀들의무거운바구니로 그를밀치면놀내고 或은커다란광을아름에안은 어린게줍애를 안보고가다가 맛부드치고는 쓰노내엿다。 엇던째는 길복판 車道를건느려면 생철통이 노래하며춤추는牛乳車가 그바로엽까지와서 말의더러운김을 쌤우에 威하는일도잇섯다。 그러나 그는 덥비지도안코 그싀끌牛乳장수의輕蔑하는 辱言을 먹으며 그의가는길을 보걷고잇섯다。 事質그의거름거리는 確實히 콜누이에 短杖으로하여곰 아침녁의즐거움은 남어잇지안엇다。 그러치마는 그老人의마음속에선 비틀거리고잇섯다。 발서그의게는 아름다운音樂의깃붐을 던저주던종달새는 활리집빗(麥藁色)갓후葡萄酒의처음멋방울과함께 온몸에 개치며 날녀가바리고 잇슥은 그의 마음은 썸은나무우에 가마귀들이 싸움거리는 안개에써모친가마귀둥지나 다름업섯다。 그는 至極히 숨혓다。 그自身에對한 크나큰不快로 그의가삼이거북해젓다。 그의 倦悟와恥辱의노래는 그게제소래질넛다。 『개자식! 개자식! 너는개갓혼놈이다—』이는 純潔한소래짓 異常히도 그속에엇던이가아름다운 天使의소래가자식! 개자식! 너는개갓혼놈이다—』그리고그는 그怒氣잇러케뷔뇌는 이소래를 그는 樸美하고잇섯다。 그에게는 無垢와純潔과無限한希望이 生起하엿다。 그는울엇다。 큰눈물방울이 그퍼윤얼굴 수염우를홀너나렷다。 그自身을爲하야 우는것이엿다。 『너회와너회를子息을爲하야 울지나다 에루살넴의딸들아』라고 그는 말삼하신先生님의일을십네싸러서 그는닐곱가지罪의墮落에서 더럽힌그의肉軆 醉興에서자라난아랫솜 이므든罪惡우에 그의두눈으로부터 쓰린이슬을쏫고잇섯다。 그어렷슬째의信仰이 마음속에다시사라나 순혀꼿다움게피엿섯다그의입설에서 純直한祈禱가흘너나왓다。 『하나님이시여 저를 예전어린아해가치되게하여 주읍소서』그는 나즈막하게 말하엿다。 마침 이倜軍한新麟를드릴쌔 그는 엇던寺院內아래서잇섯다。

—(81)—

그것은 時間과 사람들이 더럽히고 문허트린 돌래ㅡ스로 裝飾되여, 예전엔 희고 아름다웠을 한낡은 敎堂이엿다. 只수이 敎堂은 실라미트가치 검게되엿고 그의 美도발서 詩人의 가상外에는 이약이할곳도 업다. 그는 아마도 그當時 그곳에와서 쌀어업대여 只수은 洋灰로 희게되매 한이壁우에 가야금소래가들 녀울줄잇고잇던 天堂의 그림과 그착한맘성을 살어낫다는 地獄의 그림자를 보고잇섯슬 뜨란소아 뷔ㅡ용의어머니가치 큰恐怖에쌔이게한 제스락스는, 하나님 집으로 들어갓다. 거그는 聖水를부어주는이도 뜨란소아 뷔ㅡ용의어머니 갓흔可憐한女人도 사람이 라고는 볼수업섯다. 信者席에秩序잇게노여잇는 椅子의무리관이 敎徒의誠實을證明하고, 그리고한레 거도를繼續하눈잇는것갓햇다. 둥근집웅에서써러지는 쇠촉대가 선々한그림자속에 제스락스는 맑른아 래便을둘녀보앗다. 거긔는 內갓가히 聖母의傻암해 한이를세우고잇슨스나 그우에 祭燭은 아직하나도 커잇지안엇다. 거긔서 그는 奉獻物인金과銀의 족으마안心臟이달녀잇는복판에 徵笑를씌이고게신 白色, 青色, 薔薇色의성분을 자세히바라보며 그의나희만히구든다린를굽히고 聖 베드로가치 눈물로울고 도막 너으지못하는 매우柔和한말을吐하엿다.『善한읍신聖母시여 어머니 마리아시여 당신의아달이로소이다. 당신의아달이로소이다 어머니!』그러나그는 매우 速히일어나 멋발자최慈이옴겨 懺悔室압에와섯다. 쌔를싸라褐色이되고 歷搾한나무의대들보가치 기름호르는 참나무로된 이懺悔所는 혼옷장가치 誠實하고 親密하고 쯔家庭的인 가치비엿다. 壁우를판방 에시달닌靈을싯스넷시절의市民의女人들을 레ㅡ스로넙흔솔단帽子를빗겨쓰고 이象徵地에 게스락스의무릅을대이고 나무門살에임을대며 生覺케하엿다. 그女子들의쑤른무릅이 다핫든자리에 부름에 아모도對答이업슴으로 그는가만히 窓門을손가락으로 두다리엿다。

『神父님ㅡ 神父님!』

그는窓살름으로 더잘뵈이도록 눈을부벗다。 그리고 어둔속에神父의흰衣服이 보인것갓고도하엿다

그는 쏘다시불넛다.

『神父님 神父님 맘삼좀들어주서요! 나는 懺悔를하여야 되겟슴니다. 나는 내靈썼서야되겟삼내

다. 그靈魂은검고 더럽사외다. 발서 제가상은 거북히바처 不快를늣기나이다. 어서 神父님 贖罪

의恩惠를 容恕의恩惠를 예수氏의恩惠를 내淫行을生覺하면 가상이 입설싸지귀여을나오는것갓고 내

不德의嫌惡를 吐할至境에 이르나이다. 그은혜를 그은혜를!』

그리고 그는待하엿다. 잇다금 이懺悔所안척에서 그에게 순짓하는것가치 뵈이귀도하고 或은이

狹少한방안에 비인神座밧게볼수업는것가치 그는오래동안귀다려엿다. 그의무릅은 나무퇴우에 못박

헌것갓고 視線은문살우로——그문살에서 容赦, 平和, 淨新, 救濟, 天眞, 하나님과쏘自己自身의和睦,

天國의喜悅, 사랑의滿足, 至善, 이런것들이 自己개와야될것가치 움즉이지도안코 쏘아보고잇섯다.

間ㅅ히 그는柔憐한哀願을하고잇섯다.

『神父長이여 神父님 神父長이여! 목이말음니다. 마시게하소서. 목이말너죽겟소이다. 善하신神父

長, 당신의가지신것을 주옵소서 제불상한靈을爲하야. 淨한물을 흰옷을 그리고날개를베프옵소서贖

罪와寬恕를나리옵소서.』

아모러한對答도업슬스로 그는가슴을 한층세게두다리고 매우놉흔쇠래로말하엿다.

『바라건대 神父長이여! 懺悔를하게——』

그만그는忍耐를일코 일어나 그의콜누이에 短杖으로 懺悔室壁을 事情업시치며 소래질는다.

『오-여- 神父長。 오-여 祭司長。』

그리고 그가말함에쌀어서 점々그는 세게된다. 猛烈하게 막대기는懺悔所우에쩌러지니 그곳서는

먼지가구름가치피여오르며 이侮辱에對하야 그懺悔室은 벌네먹은그낡은판장의呻吟으로써 對答하엿

다.

聖器庫를슬고잇던教院直이는 이소리에 팔을부르것고 다라왓다. 그는이短杖을든사람을보고 잠간

서잇다가 賤한監理役의責任안에서 털이흰奴僕이랄만치 가장조심하야 천々한步調로 그에게갓가히

갓다。 록소래가들닐만한곳싸지와서 그는물엇다。

「무엇을자려왓소」

「나는懺悔가하고십허서」

「쌔가언제라고 懺悔란말이오。」

「나는懺悔가하고십허서」

「저리로가오」

「나는神父長을 좀만나고십흔데」

「무슨일로?」

「懺悔를하려고」

「神父는불수업소。」

「그럼 第一祭司라도」

「그도亦불수업다는말이요。저리로가오」

「第二祭司 第三祭司 第四祭司 마즈막祭司라도。」

「저리로가오。」

「아 그러면! 나를 이만懺悔도못하고 죽게바려두자는말이냐? 그러라면 九十三年時節보다도 惡毒한구나外! ……」조적은祭司。팔보다더크지안은 아조쇠맹이祭司에라도 懺悔하게해주지안켓단말이냐

아모祭司나하나 내懺悔를들으러오라고 말해다구。確實히懺悔하러오는왈패女子들이 그에게 쌀아버

려놋는것보다는 더珍奇하고 더稀有하고 더滋味잇는罪를 그의게 내눌러이라는 約束을할러이니。

이가치조혼懺悔를 가기願한다고 좀못일너주겟느냐。

「저리로가거라!」

『그래 듯지안는다。(발라바스)망할영영감쟁이? 나는그神聖하신하나님과和睦하고십다는말을 햇다는

말이다。그래 이놈아!』

富裕한敎門의敎堂直이라 威嚴키는아니엿지만 이門直이는健壯하엿섯다。그는우리제스라스의억개를

잡아 門밧게 내더저바렷다。

제스라스 거리에쫏겨나간그의머리에는 될수만잇스면 敎院直이그뒤로가서 놀내여주고 그리고懺

悔하는것을듯겟다고 承認할만한적은祭司하나를 잡어내여놋코 敎院안에 겻문으로다시들어갈生覺밧

제업섯다。

不幸이도 이計劃은 失敗를當햇다。그것은 낡은집들이 이敎堂을틀녀싯기쌔문에 제스라스는 도

라갈수(希望)도업시 거리 길막다른골목 쏘름록길갓흔쌔저나갈수업는迷路속에 길을일코더듬고잇섯

다。

거긔에 酒店하나가잇서 그곳에 이불상한懺悔者는 萌生酒(아브산드)에서慰勞를엇을가 生覺하엿

다。그곳서慰勞는되엿다。그러나 그의게는 곳 새로운悔悟가 일기비롯하엿다。그리고 이것이야말

로 그의벗들이그가救援될期待를證明하는것이란다。그는信仰을가젓다。單純한信仰을 굿세인信仰을天

異한信仰을 그는 가젓다。그의게缺乏된點은 차라리行實이다。그러치마는 그쌔문에絕望할必要는업다

그自身이 그는 決코絕望하지안으닛가。

救雲豫定說의여러가지重大한疑問에 들어갈必要도업고 이問題에關하야 聖오ー규스탕 코트지알르

로빈즈•으들이며 원클레쯔(英國宗敎家ー)派 휴쓰(보히미아의宗敎家)派며 쏘는 루터 칼방 잔세니우스。그

리고또、大알노ー。그들의意見을想像처안어도 제스라스는 永遠한福을누릴運命인것을 밋을것이다。

主갈아시대 제스라스야 天國에들어갈지어다。

　　　　──L'etui de nacre 에서──

門前의 一步

하리릿히•만

金晋燮 譯

루ー카쓰는임의문ㅅ지방우에잇섯다。그는門을미러다첫다。그러나그는 다시한번더몰녀섯다。나關係로

『나아가거라 그리하야世界를쓸벼나오너라! 世界가네뒤에 무릅을꿀코그리고네가 우리에게도라오

우물녁쑤물녁하게된老人의空洞에울니는듯하는喑聲은 쓰한번그의우에暴威를휘둘넛다。

는모든사람들파갓치遐鄕할것가르면 그러면 너는門外의一步以上에무엇을하얏느냐?』

새老婆는풀젹여ᄉ리며서 축々한사론의찬空氣속에 그네들의찬섬을배안고잇섯다。瑩른은나날이커진다

가시나무卓子는髑髏의한쪽구석에서썩고 그리고盲目하게된유리窓은 어씨할줄을모르고沈默하고잇섯다。셋째번

한老婆는山과가티늙히부러 울는배를가지고잇섯다。싸한老婆는 무섭게부은목을가지고잇섯다。루ー카쓰는

老婆는흑흑울고잇섯다。그네들은그네들의恐怖할찡肉을무얼로기르는지? 그네들의陳腐한

繫縛에눌녀서 맛치꼭을빗틸킨비닭이가티 파닥거리는그의靑春파 마개한그의胸中에는大體무엇이잇는

그의가슴으로부러녀여서 부른드의騎士가 伶孃들의黑髮에 薔薇꼿을꼽아주는 곳피

누들만의影像畵인지董色바다가에그들의征服者를숨우고잇는 흰빗都市의影像畵인지。老人은그러한影像畵

「가거라 그리하야 神을惡魔의監獄에서救濟하여라! 가서 그리하야 女子를네皇后로하여라! 畢竟에너논아리라 모든것은네가일

그리고天下를征服하여라! 惡魔로하야곰 神의慈悲를强要케하여라! 가

즉이夢想하고잇던것보다는 훨신크고그리고 아름다웁다는것을 너누謙虛하고醒覺된마음으로아리라。

네가눈을뜨기보다以前에最善은되 잇섯다。네쑴은 그것을豫想하얏다。쑴은 네게先行하고 그리고네가가질수업는칼을차고간다。그리하야 너는빈손으로그의뒤를쏫고가는것이다。』

한마리박쥐가어두운사원을지나 루—카쓰의쌤을싯치고갓다。그는박쥐의날개치는소래를 老人의말이라생각하얏다。그는戰慄하고언덕을急히내렷다。그는가엽슨城의울룩불룩하게 傷한집웅을 오작볼뿐이엿다。

밋헤는 灰色의黃昏의가운대 묘은클팡이누어잇섯다。들팡은눈에보이지안는그림자와 가러흐르고잇섯다。우에는凝塊한구름이 무겁게움지기고잇섯다。조고만한羊群이被覆을덥고 巨岩의表面에모여붓고잇섯다。牧人은밋헤안저서 의지할수업는不安을가지고 한곳에씃구린체웅지기지도아니하얏다。한마리番犬도잇지아니하얏다。그러나 그의帽子에깃을쌈은한男子가 한마리羊을로락하여가지고다라나는모양을 루—카쓰는確實히보왓든것이다。

그러자곳 루—카쓰도疾驅하기시작하얏다。그는칼을허리에차고다름질하얏다。『羊全體를盜賊하야도쫏타』고그는생각하얏다。『그러나그작은羊은아니된다!』그男子가森林가운대업서지기前에 그는그男子를싸를수잇슬가? 그는 서루른길우에엄데지라하면서도 작구부르지젓다。『그것만은안된다! 그것만은안된다는데 안들니느냐! 』그러나그男子는벌서수풀갓사히다다랏고 그러한데루—카쓰는三十步나뒤쩌러저잇섯다。그는그의칼을쌔랴하얏다。그째이엿다。검은甲胄륵입은한武士가술속에서뛰여나오면서칼을들고盜賊의팔을비엿다。작은羊은그의팔에서노엿다。男子는가암을지르며逃走하엿다。武士가한말을舍속으로사라젓다。루—카쓰는호을로서々 작은羊압헤헐덕이엿다。

그는小羊을주서들고 천々히森林속으로드러가서 별에빈조이는窒地의우에선 聖堂에그것을가지고갓다。그는小羊을祭壇의우에잇는 마돈나의像前에올녓다。同時에小羊은 小童으로幾하야서 微笑하면서왼손으로聖母의손을잡앗다。오른손은脆拜하고잇는루—카쓰를祝福하면서들녀잇섯다。『웬일인고?』그는머리를수구린체생각하얏다。『내가무엇을햇나? 그것을한사람은 나냐或은武士냐?』

그는두번째 小童을처다볼수업섯다。그리고低하여頭로가만이쌔저나왓다。밧재는香氣놉흔밤이엇다。

그는머리를들고나무가드불게서잇는곳까지 두時間이나거럿다。거기서귀를잡아씻는듯한悲鳴을드럿다。老僧은두손으로나

그리고長劍을휘두루면서 한老僧을슐나무周圍에모라옷는熙甲冑의武士를發見하얏다。그는叫喚하얏다。『사람좀살녀주심

무가지를안고머리를번개갓치돌니면서 武士의長劍을避하고잇섯다。老僧을窘迫하는武士에게 狂憤하면서突進하얏

시오! 저놈이惡魔인것을모르심니까?』루ー카쓰는 老僧을窘迫하는武士로구나!내손으로羊을救助할것을妨害하얏지!』그는

그는부르지짓다。『너는나를爲하야盜賊을擊退한놈이로구나!

그의武器를가지고武士의얼골을찔넛다。

털셕소래가나면서 武士는褐色의슐넙우에잡바젓다。老僧은 들양가티우섯다。루ー카쓰는너머다보왓

다。老僧은가버리고 한낫强烈한香薰이나마밋슬뿐이엿다。

루ー카쓰의넘치는羞恥가짓거렷다。『이러나십시오 이러나십시오!』武士는 한쪽무릅을슐코 그의갈

『당신은疲困한모양이요』하고 루ー카쓰는말하 翔하게씨여진그의왼편眼孔으로부터 그의한쌍우에넓히피가흐르고잇섯다

은당신것이올시다。당신은勝利를어덧슴니다。나는당신部下올시다。』그리고그는 武士는對答하얏다。『그말

태우기爲하야 그의유어라기를强要하얏다。루ー카쓰를눕혼말등에

그들은相當히긴길을뒤로하얏다。 그리고루ー카쓰는말압헤거러가는武士의甲胄의소래以外에 아모것도

듯지아니하고 강쯤武士가머리를돌니는째마다보이는 검븕은쌘드以外에아모것도보지아니하얏섯다。

길가에는 밤바람에흔들니는叢林이엿섯다。希望 아즉잠이쌔잔은멧마리새가 暗黑한속에서나라오기

始作하얏다。半쯤열닌庭門뒤에 흰大理石의胸像에는 이리케씨여잇다。『止!』웃편에 絕望한月光을밧

고 .길이山뒤에서사라지고잇섯다。그러나그곳애는通過하여야할一列의危險 解放됨을바라고잇는一列의美

太陽이 그의最初의薔薇를灰色의道路우에썬젓슬째에 그들은아츰이슬에저지면서 蜜柑林의웃쪽에눕

히잇섯다。　蜜柑林의中間에는　城의尖塔이靑冥에놉히소사잇섯다。都邑은　바우段丘우에서숨우는집々을

실코　바다에서지내려려써리지는傾斜를짓고잇섯다。그바다는靑霧의虛空가운대　扁柏나무담뒤헤누어잇섯

다。웃쑥웃쑥海角에는　灰色의候鳥가나는듯하얏다。海岸에서다라나는낫낫의배ㅅ들은　다른海岸에서나오는것

파서로攻開되야山못둥이에서얼키어잇섯다。

루ー카쓰는　무슨까닭으로空地에발이가벼워지고　呼吸이놉하지는지理解할수업섯다。그의겻헤서軋轢

하는소래가낫는。오작한個인武士의눈이　그의우에머물너잇섯든것이다。

『멜기의伯爵令孃다아노라는　엇저녁에　배르ㆍ배라이의줄탄에게掠奪되얏슴니」

은하나도업슴니다。그네의美人이라는評判이　그가그네를그의배ㅅ속에넉키세저　그것을알고잇는사람

지아니하야얏슴니다。是方그네ー는멜기에잇슴니다。』

『내가그네를차자오겟다ー』루ー카쓰는이러케부르짓고　멜기로가는길을내려갓다。그러나武士가　벌셔

압장을선것이엿다。

아래쏙바우란원갓바우層段에　사람사람이몰녀여서　그들의힝업는팔은　것츠른바다를向하야쌧치고잇

섯다。그리고돌적어리면서부르는것이엿다。『아갓씨가　가서부럿다。우리는엇더케살고?』모든얼골이

슬품에푸르럿다。모든집안에慘哭하는것이엿다。不運이侵入하얏섯다。

『내가그네를차자오겟다ー』루ー카쓰는부르지젓다。그러자곳　그의作爲를期待리고歡呼하고잇는群衆의

一塊가　그의뒤를싸랏다。城門이열니여　武士가멜기의伯爵과가티나왓다。伯爵은루ー카쓰의손에接吻

하고말하얏다。『차자다주십시요。그네와함가지無事히도라와주십시요。武士는돗대엽헤　자리를잡앗

그들을爲한조고마한배가　바다우에쓰게되얏다。그들은思想의閃光보다도쌜니베르ㆍ배라이의배를追擊하

앗다。때르베타이의배들은　靑霧의사이에써올나서　靑鷺의날개가리잇섯다。루ー카쓰는생각하는것이엿

다。『盜賊놈은아즉마음이서라안씨안엇슬거이다。그의捕虜는椊子한張우에잇다。쌧즉하면물속에빠질지

「도모르겟다.」

武士의 甲冑소래가 낫다。그들은 아주 갓가히 왓차서 異敎徒의 모든 배가 難破하는 貌樣을 눈압에 直視하얏다

板子쪽읏 소래를 내고 물속으로 써러젓다。돗대는 잡바젓다。

루—카쓰는 몸을 굽푸리고 멀니 바라보왓다。디아노라가 줄단의 팔에 안기여서 잠약질하고 잇섯다。그러

나 썰고 잇섯다。그네를배 우에 울냄사랑은 武士이엿다。루—카쓰는 羞恥의마음과 무엇이라도 하여야되겟

는 생각으로 줄단과、그를 侍從할 두黑奴의목을 쯔녓다。밋헤는 디아노라가 쿳송의우에 누어잇섯다。루—카쓰는 그네를보왓다。忽地

에 한 苦痛을 늣기고 그리고 흐르는우름을 爆發식히랴하얏다。그러케그네의 人物이 입쌔쓴것이다。그네의얼

의頭部는 돗대우에 놉히다랏다。

골은 마티 陰影에 가리운 寶石가티 蒼白하고 或은薔薇

色의光彩가 反映하고 或은薄靑色의後光이

靜閒하게 빗나고 잇섯다。그네가얼골을돌닐째마다 或은薔薇

다。그것은마티蛋白石가운데잇는 그우에 浮漂하기도하얏다。두눈으로는 菫色의光火가쩌울낫

무겁게된네그의毛氅이 두個의紫石英가라앗다。찬蛋白石의圓의두루에는 悲哀와豫感째문에

마티黑檀가티 누어잇섯다。

歸航에는바람이업섯다。그들은險한섬에 上陸하얏다。그섬의灰色의城을 늙은그라이쑥(軀幹脚足은獅

子와갓고羽翼口嘴는독수리가튼怪獸)돌이직히고잇섯다。디아노라는破壞된廚階의 가장밋段階에 몸을기

대이고잇섯다。그리고 그네의白衣가 푸른深淵의우에 붓거리엿다。그네의경해는 그러나武士가서서

그의鐵手로 그네의弱한억개를 누르고잇섯다。

루—카쓰는 不安스러운相距에서 그네에게재말하얏다。『나는바다와異敎徒의손에서 介孃을 救濟하얏소

내妻가될意志가 업소이셔?」

그네는 對答하얏다。『줄단이 掠奪한나를 바다가쌔아섯슴니다 당신쎄感謝할必要는업사오이다。』

그는놀나서 피흐르는머리를 을녀다보왓다。그머리우에黃金의頭巾이흔들니고잇섯다。디아노라도치어

다 보왓다。

「슈孃은 그를사랑하십닛가?」라고그는속살거렷다.

「아니올시다. 그는充分히强者가아니엿슴니다. 그러니싸破船하얏지요.」

「그러면나는? 그를이긴나는? 나는아직强者가아니란말임닛가?」

武士는두번쩨

「그것을모르십닛가? 그러면당신은强者가아니라고말하깃슴닛가?」

루—카쓰는잠々히생각하얏다. 「더시게되지아니하면아니되겟다」고 그리고그들은그동안바다를건너가잇섯던海岸에上陸하얏다. 거기에는 한길이멧갈내나 자갈밧사이를쒸여서 不安에잠긴나라로通하야잇섯다. 붉은만로를입은褐色의男子와 그네를배ㅅ속에다리고왓다.

가 가고 뛰는루—카쓰가서잇섯다. 두通行人이그들의一行에加入하얏다. 四人의奴僕이 디아노라의가마를미고갓섯다. 압혜는武士가 검은싸켓을입고 드문서염을가진蒼白色의男子이엿다. 「나는 복同圍에절구들을노왓다」하고그는말하얏다. 坐한男子는對應하얏다. 「나는 부로크斷頭臺에누어서 발에씀질을쑬하얏다.」

갈수룩그들의一行은작구부럿다 傷處에서아즉피가흐르는사람들 아모것도입지아니한살을한살고 리에 腫瘍을가진사람들이同行에드럿다. 그들은榮華로우나라나라에서 疫病과淫慾과死의悔蔑을가지고 오는것이엿다. 그들의눈은번젹어리고 그들의官能은欲望에타올낫섯다.

中路에서 그들은마을을掠奪하얏다. 새로운領守의權威를宣明하고 그리고家畜을잡고 女子를凌 奪하얏다. 突地에모든一行이停立하얏다. 다멀니헌바우에놉히 都邑이서잇섯다. 그것은帝國의光彩로 운主部 토라파쑨트王國의首府이엿다. 城壁에는黃金의國旗가걸니고 그우에는薔薇花가纏繞되고잇섯다.

冒險者의무리는呻吟하기도하고呪咀하기도하얏다.

그들은 낫이라도별어보일만치 좀혼검은岩穴로드러갓다. 山굿룽이에는一隊의防禦者가石塊를씀아서 는 밋혜로뎐지고잇섯다. 그러나바우가그들을잡아단엿다. 그들은바우에粘着하고아모도쩌러지々아니하 얏다. 反對로防禦者들이 絶望과戰慄의가운데 深谷으로隱落하얏섯다. 그들이陰谷을나왓을쌔에는 首府가한번덕브이엿다. 그러나軍旗와花環은보이지아니하얏다. 사람사람

들은 城壁의 두루루 混亂스러히 오르고 群衆의 不安하게 浩嘆하는 戰慄이 하눌싸지을나갓섯다。冒險者인두리

는 서로 點頭하고 키갓거리엇다。

森林압싸지온즉 거기에는 帝國의 筆隊가 列을지어잇섯다。외쪽눈의 武士를 본 그들은 그대로 武器를거두

우고고요히 勝利者의 뒤를싸라서는것이엇다。

首府가 그들압헤세번째 나타낫다。都邑은 寂々하고 모든집웅에는 黑布張이나붓거리고잇섯다。恐怖가 그들

의말나베트리진팔을 征服者에 벌니여서 그의칼에 죽기를準備하고잇섯다。冒險者의무리는 歡喜에헐떡어

리고잇섯다。

그들은 城壁에 侵入하얏다。루―카쓰는 가마를열고부르지젓다。『너의들의皇后다!』라고。두서너소래

가應하야엿다。『우리들은皇帝를가지고잇습니다。』아즉어리시지만은 兩親세서는 生存하야게시답니다。

우리는 皇帝를敬愛하고잇슴니다。

루―카쓰는눈짓하얏다。冒險來의무리는 虐殺을開始하얏다。虐殺이終結하얏슬째에는 만흔男子가 새

皇后에게 尊敬과愛慕를울니엇다。그러나좁은골목의집々으로부터 殺戮者에게對한死의呪嘆이 쇠러오르

는기름을붓는것이엇섯다。그들은 婦女에게어린子息을쌔앗고 守護者의손에서 어린皇帝도쌔아섯다。그

리고그들을죄다죽엇다。루―카쓰가命令한대로。

만흔犧牲으로다아노라는 國民의聖殿싸지되얏다。사람사람들은 그네가지나가는길에업듸려서自己의

몸을찌엇다。그리고그네가탄擔架의진高에 입을맛초는것이엇다。

루―카쓰는 宮殿압柱礎의우에 그네를爲하야 조고마한玉座를만인것이다。그리고그네의움지기도아니하는이마우

에서는 宏壯히큰紅玉이 紫色의구두를신고 玉座에몸기대인것이다。그네는

黃金의體裝을입고 피가른光彩를흘니고잇섯다。그네의周圍에는 刺繍한衣服과 銀製의衣裝가른것

의 金屬性의光輝、寶石裝飾의燦光、 賃玉寶石을잔득박은王冠의閃華、沁藥을뚜린器具類、黃金屬으로置

裝한黃金의椅子紫色의毛氈가른것의昭光이번적어리엇다。

한마리巨鳥의날개치는소래로　모든사람사람은一時에跪坐하얏다。數萬의群衆이그들의祈禱를우물거리

고속살거리는것이엇다。間斷업시亂舞하는精神錯亂者들은　눈을히멀거케쓰고머리는뒤로덥힌채、그들의

救助의갓가움을告하얏다。喇叭과銅製의鑵鼓의騷音이　요란하게反響하얏다。

・玉坐로가는길에는月桂樹가지가깔여잇섯다。루ー카쓰는호을로그것밧을고갓섯다。그는階段을올나

아・노라의쉼을그의귀밋헤늣긴瞬間에발을멈첫다。　　　　　　　　　　　　　　　　　　　　　다・

『인제　그대는皇后이요』라말하고기대렷다。그네는그를凝視하얏다。그의볼(頰)우에원갓過去의犯罪가

주석빗을하야나라나잇섯다。그네의입술은血氣를씌엇다。그네는말하얏다。

『당신은充分히强者라할수업슴니다。』

그는도라서　宮殿속에杜門하야버렷다。그는나날이잘裝飾한天張을가진黃金의방을지나서　金줄을돌닌

支柱의사이를실사이업시도라다니는것이엇다。銀色의입줄기가支柱에서支柱로얼켜켜잇섯다。銀泉은神聖한

婦人들의傷處나가리쥬氣를품고잇섯다。디아노라의가마를미고가는奴隷의발밋헤서　花園에산黃金자같이

부스럭거릴째에　루ー카쓰는죽다십이놀낫다。그대는노래하는것이엇섯다　줄풍류의振動을써라그네의부

드럽고愛嬌한소래가맛치밥의花草밧을지나가는胡蝶가티흘녀갓섯다。그리고우에서는루ー카쓰가이마에주

먹을언고窓의샢족나온班岩가운데누어잇섯다。

그네가沐浴할째에　그는느러운黃昏에드신심을배앗는巴旦솜나무香氣에코를적시면서　杉나무와黃金

칠한獅子像사이를가만뒤쏫는것이엇다。深紅色샘의복판에는　白鳥가그銀날개를치고잇섯다。그네는

벌거벗고샘가에　서잇섯다。그팔은힘업시다리워잇섯고　허리에는黃金으로刺繡한얇은썩들두루고잇섯다

그네의가슴에서는　물방울이듯기고　그네의肉體는가벼운바람의아츰의가운데썰녀여잇섯다。薔薇色陽塵

이그네의周圍에戲弄하고　우에는金빗銀빗의色影에빗나는큰색가　날카로운소래를지르고무겁게나라갓섯

다。루ー카쓰의視擊하는손까락이　그를숨기고잇는숩을잡아씍것다。『나는充分히强者다』그는呻吟하얏다

『나는저게집을차지하얏다。』

밤에 그는 그네의 房에로갓다 포장이열녀잇서~그는그네를보왓다。그네의헌四肢는 武士의鐵가튼가슴에걸녀잇섯다。

다음瞬間에드러간방에는女子가 가득히잇섯ㅅ극 그리고그의官能과思想은 큰가슴의迂曲과肥滿한허리의배암가튼구부칫과 굴근四肢의混亂스러운얼킴과 숫그러운蒼白한 얼플얼플의歪曲한우슴으로넘처잇섯다。

그는 拷問을생각하고 그리고 周圍에잇는奴隷들에게命令하얏다。그의압호로나온밋입술은썰고그의손은玉坐의脇息에서痙攣하얏다。

조곰잇다가 그는가만히監獄으로가서 不幸한사람들에게哀願하얏다。그를容數하고그리고 그의벗이되여달나고。

헌段丘(테랏세)의우에는 無情한蒼天이 嚴然히걸녀잇섯다 그는救援의부르지짐을배앗텃다。『살녀주십시요 비나이다ー」默々히잇는검은宦臣들以外에 그것을듯는사람은하나도업섯다。그들의恒常궁글고잇는 渤藥을섞린듯한눈以外에아모것도움지기는것은업섯다。루ー카쓰는두팔을벌니고大地에잡바젓다。그의頭部에쓴寶石帶가 大理石의마루우에散亂하게써여젓다。

엇던날밤 그는暗然한 마루를더듬거리고가는것이엿다。그가품고잇는殺害의意思가 그의압헤빗나고 그리고 그애게갈길을指示하얏섯다。그는다아노라의門을글것다。門은하소연하면서열니엿다。그리고그는그의意思가벌서遂行된것을보왓다。그네의머리는 무거운毛髮을가지고寢床의우에달녀잇고 그네의목은검우르게 皮下出血이되도록눌닌鐵拳의押印을가지고잇섯다。

그는逃走하얏다。그리고野獸가티生活하얏다。그는暴風을向하야 ─ 지그이름을울니고 地獄에서지그이름을무섭게도呼號하얏다。그의肉體가鋼鐵가티되고 그의魂魄이氣盪하도록그는躁狂하얏다。차々그는그네를 微睡의表面을싯치고지나가는夢像에오즉發見할뿐이엿다。그리고 最後에그가그네를생각할째에는 그의뒤 먼저어두움속에오작두서넛 넛댓눈이번적이는듯싶헛다。

靜謐한聖殿의影壁에서　世上의喧騷한人生의길가는모양을　바라보는聖母마리아의눈가리。그의面相에는 希望도悔悟도보이지아니하얏다。그러나그는닷친門뒤以外의아모곳에서도자지아니하얏다。그는잠자는동안의잠고대소리를두려워한서닭이엇다。그는무슨嶄新한것을考想할수업는한冒險者이고　尊大함이업는勝利者이고　찬임술을가진享樂者이엇섯다。

엇던灰色의黃昏에　　그는　뭅은들판의우를지나가는것이엇섯다。들판은눈에보이자는그림자와가티흐르고잇섯다。우에는凝塊한구름이무겁게움지기고잇섯다。그는한언덕우을나갓다　　그는울룩불룩하게傷한집응々々을보앗다。그는가엽슨城의그늘에　서잇섯든것이다。그는벌서門前에잇는自己를發見하얏다。세老婆가홀적어리면서　　濕한사론의찬空氣속에　　그네들의찬심을배앗고잇섯다。그네들이말하얏다。『루―카쓰가도라왓슴니다』그리고同時에나關係로우불녀쑤불녁하게된老人의　空洞에울니는듯한音聲이나기始作하얏다。

『너는世界를들고나왓다。世界는네뒤에무릅을쑬코　그리고그는우리에게도라오는모든사람들가티歸鄕하얏다。그러나너는門外의一步以上에무엇을하얏느냐?』

루―카쓰는沈默하얏다。老人은말을이엇다。

『너는神을惡魔의監獄에서救濟하얏다。너는惡魔로하야금　神의慈悲를强要케하얏다！　너는天下를征服하고女子를皇后로하얏다！　畢竟에너는　모든것이，네가일즉이夢想하고잇던것보다도　훨신크고그리고아름다웁다는것을　謙虛하고醒覺된마음으로아럿다。네가눈을쓰기보다以前에最善은되야잇섯다。네움은그것을豫想하얏다。쑴은네게先行하고　그리고네가가질수업는칼을차고갓섯다。그리하야　너는빈손으로그의뒤를쏫차갓섯다。』

루―카쓰는머리를디리웟다　　그리고쓰우에로처드렷다。『이것이나의一生이올시다。그러나내가門前의一步以上에아모것도못하얏다하면　그대로

『그것이모―다참말이올시다』　그리고그는말하얏다。그러케賢明하신老人들엽헤안저잇슬수업섯슴니다。차라리門前의二步

블하고그리고 한것을또한번途行하겟슴니다。設令내가 시굴길마닥에잡바저 죽는恨이엿다하드레도後悔

하지안켓소이다。나는死와戰爭을할作定임니다 死가내 打擊을눗길지 내가 死의打擊을눗길지 내가

나의凍腕을가저고死를바들년지 或은 死가그의黑旗를가지고나를쌀년지。

곳哭을돌녀 再次선덕을내려서 들팡을지나간卄。길갓庭園의가을花嶺에몸을지대이고잇던少女가 지나

가는그에게 나쓰레로옷을덥겟다。한송이큰붉은옷이 그의白髮의우에부럿다 그옷은오랫동안바람에혼들

거리고회섯다。

◎ 讀者諸氏!

今月號는編輯者의身病關係로 싸는

檢閱關係로 自然느젓다 , 우리一同은

讀者諸氏의寬恕을빌따름이다。

來二月號는自信잇게맨드러둔다

二月一日前으로讀者諸氏ㅅ 내노아드릴

것을 告하여둔다

고긔의 설음

와시리 • 에로센코

李 殷 松 譯

그해겨을은매우치웟습니다。못속에살던고기들의困難은여간이아니엿습니다。처음에는 엷담재얼엇던 어름이 나날이두거워져서 漸々고기들의世界를줄여간이아니엿습니다。그래서鯉魚、鮒魚、밋구리들여러고기가한테모혀 얼음을엇더케防禦하면조흘지 이말저말議論을해보앗지만 어름의壓迫ㅡ음우에셔오는힘임으로 엇더케하는수가업섯습니다。結局그고기들의相議는「봄이오겟지」라는希望을품고 헤여지는수밧게업섯습니다 모든고기들은 물이죽어집으로떨도라갓습니다。

그못속에 鮒魚內外間이살엇습니다 그리고그세에鮒男이라는아달이잇섯습니다。鮒男은오날밤한잠도못잣습니다 그리고오직「치워 치워」하며울고만잇섯습니다。그러나 못속에는 火爐도 아래목도업슴니다 싸웟한이불을 다섯식여섯식덥고자지도못하며 듯러움솜옷을두셋式써입을수도 업습니다。鮒男외어머니는 엇저면조흘지몰나 다만「울지마라 울지마 얼마안잇스면봄이온단다」하며鮒男이를달내엿습니다。

「그러나어머니 봄은언제옵니가」鮒男은눈물이글엉〈한눈으로어머니를처다보며말하엿습니다

「얼마안잇스면온다」하고어머니는 부드럽게對答햇습니다

「그것을엇던케알어요?」鮒男은이럿케말하고 좀반가운낫호로 어머니의얼굴을바라보앗습니다

「해마다오는거니깐」하고 어머니는말하엿습니다 鮒男은좀거정스러운낫호로「그러치만엄마 올에오지안으면엇저겟늬가」이럿케말하엿습니다。

「그런일은업다 썩 온다」하고 어머니는慰勞하듯이 말하엿습니다.

「그러나어머니．웨썩옵니가？」하고疑心스러히鯰男은물엇지만 어머니는아모말도안하고默々해버렷습니다.

「어머니 그러치！만鯉魚네할어버지가（봄이한번이라도오지안는다면 쪄다죽어버린다）고말슴하시든데요．그것이참말입니가」하고 鯰男이쓰물엇습니다.

「그것은참말이란다.」

「그러면 어머니「죽는다」라는것은뭐요？」

「그것은영―자고마는것이란다．네온몸이움죽이지안케되여서 넘것도 고魂이먼나라에가서 즐거운生活을하개된다．그나라에는크고美麗한곳이잇고 겨을처럼치운일은조금도 업고 언제던지봄가치싸뜻하단다.」

「어머니 그런조흔나라가 엇을가요？」하고 鯰男은아직도조금의심하는것갓치 어머니의얼골을처다보머물엇습니다.

「암！ 잇고말고」하고어머니는 對答햇습니다．「그럼어머니 얼는 그나라로가십시다.」하고 鯰男이말하니 어머니는「그나라에는살어잇는동안에는 못가는거란다」하고 말햇습니다．鯰男은 좀異常스러히「엇제서 살어잇는동안에는가지못해요？어머니 길을닙니가」하고뭇기에「아, 나는길을웁다」하고 어머니가對答을햇습니다．「그러면길을차지러 가십시다」하고 鯰男이는밥비재촉하엿습니다.

「아이고 딱도하다」고 어머니는한숨을수이며 「죽지안으면 그나라에 갈수업다고하지안엇늬」하엿습니다.

「그러면 쌜리죽읍시다．자 速히 웅, 어서」

「그런말을하면못쓴다.」

──(98)──

「못써도죽읍시다。자나는이못이실흐니싸요。」하고鮒男은 아버지랑어머니의 일느는말을듯지안코 악

지만달々쓰며 법석을햇습니다。그것이너무憂鬱하엿슴으로 이웃鯉魚할아부지가씀작놀내서 차저왓슴

니다。그리고「엇놈이 웨 그럿늬가?」하고흘엿습니다。어머니는鮒男이가죽겟다고 야단친것을죄다

이약이햇습니다。그런즉 鯉魚를보고「엇놈아 고기는이못에 제맘대로 온것

이안이다。저훌융한나라의 하나님의말삼대로살어서 혁엽치지안으면안된다。」고말하엿습니다。

「할아버지 그하나님은 무어라고하섯나요」하고 鮒男이불은즉 「첫재로점잔케하고 아버지나어머니

나其外나희단호신 어른네들말슴을들어야된다。그리고못에잇는兄님들 ……兄님들을사랑하고힘

써工夫해서 훌륭한고기가되여야한다。그러케하면 저나라하나님이 엇놈이를불너서 그아름다움고고큰

못속에살개하실터이지。」하고 할아버지가말하엿습니다。그쌔부러아모리치워도 아모리배가곱하도조

끔도억지어리팡을피지안코생글〈우스뎐서 봄이오기리기대리엿습니다。

二

봄이되엿지만鮒男이가치親切하고어진고기는 못에도이웃개울에도업섯습니다。

나 잇구리네누님들게鮒男이가치 사랑을밧은이는업섯습니다。鯉魚兄님도 잇구리누님도鮒男이보다는

나희가석만치만 鮒男이가픽쑥々하여슴으로 언제던지鮒男이와가치 어대던지놀녀나깃습니다。봄이라

四面八方에서조고마한도랑이 이못에흘녀들어오는고로 山에나、숩에나、들이나、어대를勿論하고갈수

가잇섯습니다。그래鮒男의兄님들은 鮒男의재山과숩속의 용하신先生님들을紹介하여주엇습니다?그先

生님돌가운대에는 兎기라고하는귀가긴다한중이잇섯습니다。그중은쌔高名하신중으로 몰내라도決코

기갓튼것을먹는法이업섯습니다。또別莊에서도라온 쌔꼬리杜鵑새갓튼音樂先生님네도잇섯습니다。곱고

말숙한날개를가진그先生님들도 鮒男이가恰悧하고才操가잇는것을보고 甚히사랑하여주엇습니다그리고

여러가지성우에對한이약이를하여주엇는데 鮒男이가第一조화서들은것은사람에對한이약이엿습니다。

그의약이가信한던ᅵ사람ᅵ되는 兄님들은第一용하시고 第一智慧잇는이라」하는데 여럿의意見이 一致하엿섯습니다。(無論、 山속政治家의여호도 藝術家의원숭이아즈머니도 鸚鵡의語學者도 새의社會學者도 天文學의부엉이博士도 용하긴용하지만 到底히사람兄님들전당할수업다고」도말한바엿습니다。

쏘「사람兄님들은 다른陸地에 잇는兄님들보다 쌀너달지는못하지만 말잔등을빌닐뿐나녀라 自働車라던가汽車라던가 汽車自轉車갓흔妙한것을만히맨들어노코 그것을라고달음으로 다른것들보다썩쌀늠니다 물속에허염치는것도그리잘하지못하고 空中을나는거라곤애초에못하지만 그래도사람兄님들은키다란물고기를맨들고 크나큰날개새를맨들어노코 그우에올나탄후우를自由로도라다니며 空中을맘대로날어다닙니다。 참말사람兄님네는神奇한것이지요」하고말하는이도잇섯습니다。鯏男은 그이야이라던실허하지안코 얼마라도다시듯고다시듯고하엿는데 들으면들을사록사랑이라는것이 보고십허지기어렵게되엿습니다。

三

그해봄은참말愉快햇습니다。아참부러꾀쇠리와杜鵑새들音樂의용하신先生들 獨唱을하며 쓸별씨님들과큰별누님들이合唱을하고 나븨들의妓生이춤을추며 밤이되면개고리녀사촌兄詩人들이 노래부르는모됭이며 演說會를열어밤늣도록떠들섯섯습니다。그런會에도 鯏男이가나가서 그아조사랑스러운語調로「저나라」이약이를하엿습니다。

「우리들은서로서로남을사랑하며 즐거웁게삶님을하고잇스면 더조흔더아름다운 나라에가게됩니다。 그나라서는 먹을것이모자라는일도 치운法도 쓰이것저것不便한일도업습니다。 空中에날너다날수도잇고 새라요맑은물속에들어갈수가잇서 고기들파함믜헤염할수잇습니다。」 하고鯏男은항상말하엿습니다。그리고그설은時間에 「저나라」잇일이 音樂作曲의材料가되고 춤의法式이되고演說파 노래의材料가되엿습니다。

저녁때 머ㅡㄴ 곳에잇는 敎堂의종소래가나면 고기兄님들은물우에써올나고 개고리네사촌들은언덕우

에올나안고 나븨누님들은꼿우에붓허서 모다고요히저종소래에귀를기우럿습니다。

그것은사람兄님들이自己네동생인 나무우에사는새들이며 물속에헤엄치는고기들이며 꼿속에잠자는

昆蟲들이 平和스럽고 줄거웁게날을보내기를 祈願한다는것이엇습니다。그래서 고기와개고리와쎄

리와이모다사람兄님들이 幸福스럽게지내도록비럿습니다。꼿의향긔로운범새와 저녁노을의금빗을씌인

그祈禱가 조용히「저나라」의한아님쎄로올나갓습니다。

그먼곳에잇는敎會에는 少年하나가잇는데 그少年도鮎男이가치어질고점잔어서 여러사람들게稱讚을

돌엇습니다。강아지兄님도 그少年이매우조와서 이못물을마시려을때에는 그少年의이약이를늘하엿습

니다。그래서鮎男이도 그이약이를듯고듯고하는동안에 점々그少年왕마음에드러서 한번맛나誼조케

해이해보고십게生覺하엿습니다。

四

하로는못가가 大段히騷亂해젓습니다。鮎男은무슨일인가하고나가보니 개고리兄님들싸지 눈섭을거슬

려올나며 억개를내밀고 잔뜩與奮하여웅성〈〉쌈이나하는것가치 뭐라고이약이들을하고잇섯습니다。

무슨일이나고물어본즉 막只수兎긔중들이ㅡ썰어안자늘하는念佛을熱心이하고잇는데 그敎會少年이와서

兎긔중의진두귀를쥐어서잡어가지고 그냥집으로썰고가버럿다고합니다。

모다절줄몰나 싹하게도우둑허니그곳에서 서로얼골만바라보며 얼썰々히잇섯습니다。그런데이번

엔제비야즈머니가날너와서 묘수쓰少年이쎄쎼리를잡어갓다는 變事를알넛습니다。쎄쎼리는무슨노래曲

譜를질으려고熱心이工夫하고잇는것을마침보름날이라 詩人인개고리四구들

은그런擾亂한世上이진하지만 그래도달마지달보기를하지안코자누것은 달닝게失禮인것갓해서 늘한듯

이山에올나가 거긔서詩會를열고잇는데 쓰少年이와서 第一용한詩人을잡어가지고다러낫습니다。

四寸兄네詩人들은매우놀내여 그날밤지은詩는죄다이저바렷습니다. 그날밤은 못속에선누구나할것업시

酷暴한일을함께對하야 엇더케處理하지안으면 안될가를相議하엿습니다. 모다나와서大會를열고少年이이런

그相議에는 鯨男도 父母네와합께갓습니다. 鯨男은아버지띄이려케물엇습니다. 「웨 少年은그런일을할가요?」그런즉아버

지는 「싸우에잇는사람네兄님들은 용하지만잇다금 여러가지 狡猾한짓을한다. 그리고世上에 사람의

아달가치맘성사나운작란 수럭이는입다. 즘더잇스면 그아해들이 낙시며그를가지고 이近處에서지

도와서 이것저것작란을하여 우리들을못살게굴러이지.」하고 말을하엿습니다. 「아해들은 그런일을하면

엇더케「저나라」에갈수가잇슬가요? 엇더케도와주는수는업슬가요.」鯨男이걱정스럽게 덥비며아부지개이

가치못는말이잇도안나서 못에서나비의누님이大風을맛나一葉木葉가치 파닥〜날녀왓습니다. 여간피

란얼골이아니며 날개도 수염도무서워빌々썰고잇습니다. 여럿이모혀大體엇더케된일이냐고물은즉 나

븨누님은거오좀鎭定되여. 씃우에안저이야이를시작하엿습니다. 그것은이런일이엿습니다.

그날아침 나는무조키로 마침놀고잇던큰벌들은 갑작이씃보러가기로議論이되여 牧師집쓸새지갓

섯습니다. 바야흐로봄날이라 쓸에는붉엉이 흰것 누렁이들의싯이 나무새에도 花壇속에도피여 홋허

저쌀내甚한꼿향내며 쑬蜜들록에숨여드는것가치흘녀드렷습니다. 큰벌들은너무도조흔김에이새世上을

위협하는거정도이저바리고 노래하고춤추며놀고잇는데 쏘그牧師의아달少年이와서 갑작이작은그를을

쓰내서 만흔벗들을잡어갓다는것입니다.

이새로운報告도 그날아침相議會는 더한層擾亂하게되엿습니다. 그래서여러가지議論이씃난뒤에 結局

은저녁째敎堂의鍾소래가들니며 사람네兄님들이祈禱를올닐째에 金빗나븨누님께敎會에가서사람네兄님

들게잘이약이하여 그少年의暴行을그만두게하여 달나고하기로作定되엿습니다.

밤이와도기기모힌動物들은 어지간이들맘이쩌놀아서 自己네들못속굴이며 집으로도러갈수가업섯습

니다。 잠작고가만히彼此얼굴을맛바라보며 맘속으로는專혀金빗나븨

얼마후에 金빗나븨누님이 돌아왓스나 실심한그얼골빗을볼째 거긔모혀여럿은 갑작히各自身들의

마음이연뿌리에서나오는실을가치 가늘게된것을늣겻슴니다。그리고아모도입을쎄이지안엇슴니다。

「모ー다거짓말이얏우에잇넛든나븨누님은말하얏슴니다。」힘업시뭇우에안젓든나븨누님은말하얏슴니다。「우리들은 저나라에는암만해

도못갑니다。이것을듯고 모다놀내엿슴니다。그리고「웨갈수가잇소?」하고 물은즉「우리들에게는 魂이

업슴니다 魂은땅우에잇는사람의兄님들게만준것이며 그魂을가진사람네兄님덜만 「저나라」에갈수가잇

잘못이아니오」하고 모다제각기한마대식물엇슴니다。「천만에 그것은잘못이아님니가。「저것은무슨生覺에

나라」의 하나님冊에 쏘렷히씨여잇는것이니사요…… 나븨 누님은이럿케말하얏슴니다。「그리면

우리들은 大關節어대로갈가요?」그들의물재質問은이것이엿슴니다。「우리들은다만사람을엇더케불상

재하기爲해사람들의먹을것이되려고 맨들어낸것이라함니다。이러케말하고 누님은 「우리들은다만사람을불상

히녁이는듯이 애처러이녁이는듯이 돌녀보고잇스나 하침부러의疲勞와 只수心臟에홍이생긴연고로그

대로그자리에쓰러저서 可憐한最後를지엿슴니다。모ー든무리는 단지사람네兄님들의먹을것이되기爲해생

겨난自己네의運命을大段히 설허하엿슴니다。性味가 사나운鯉魚兄님들은 아조與奮해가지고 「그런말

이말이되여야지될수가잇나하고 거긔自己덜을그런運命에태여나게한 그하나님이잇는것이나가치 필々

뾱여울나호통을하끈그랫슴니다。마음이착한밋구리누님들은氣絕을 하다못밋헤녀부러진者도여럿잇섯슴

다。大衆을爲하야精誠을다하다 죽은金빗나븨의葬式은 여러動物의눈물속에서 大段히嚴々히지내엿슴

아재비는 큰벌兄님들이葬式의音樂을듯고 쎄쇠리누님들이「가련할사우리벗아」라는설흔노래를읇으며 두더지

니다。

그날밤은 모다매우섯々히 지내엿슴니다。그리고한술을쉬이며 「사람의물건이되여 산다는것은쓸데

엄구나하고 솟솟내 不平을중얼거리며 도라덜갓슴니다

五

그날밤은못에 도라가서 鯉魚며 밋구리며 개고리의사촌들도 래서아참해는 얼마안해쩌 울냐면서 아모도 太陽을맛기위하야 나오는者는업게되엿슴니다。
鮒男도맛찬가지로 매우설엇슴니다。 世上에아모希望도이저바린것갓혼 맘이들어서고기 그림자도업는못 물가를왓다갓다하고잇는데 少年야적은그물을가지고 물속으로 들어왓슴니다。「우리들을잡으러왓구나
鮒男은이러캐 生覺하니 몸全體가怒氣로말매암아불가치되여 벌々물결을치며 설엇슴니다。「자아 나를잡
어가거라。 다른벗을잡기前에 나를붓잡어다고 다른벗이잡혀서죽는것을보는것은 내게는自己가죽는것
보다도 피로운일이다。」하면서 그물속으로드러가버렷슴니다。少年은피조와서 急히鮒男을잡어다가
自己冊床우에다 노앗슴니다。 兎긔중의가죽이겨녁 잇섯슴니다。 冊床
우에는 그북도노엿슴니다。 冊床우에解剖臺에선 그적재밤달마지하는곳에서 잡혀간개고리大詩人이只
상을쩔닌채늘어섯々슴니다。 유리箱子속에는 씩씩리先生의섭질과 지내던나븨누님들이만히 바늘에가
수解剖된바람인데 그방안壁우에는 以前에그리도親하게 그적재밤달마리별을告하고잇섯슴니다。冊床
이런것을보고잇슨즉 鮒男은가삼이잔득질녀버렷슴니다。 무에라고말이라도하고십헛지마는 입이굿어
어가거라。 아모말도못하엿슴니다。 다만씩리솟흐로冊机우를 펄적펄적치 고잇섯슴니다。
진채붓허서 조곰지난후少年은 그것을解剖하엿지마는 鮒男의心臟은일이破裂한것을發見하엿슴니다。무삼理由로위
적다란鮒魚의心臟이破裂하엿슬가? 아모도그奇異한일을 少年에게說明하여주는이는업섯슴니다。悲愴
으로말맘아鮒魚의心臟이破裂하엿다하는것을 누구나少年게이약이할수잇는이가업섯슴니다。
이少年이有名한解剖學者가되엿슴니다。 그러나 그못은차々좁어저서 개고리와고기의數도줄고 못과
물도죄다말너바럿습니다。 그리고저벽째가되여 머一ㄴ곳에잇는敎堂에서 鍾소래가들니여와도아모도
소래를드르려나오는이는 업게되엿슴니다。

(나、著者도 그째부러敎會에는 가지안슴니다 모ー든것을사람의食物과 遊戲物로맨드러내히
이는하나님게 나는祈禱고십지도안코 밋고십지도안읍니다)。

앨·씨·니·와·포·올

오―규스타·홀메스 孃에게 "Per amica silenta lunae,"

異 河 潤 譯

앨리예·드·릴라당

앨·질·르

寄宿舍낡은庭園의울담이다。열시를치는소래가멀니서들녀온다。四月의밤 밝고 푸르고쓰갑다。별들은 銀가치반짝인다。微妙한바람결은 어린薔薇花우를싯고지난다。나무닙운부석어린다。噴水는 이아카시아심은큰길가이에서 눈가치써려지곤한다。큰沈默가운대 밤의靈―째쯔리한마리 魔術갓흔樂符의비를번적이고잇다。

二八青春이 당신을그幻想의하날로휩쌋슬재 당신은至極히어린處女를사랑한일이잇습니가? 綠葉집응안椅子우에 이겨서노코간寧甲이追想납니가? 당신은 意外에期待치안은사람이음에 困惑을感한일이잇습니가? 休暇동안에 서로갓가히하야 가삼을좀々거리는것을父母가보고微笑를먹음을쌔 당신네는 쌤이확근거림을늣긴일이잇습니가? 당신은 默想에醉한愛情으로 들여다보는純雅한고두눈의限업는柔軟을알어채린일이잇습니가? 당신우깃봄을못의이는당신의가삼에 그따의가삼이다아두근거리고잇는 쌀니며 갑작이파래진게즙액의입설에 당신의입설을댓아본적이잇습니가? 저뻑에 냇가으로함께노라오며써거운푸른뜻을 당신은광질이안척에두어본일이잇습니가?

서로헤여진멋해후로 당신마음속에가장깁히숨겨잇는이갓흔追憶은 貴重한병속에密封한오리앙薔精의한방울갓습니다。이꾤의一滴은매우妙하며 매우强하여서 만일누가 당신무덤에이병을던진다하면 漢然이도不滅體인그대음새는 당신이塵埃됨보다오래存續될것임니다。

오! 第一寂寞한저녁에 달가운일이잇다하면 그것은 한번더이반가운追憶에 永別을表하는것이다。

孤獨한새이다。業務의소래는 거리안에고요해젓다。내발자욱은 나를偶然히이곳써지引導하엿다。일

즉이이建物은큰修道院이엇다。달빗은 돌階段을 올라릭뒤에보이게한다。그리고奇蹟을行하며쯔疑心할

것도업시 祈禱로빗난그의謙遜한이마를 이舖石에맛대인彫刻된나만은理者를牟이나비최고잇다。이곳은

아즉英國이 우리안즈배느의港市를차지하엿슬넷적엔 브르타뉴의騎士들이 말굽소래를울니고잇섯다。

—現在는 풀으고성々한쟈뿌지(譯者曰花草名)가窓과壁의침々한돌을 다시금젊게하고잇다。修道院은

젊은處女들의寄宿舍가된것이다。낫이면 한젊은靑年마음속에 큰神聖한印象을이르킬게줌애가 만히잇슬것이

그내들中에는 다음復活祭첫休暇에 廢墟안에새돌가치 그곳서그내들은재잘대고잇슬것이다。잠든

다。그리고아마도 임이……。쉬人! 말소래가난다! 매우달가운소래가부르고잇섯다。(아조나죽히)

『포을氏……포을氏!』흰모스편웃옷 퍼런히라싁는 잠시이기동엽헤서쩌나왓다。젊은處女가 잇다금

낫하나는것갓다。이處女는只今나려왓다。그는 이곳에잇는處女들中에한아이다。나는寄宿舍生牛도리와

록에銀十字架를본다。나는 그얼굴을본다。밤은 詩에저준그얼굴과함께基因되엿다— 오! 아직어린되

가석겨잇는 少年의고혼黃金빗머리! 오! 푸른視線 그의蒼色은아직原始의에테를가진것가치蒼白하다

그러나 나무사이에숨어잇는 이아조젊은사나희는무엇인가? 그는急히 울담기동을잡엇다。

—앨쎗지니氏! 나올시다。

오! 좀더나죽히! 나여귀잇습니다。포을氏!

그들다 열다섯살이다! 이것이 처음密會이다! 이것은永遠한戀歌의한페ー丝지다。얼마나 그들은서로

깃붐에써럿슬것인가! 敬意를表하야祝福한다。神靈한無垢! 追憶! 다시산곳ー

—포을氏! 사랑하는옵바ー

—을새로당신의손을보내주세요 앨쎗지니氏。오!참 곱기도합니다。자 이것은 아버지쓸에서선花

環이외다。이건 돈이들지안은것입니다。그러나이는 내마음으로서입니다。

—감사합니다。 포을氏。 —그러나 그리도숨차하심니가! 매우다라오섯지오—

—아! 저어 오날은아버지가일이잇섯서요 매우조은일이오 그는적은山林을 半價로삿지오。急히

팔어야할사람이잇서서요 잘어더맛낫서요。그래서 終日깃버하시기에 내게若干의돈을줄가하고 그와

한씨잇섯지。그리고 時間에대오려고 매우밧벗습니다。

—만일당신이 試驗에잘合格만하면 우리는三年안에結婚할수잇겟지요?포을氏!

—네 나는辯護士가되겟습니다。辯護士가된後라도 일홈이알니우게멋닭을긔다림니다。그다음에는

亦얼마간의돈을벌게되지。

—만운돈이生길째도 자조잇지오—

—네。그런데 여보。당신은寄宿舍에서 滋味잇습니가?

—네, 그럿습니다。포을氏。더구나파니에 女先生이 擴張에着手하신以來로는。처음엔。그리조치못

하엿습니다。그러나뭇수은 이곳에城主의어린딸님들도잇슴니다。그孃들이모다。제벗이람니다。아—그

내들은。참조흔것들을가젓서요。그리고쏘 그내들이온以後로 우리는前보다 매우매우 썩잘되엿담니

다。파니에 婦人이 좀더만은돈을내노실수가잇스니요。

—이거 이남은담은 맛찬가진데……이곳에 存在한한것은 픽愉快스럽지는못하지오。

—아니요 愉快합니다。그것을지안로 習慣이되며는 저—보세요포을氏 당신은 우리조와

하는아즈머니를 비섯서요? 엿새만잇스면 그이에지내는祭事날이되지요。그에게祝賀狀을써야되겟슴

다。그내는참 조흔신분이아니야요?

—나는그다지 그내를조와하지안어 나는당신아즈머니를! 그내는 언제가 거오참선사代身에 食後

에묵은봄봉을내게주엇서요。참선사라면 입분지갑이나 貯金통에너흘적은돈몃입이라도 되여야할것인데。

그내는늙으섯고 오! 쌜찌니 쌕씨리의소래가들녀? 포을氏 그것이올치못합니다。언제나 그내와잘사랑하며 쏘그내를잘대접해야됩니다。

—참그럿라。오! 쌜찌니 亦얼마간에 財物을남겨줄것갓흐니요……

——포을氏。단우리둘만잇슬때에엔 서로너나르고말하는것을注意하여주어。

——이거보아 우리는結婚하게될러인데 무어! 쏘내가注意도하지。그러나저쐐쐐리는을마나조흔지

——얼마나純潔한 銀갓흔록소래이냐!

——넥 조와요。그래도 그게잠을妨害해。오날저녁은 매우穩靜합니다。달은 銀빗이오 참아릅다워。

——내가당신이詩를즐거하는것을。잘알지 앨쎴니。

——넥 詩를조와합니다……전쏘퍽아노를배흡니다。

——學校서 당신게말할고후詩를 모다배웟서。져어 보알로——는 거의다의인다 나願하면 우리結

婚한뒤 자조쉬플로가자구 응?

——가고말고요。포을氏! 게다가 어머니쎄서農園이부든적은쇠끌징을 持參金록으로내게주시겟지우

리 자조그곳으로 여름나려간시다。쏘萬一될수만잇스면 農園도亦얼마간돈이生기지요

——아! 매우조아。그리고 쇠끌서는都會보다 돈을다 조젹재가지고도살수가잇서。父母네가그럿라고

말하든걸 나는사랑을조와하니 쏘만혼禽獸를잡을레다。사냥으로 亦얼마간의돈이經濟되지!

——그리고—— 시골이지요 포을氏! 그래나누詩的인졍을모다사랑합니다!

——우에서 소리가난닥。에잉?

——쉬스! 나 쏘을나가야돼요。파니네婦人이 쌔신겨입니다 쏘맛나요。포을氏。

——빌지낙 엇새만잇스면 당신은 아즈머니내가겟지요?……晚餐여? ……나도亦 쌔저낙온것만 아

버지쎄들키면 근심이야。그는그만도를주지안을레다。

——당신의손을 어서。

내가 接吻의天國音響을 깃버듯고잇든동안 두天使는 도망해사러졋다。 廢墟에뒤쩌러진反響은 漠

然히뒤뇌고잇섯다。「……돈! 얼마간의돈!」

——오靑春 人生의봄! 아해들아 너희들悦惚안에 幸福이잇스라! 그래서너희魂은 못파가치單純하

다 쏘너희말은 이처음密會와 거의갓흔녯記憶을興起하며 지나가는손에 부드러운눈물을흘니게한다!

—— Contes cruels 에서 ——

Two Poems in Prose
Love And Death

The mother drows asid the veil lets her child into the world, and perishes.

The husband fights for his wife and child, guards their memory in his heart, loves and,—die

The miser, who has no children, hoards his gold starves his body; and dies for his love.

And it is for love that Death wanders over the hills to meet each lonely travellr.

The Sorrows of One, Cursed Witn Immortality on Earth

I joined the pleasure-seekers who seemed ever longing for new experience, and asked them why they revelled thus.

They said it was best to see and hear all they could,—while there was time.

(Time alas! what is that to me?)

I mingled with workers painting pictures and writing great books.

"Why do you work so fast?" I cried. They answred:

"Becouse Night cometh wherein no man may work?"

(Ah! Blessed Niht, whose dews will never wash my brow and cool this tortured soul!)

I passed a host of men raising great monuments, destroying old ones and building new.

"Why do you thus?" I asked.

"So that we may be ever remembered," they replied,

(Remembered! If I could only be forgotten!)

Then I sought out the lovers, silently forgetting Time.

"Why do you love thus?" I askcd.

—(109)—

가 을 노 래 (外四篇)

포-ㄹ·뗄레-느 作
異河潤 譯

가 을 노 래

가을날
빼-오롱의
기나운울음은
單調러운
애닯흠에
가삼을피롭히노나。

鍾소래들닐째
가삼은질니고
희프른낫빗혜
울음을운다
지나간날의

넷記憶새로워……。

그래서이나는
사나운바람에
불너여다니는
落葉도가치
여긔오쪄저긔로
쩌돌고잇다。

내가슴속에는눈물이퍼붓네

거리우에 고요히 비눈나린다。

(알뮬●럼보ー)

거리우에 비가나리는것가치
내가삼속에는 눈물이퍼붓네。
가삼깁히잠겨잇는 이내설음은
이내설음은 무엇일가나。

• •

쌍우에도 집웅우에도
오 고혼빗소래여ー
고닯흔마음인내
오 퍼붓는비의노래여ー

시달닌이마음속에
싸닭업시 눈물흘은다。

그는逆情도아닌데
이哀傷은싸닭이업고나。

이는理由모르는
가장쓰린苦痛이어니。

사랑도업고 미움도업시
이리도피로운가 이내가삼은。

가이업는검은잠은

검은잠은 가이업시
내목슬우에 써러저。

자거라 모든希望은!
자거라 모든嫉妬는!

나는임이 記憶을일허
아모것도 뵈지안는다。

惡이나 쏘善이나……
오 애닯흔이 生涯여!

나는 한搖籃갓하여
무덤구헐에 달린것
고르게 뉘는이흔들어준다。
고요히! 잠々히!

흰 달

흰달빗이
숩플에비최여。
가지마다서
소래가나온다。
욱어진입밋혜……

오 사탕하는님이여!

못물은反射한다。
깁흔거울도가치
식검은버들의
실우에로를
쏘바람은울고……

우리는 夢想할새다。

넓고쓰부드러운
慰安이
蒼穹에서
너려옴갓다。
무지개빗나는

별……이는美妙한쌔다。

안개어리운냇가에나무그림자는

나무가지웃혜넙히안톤때쇼리는　혼자그곳을보고　벗물에쩌러지중토빗것다。
그는학나무쏙혜잇스면서도　색힝가두려워한당。

──시라노ㅡ드ㅡ빌즈랔──

안개어리운냇가에나무그림자는
煙氣와도가치사러지노나
그려나이째　大氣속한가지새에
들비닭이는울음을운다。

오ー길손이여　蒼白한이景色은
그대를얼마나蒼白히비최려는가
그리고놉흔넙에애닯히눈물흘니는
물에싸진그대의希望은ー

惡魔 (外五篇)

푸ー쉬킨 作

李瑄根 譯

惡魔

구름은다라가고 구름은휘돈다。

그뒤로서蒼白한달빗이

날니는눈보래에얼는〜빗나고、

하눌도어두으며 밤도어두웟다。

간다ー 셸매에태워저벌판우흐로

적은방울이울닌다! 딴ー 딴ー 딴……

늘내엿다! 아지못할무엇에 늘내이엿다

희미한끌나라한부판에서、

×　　×　　×

「썰매군ー 쌜니가」「못갑니다ー 영감」

말(馬)도못갈줄을안것이다。

눈보래 눈을가리고 갈수는업다。

길은발서눈으로파뭇첫다

못살게군다! 우리를、 헤매도所用업다ー

엇지나할고 길은차즐수업다。
이것이惡魔의造化이다 를님업시
우리를핑글〳〵돌니고잇는것은。

× × ×

보아라! 저기서惡魔가作亂친다
쑥바로나에게휩쓰러붓치며침뱃는다
그가뭇수몰고간다! 구렁헝이로
밋처날쒸는말을모라……。

× ×

저기前에업든『쌔로스라』갓치
그는쑥바로내눈압헤서잇다
그는적은별불갓치 반작어리고
어둠속으로사라저간다。

× ×

구름은달나라가고 구름은휘돈다
그뒤로서蒼白한달빗이
날니는눈보래에얼는〳〵빗나고
하눌도어두으며밤도어두웟다。
우리는멀니헤매여 氣盡하얏다。

방울소래도 갑작이굿처버리고
말좃차 멈추엇다……。『――돌가운데누구이냐?』

『영감, 누가 암닛가? 나무등걸이나즘생이지요』

×　　×　　×

눈보래! 웃하고 눈보래부르짓는다。
말은범새맛고 무서워흐르렁거린다。
머―ㄴ저곳에 그는作亂치고
그의눈은어둠속에밝게도라올는다

말은압호로내쒸며 헐덕어린다
방울이울닌다―단!―단!……
보하라! 惡魔의무리가합세몰녀
찐―안눈벌판한가운대뭉치여잇다。

×　　×　　×

幽靈가리수업는惡魔의무리
그득한달빗이　노니는속에――
온갓形容의모―든惡魔가떠노닌다
날나써러지는것달나무닙가티……
그들의무리　그들은어되메로몰녀나가누?
애닯은어둠속悲哀는엇제일인가。
그들은색기惡魔를永葬합이냐?

그럿치 안으면 惡魔가魔女에게장가를드노?

×　　×　　×

구름은다라가고 구름은휘돈다
그뒤로서蒼白한달빗이
날니는눈보래에얼는〰 빗나고
하날어도두으며 밤도어두웟다
惡魔는압흐로다라가며 소리친다
가업시널고거츤른虛空으로……
그들이승냐들네고슬피부르지즐째
오! 나의가삼은쓰리게찌여지노냐。(끗)

(註)、베르·스타 ——Bepcтa—— 一露里標이다英語에서 milestone이라고하며、日語로「一里塚」이라고譯
한다、朝鮮말에適當한말이업기固有한그대로쓴것이다。아마似近한것으로「장승」일것이다。

『毒 나 무』(안쓰ㅣ르)

不毛地沙漠한가운데
뜨거운해빗나려쪼이는大地우에
여위인과수처럼「毒나무」가
외롭게서서沈黙을직히고잇습니다。

나는짐작해요

毒 나 무

曠野의自然이성난솜씨로나무를깍거
가지마다病드른綠色을주고
쑥리마다毒氣를씸어느은것이라고요

나무섭질을숨어서진물이흐르고
白晝의해빗에는쌀녀~
暗夜의그늘에는 어둡고천々히
나무ㅅ진毒液은 진해만감니다。

그곳싸지는 새라도길을모르고
그가티怪常한곳엔 호랑이도굴을안지여요
다만陰毒한희오리바람이부러돌아
濕癖의病毒을심술구지개휫쌕려훗칠뿐。

째맛치거문구름이나무우흘적서주면
독거운나무님은거기에취감겨
傷처지운나무가지로붓터
바로아래모래우헤毒이쩌러짐니다。

엇한暴君이 部下를보냇슴니다
이「毒나무」로붓러毒液을빌녀고……

불상한 奴隷는 착하게도 그곳에도

그리하야 다음날 毒液을 가저왓슴니다。

그는 그것을 가저오자마자 毒液에 걸니여

쓸쓸한 자리우헤 불상히 도 거구러젓나이다。

그리하야 呻吟하며 숨지엿지요

人情역고 無慈悲한 主人公의 발아래서

그러나 그는 깃버하얏나이다——그毒王은——

그는 毒液가운데 활촉을 잠갓슴니다。

毒잇는 힘은 四面八方으로 날녓슴니다

大地는 呻吟해오 송장우헤 송장을 싸하가며。

『구 름 장』

暴風에 흣허진

最後의 구름장!

새파란 하눌에

네 혼자 헤매노나

애닯은 그늘을

네 혼자 잇슬고

즐거운 이날에

녜혼자애태노나!

× × ×

조금前에녜가
온하눌을뒤덥허
부서운번개불이
너를들너싸앗고
異常한소래로
네가우루렁거리여
묵마른大地에
빗물을주지

× × ×

滿足이다、가버려라!
쩨는지내갓다!
大地가새로웟고
暴風은지내갓다!
바람은
간알핀나문닙을어로만지며
平和로운하눌노서
너를쏘처나바린다。(쏫)

「아 츰 해」

불그레한노을이
東天에덥히고요
시내건너마을엔
햇불이써집니다。

×　×　×

간얄핀풀밧우혜
羊의무리잠쌔여요
돌언덕씻납새어......
이슬이구름니다......

×　×　×

썰ー얀안개는
구름쏙으로흘너가구요
집오리　쎄를지여
풀밧으로　몰녀가네요

×　×　×　×

잠쌔인人間들은

×

돌판으로밧비가고
해가쩍오름니다
大地는깃버뛰여요。(꽃)

「暴　風」

暴風은
침々한하늘을
답히나바리고

회소리바람
눈보래를
힘쓰러감니당。

그는
부르지저요
野獸와가티……

그는
움니다
어린애처럼……

흐너진
집웅을
숫처지내며

부거럽시
검불을
부스러거리고

삿치—
길저문……

나그네처럼
우리의
창문을
두드립니다。(쑷)

「배」

푸른하날엔
별님이반작어리고
푸른바다엔
물결이나붓깁니다。

바람은바다가로
건어려지내가며
조고만배를
부러서보냅니다。

바람에배부른
돗에뜯니워
물결우흘
스사로다라나

險惡한슮염흘
도라도들고
크나큰都市를
지내도감니다。

浦口로서
울니는大砲소리는
가는배를
멈추라ー號令합니다。(쑷)

돌판으로밧비가고
해가떠오름니다
大地는깃버뛰여요。(꽃)

「暴　風」

暴風은
침々한하눌을
덥히나바리고

회ㅅ리바람
눈보래를.
휩쓰러감니다。

그는
부르지저요
野獸와가티……

그는
움니다
어린애처럼……

흐너진
집웅을
숫처지내며

부저럼시
검불을
부스러거리고

삿치—
길저문……

　나그네처럼
우리의
　창문을
　두들깁니다。(쏫)

『배』

푸른하날엔
별님이반잔어리고
푸른바다엔
물결이나붓깁니다。
바람은바다가로
건어러지내가며
조고만배를
부러서보냅니다。
바람에배부른
돗에쏜니워
물결우흘
스사로다라나
陰惡한슘엽흘
도라도들고
크나큰都市를
지내도갑니다。
浦口로서
울니는大砲소리는
가는배를
멈추라ㅣ號令합니다。(쏫)

「나이팅게일」

(Nightingale은 英國서는 夜鶯이라 譯함 / 우는새로알리움 밤중에)

로버트●브릿지스作

너희들이차자드난 그山들은

오! 아름다우리라

너희들이 노래배우려오는

樹林이茂盛한山谷의 시내는

오ー 맑고 새솟하리라

그러르시 星影에 잠긴 森林이

참으로 어대 잇슬가?

오! 나는 그곳애 거닐고십다。

그 숫밧속에 그 新鮮한空氣속에

四時로피여 시들지안는 그 숫밧속에

아니 그러치못하리라 그山들은거츠럿스며

그山谷의시내물은 말녓스리라

우리들의노래는 우리들이꿈에 보는

渴겟의부르지즘이요 가삼의쓰라림이다

마음이憧憬하고思慕하는幻影의夢想

이루어볼수업는甚深한希望이란

아모리간직한노래의 韻律이라도

「眞 理」

—— 石 香 譯 ——

존·메이스피—ㄹ드作

아모리 길고 기—ㄴ 한숨일지라도
어이하든 이를 전할수는 업스리라
우리들의 엇더한 노래의 재간이라도

魂惚히듯는 人生의 귀에만은 소래놉게
우리들은 어두운밤의 秘密을 쓰다 놋는다
그리고 싹돗는 美麗한 별판 어린 나무가지들이
바람에엉키인 五月의숩으로부터
어둠의밤이 거두어 바릴째
우리들은 몸에나라로 사라진다。
째에수업시 만혼 그림의 合唱隊는
가추어 黎明의새벽을 반기는도다。

불붓는가삼속에 靈魂을 잠재워
人生은 숨(呼吸)쉬는 한쩨에
眞理의 버를지어 그안에
내靈을 싯고 노저어간다——
—— 죽엄을 싯고 노저어간다
죽엄은 眞理의 바다로 노저어간다
—— 죽엄은 眞理만을 남기고

—(126)—

美 靑春 勇猛을

贖物노써 깨아서가노라。

生命의거리의大路는 暗鬱하고
人間들은 중어리며 지나갈제
大海의湧泉은 呻吟한다
오 죽엄이여ㅣ 오 바다여! 오 潮水여!
晚鐘을울리며 바다는 呻吟한다
目標업시 빗도업시
靈魂은 호을노 쪄나간다ㅣ
ㅣ人間이모르는 바다로。

紫色의옷을 볏기우고
華麗한虛飾을 버리워저도
두려워마라 죽엄을지라도
眞理는 愛合이업스니
未人히별은쓰리라ㅣ
黃金의구슬가튼그별이
내가힘써지은 眞理의배는
밤이새이고 동트는새벽을보리라。

ㅣ石 香 譯ㅣ

「대 답 업 는 사 람 들」

월터·드·라·메어 作

「안에누구잇소?」하고 엇던 나그네는
月影에 잠긴문을 두다리며 차젓다

나그네를실고온말은 소리업시고요히

羊齒가茂盛한뜰에서 풀입새를뜻고섯슬제

조고만塔속으로 한마리 어린새가

나그네의 머리우를 슬치고 날너갓다

그는 다시문을 두다리며

「안에누구잇소?」하고 차젓다。

그러나 아모 대답도 들리지안는다

나무닙에덥핀窓문을열고

焦燥히기대리고섯는 나그네의얼골을보며

그가온뜻을 무르려는사람도업다

만은 寂寥한 이집안에사는

幻影의사람――

――대답업는사람들이

人間의세게로서 들려오는 소리를

月夜의靜謐을거처 엿드를뿐이다

쓸々하고 넓은마루에 달린

컴々한階段에쏘아드는 달빗속에서

幻影의사람들은　엿듯고섯다

외로운나그네의　부르짓는소래만이

夜氣를헤치며　들리울　뿐이다

나그네는　그리고　그의가슴에

周圍의怪異합과　幻人들의고요합이

그에말에, 微遙히대답　함을　늣겻다

쌔에　나그네의말(馬)은

星影으로　단장한입새속에서

芝草를　쓰드며　거닐고잇다

나그네는　급작히　고개를드러

소리놉게　두문을두다리며

「내가왓다고告하여라!

아모도대답업스니간다고告하여라!」

그러나幻人들은　말업시　서고잇다

비록　나그네의　一言半句가

靜寂한　이집의月影을　울코反響하여도

그것은　다시　나그네의귀로　도라갈뿐이다

나그네가　말등자에오르는소리를

幻人들은　엿드럿다

石璧우흐로　쇠으는　굽소리도드럿다

거둡처　울리는　말굽소리가　사러자바린째에

처음의寂寞합이　얼마나　고요히　神秘로히

다시금　그집을　에워쌋든가―

―石　香　譯―

追憶(알프레·드·뭇쎄)

壁 再 鼻 譯

너를또볼야하며 永遠히神聖한山川이어
나는울가하엿다。그보다 懊惱할것갓다。
오―가장親近하고도 가장忘却된
追憶이자고잇는墓地여!

이곳의寂寞에 동모여 무엇을근심하나
무어라고자내는 내손을잡고잇나?
이만치情답고오래되여온習慣이
내게 이길울갈처주는데?

여보라 이언덕 이못퐌히―스덥풀엔
소리업는노래우의 銀磐의발자옥
사랑에찬이山길에 情談이차오르
그내의광이 나를세안든곳。

여보라 이빗검은靑綠의 전나무새에
힘싸진屆曲의 이김혼山谷에
이런동모의自然 그옛날의속은거림은
幸福스럽든날의나를 아어달내며니

여보라 이나무숲에　나의 윈靑春의피가
이새쌔들가리　내발자옥소래에 노래한다
나의愛人이지나갓던情든곳이어　고혼沙漠이여
그대들은　나를기다리지안느냐?

아ー흘러가게하라　그는내게너머도貴엽다
아직도負傷한　이가슴이짜내는눈물을!
닥거주지마라　내눈섭우에노아두라
이過去의帳幕을!

나의幸福에証人인　이숩풀의反響에
所用업는哀惜을던지러　이곳에온전아니다。
靜寂한莊美의속에　이森林도쯜大치만
나의마음도도高慢하다。

親舊의墓압헤　설어안저　祈禱하는
이者는　쓰나쓴悲歎의속에쌔지래라。
모든것이이곳엔生氣잇다。墓地의쯧은
이곳엔　나지안는다。

보라! 이어두은그늘에　달은쩌오른다
네눈쌀은아직도셜린다　여엿본밤에女王이여

그러나 검々한地平에 네가벗어나오자
너는 벅차피여난다

비마저 아직도축々한 이써우에
네光明아래 날새외모든芳香이나듯이
그만치고요하게純潔하게 感動한내가슴에
옛날의내사랑은살어난다.

어써케되엿느냐 나의生涯의悲哀는?
나를늙게한모든것은 지금멀리써나가고
다만 親하야는이山谷만보고잇서도
나는 새로젊어저온다.

오ー째의힘세임이어! 오ー輕薄하든年代에
그대는우리의눈물 悲鳴
그러나哀憐이그대를막어 後悔를날느더라
그대는決코 褪色하는우리욋우에
밟고넘지안튼걸.

윈내마음이너를祝福한다 慰安주는親厚여ー
이러한傷處로서 그만치苦痛바들줄
나는밋지안엇다 그러고그傷痕이
늣겨가기 그리도달꼼하다는것을

멀리로물러나라　사랑도못한者들이
지나간사랑우에　펼처 노려오는
俗된苦痛이딸어오는屍布
實업는말이며　되지못한생각은！

•
단테여　왜너는　苦痛의날에　幸福스런
追憶보다더甚히可憐한것은업다고　말하엿나？
어쩌한悲哀가　너로서이쓰나쓴말을하게하엿느냐？
이不幸에對한侮辱을

光明이存在한다는것은　그러면　거짓말이며
쩨로선　밤도잇담을　이저버려야하느냐？
참으로너냐　永遠히숨허하는偉大한靈이여
참으로너드냐　이말을한것은？

아이다　그莊嚴이나를비최는　이純潔한炬火로서
誇張하는이冒瀆은　네가슴에서오지안는다
幸福스런追想이란　아마도이地上에선
幸福보다도　더참된것이다。

무어라고！倦怠가가고잇는　라고잇는
잿속에　불결을찻고잇스며　이불을잡고

그 우에 恍惚한눈살을固定하라는
不幸한者여!

그의靈魂이 이過去에싸저드를제
그가눈물흘리며 부서진거울우에夢想하면
그가잘못하엿다고 너는말한다。쓰고의
微弱한喜悅이란 무서운苦悶이라고!

•‥•‥•

너의쓰란소아쓰의게 너의榮光의天使세
그내는 自己액이하려고 永遠의接吻으로
잠간멈첫다도하는데 너는
이런말을 입에낼수잇더냐!

大體사람의思想이란 神이여! 무엇입닛가
아모도 疑心함이업는 아조確實하고 確的한
喜悅도업다고 苦痛도업다면 누가大體
언제나 眞理를사랑할수잇슴닛가?

어쩨케너는살고잇나? 異常한被造物이여
그대는웃는다 노래한다 큰거름으로거러간다。
蒼天과그美觀 世上과그汚醜는
그대를防害하지안는다。

그러나　이저진사랑의記憶을내는것에

遇然히　運命이그대를데려올째앤

발에락걸리는들작하나가　그대를멈치며

·그대의게煩惱를준다。

그째에그대는　人生은꿈이라고소리치며

잠째일째가티　그대는기지개를써보고

이럿케깃븐虛僞가　한瞬間밧게持續치안는다고

그대는　火症을내게된다。

不幸한者여!　그대의靈魂이　癲癎하는이瞬間은

이地上에서　그것이살고잇는　쇠사실을흔들엇다。

이消滅하는瞬間이　그대의全生命이엿다

그것을　앗가워억이지마라!

그대를　이地上에매여놋는　癲癎를미워하라

흙구덩이와　핏속에서의　그대의搖動과

그대의希望업는밤　光明업는낫

그곳에　虛無는잇다!

그러나　그대의차되찬學說에서무엇이나오든가?

이런無常한哀惜이　한울에무엇을要求하며

時間의한거름한거름에씨러　그대自身의癈墟우에

그대는무슨씨를뿌리며가는가?

그러라　참으로모든것은死滅한다　이世上은한움이며

途程우에서우리에오는僅少의幸福이란

우리가　이같대를손에잡어보자마자

바람이　그것을쎄앗어간다。

그러라　最初의接吻이란　그러라　最初의盟誓란

죽어갈두生命이　이地上에서交換한게지만

한나무밋헤서　씩걸이덥힌바윗돌우에

바람으로서　슬려가버렷다。

그들은　그들의一時的歡悅의証人으로서

어느째稔할지모르는·帳幕으로덥힌한울을들고

自體의光明이不變히自身을쓰더먹는

이름업는별들을세운다。

모도가그들에周圍에죽어가더라　새들은綠葉속에

꼿은그들의손바닥에　昆蟲은그들의발밋헤

쏘그들의이저진얼골에影像이섈리고잇던

泉水는말러저비렷더라

그리고·이모든殘骸우에　粘土의손을잡으며

快樂의 一時的光明에　陶醉하여

죽어감을보고잇는　不動의存在者눈을

그들은　避할줄로밋고잇더라?

狂恐여! 라고賢者는말한다。── 幸福한者여 ── 詩人을말한다

얼마나悲歎할사랑을　너는가슴에품고잇느냐

개천에물소리가다　네맘을흔들며　근심케한다하고

바람만부러와도　무서워진다하면?

나는　나무입새와　물의벽름보다도

다른物件이　太陽의아래凋落됨을보앗고

薔薇꽃香氣나　새들의노래보다도

다른더만혼것이　지어저감을보앗다。

· · ·

쮸리엣트가　그의墓窟에죽은것보다도

더쇠퇴된光景도　내눈은보아왓스며

黃泉의天使의게　로메오가가저온酒盃보다

더무서운일도겪거보앗다。

나는　永遠히第一貴한　내唯一의愛人이

그내自身　蒼白한憤墓로되엿슴을

우리와죽어잔사랑의씨걸만드고잇는

生命가진憤墓가된것을보앗다。

可憐한우리의사랑을 김허진한밤中에

우리의가슴우에 그리도달콤하게달개엿더니!

그는生命以上이엿싯다 아— 그것은

한宇宙엿섯지만 지어저가니!:

그러타 젊고도아직어엿브게 더고워젓다 고도말하겟슬

그내를나는보앗다 그내눈은 옛날파가티번적이더라

그의입술이석들려가면 微笑도생기며

말소리도나오더라

그러나 이목소리 이달픔한말소래는

내눈속에녹어지든 崇拜밧든눈짓은 발서업더라

내기슴은 아직도그내로가득차서 그내의얼골에헤매엿지만

발서 그내를찻지못하엿다。

나는 그럿태도 그쩨그내의게걸어가

이空虛의차되찬가슴을 내팔로세안고

「어쨋느나 靈魂업는者여 우리의過去는어쎄 노앗늬?」

라고 소리도처보앗슬만

나는못햇다 그는 眼識업는女子가

快樂의一時的光明에 陶醉하여
죽어감을보고잇는 不動의存在者눈을
그들은 避할줄로밋고잇더라?

狂恐여! 라고賢者는말한다。──幸福한者여! 詩人은말한다
얼마나悲歎할사랑을 너는가슴에품고잇느냐!
개천에물소리가다 네맘을흔들며 근심케한하고
바람만부러와도 무서워진다하면?

나는 나무입새와 물의벅큼보다도
다른物件이 太陽의아래凋落됨을보앗고
薔薇꽃香氣나 새들의노래보다도
다른더만혼것이 지어저감을보앗다。

쮜리엇트가 그의墓窟에죽은것보다도
더쓰린光景도 내눈은보아왓스며
黃泉의天使의게 로메오가가저온酒盃보다
너무서운일도겪거보앗다。

나는 永遠히第一貴한 내唯一의愛人이
그내自身 蒼白한憤蟇로되엿슴을
우리의죽어잔사랑의씌걸만뜨고잇는

生命이진憤墓가된것을보앗다.

可憐한우리의사랑을 깁허진한밤中에
우리의가슴우에 그리도달콤하게달개엿더니!
그는 生命以上이엿섯다 아― 그것은
한宇宙엿섯지만 지어저가―!!!

그러타 젊고도아직어엿브게 더고워젓다 고도말하겟슬
그내를나는보앗다 그내눈은 옛날과가티번적이더라
그의입술이색들려가면 微笑도생기며
말소리도나오더라

그러나 이목소리 이달픔한말소래는
내눈속에녹아지듯 崇拜밧든눈짓은 발서업더라
내가슴은 아직도그내로가득차서 그내의얼골에헤매엿지만
발서 그내를찻지못하엿다.

나는 그럿래도 그째그내의게걸어가
이空虛의차되찬가슴을 내팔로세안고
「어잿느냐 誠實업는者여 우리의過去는어째 노앗늬?」
라고 소리조처보앗슬만

나는못햇다 그는 眼識업는女子가

遇然히　그 목소리에　그눈을가진것갓헛다
그리고선　이싸늘한影像을　지나가게하엿다.
나는　한울만처다보며

그러치! 生氣도업는者의　우스며한作別은
참으로　진저리날悲慘이겟다
그러치! 그러면相關잇나? 오! 自然이여~오! 어머니
그럿타고　나는늘사랑하엿든가요?

벽탁이　지금　내머리에써러진대도
이追憶은　決코내게서섭혀지지안하리라!
暴風에　難破한　海員이나가티
나는이것에매여달린다.

田園엔곳쳐피엿든지　人類의偶像이란
어찌나될것인지　쏘　來日이되면
이넓은한울이　파못고잇는것을　쏘비최여줄려는지
나는알고저하지안는다.

다만나는말한다「이時刻에　이곳에서
어느날　나는사랑밧고　사랑하엿다　그대는어엿벗다
나는　이寶배를　不滅의내靈魂에싸두어
神의게　이것을가저간다.」

모 든 것 은 遊戲엿다 (外十篇)

케·에꼬·메이야

金 晉 燮 譯

이러한노래가운대眞摯한
目的을차자서는아니된다！
조고만한피로움 조고만한깃씀
이리하야 모든것은遊戲엿다。

더군다나 어쎼한얼굴을내가
조와하얏든가를 穿鑿하야서는아니된다。
노래에는 만혼눈이번젓거리고잇다。
이리하야 모든것은遊戲엿다。

設令한방울눈물이 슬그머니
조히우에쎠러젓다하야도
눈물은벌서 말나바렷다。
이리하야 모든것은遊戲엿다。

미 뇌 용

괴 ─ 테

憧憬을아는사람이오작
나의苦惱를안다。
모든즐거움에
호을로써러저서。

저편
蒼空을나는본다
아ー나를사랑하고　나를아는사람을
멀니잇다

내눈은얼미하고
肝腸은탄다。
憧憬을아는사람이오작
나의苦惱를안다!

不知火

코 핏 슈

오、오너라 愛人이여
내배(船)에!
밤은고요하고
바다는빗난다。

내배는搖動한다。
물결치는火海에
밀물은놀라고
내젓는곳에

사랑은불(火)이고
나는배다
오오 나를건저라
불꼿에잠기는몸을愛人이여

外的生活의 쌀라ー데

후ー고●호푸만슈타ー근

아、아모것도모르는兒孩들은 김흔눈을가지고
자라나서 자라나서는죽는다。
그리고어썬사람이라도 그길을밟는것이다。

단열매는쓴것으로되여、
밤에는죽은새와갓치써러저서、
멧철누운뒤에는 섹어버린다。

그리고바람은부러마지안는다우리들은
만혼말을듯고 말하야마지안는다。
그리고四肢의愉悅과疲困함을쌔닷는다。

街路는풀밧을涉獵하며 場所는、
여기도잇고거기도잇서 가득한炬火며樹木이며 못이며
威脅하는것 죽은거나가티말나쌔진것……

무엇싸문에 이런것을맨드랏슬가? 그리고
서로갓지아니하냐? 그리고해아릴수업시만흐
왜, 웃는것 우는것 그리고箚白함은變하느냐∴

이戱弄이무슨所用이랴?
모든것이우리에게무슨所用이냐? 그리고널부나널분
永遠히쓸々하게 彷徨하면서 무슨目的인을求할수업는

이한말로서 沈思과哀愁가쓰다진다.
그러나그러나 『저녁』이말하는것은無數하다.
이싸위것을만히본들무엇하랴?

비인蜂房의 무거워진물이나가리.

어떤 절믄 벗에게

이人生을 너머나 眞摯히생각치말나
실상그것은 普通作亂비슷한것일다……
그대가 그것을더좀잘알면

하인릿히로●이롤드

人生은더욱질거히 보히리라。

人生은大規模의戱曲이아니다。

그대가생각합과갓치—— 罪와罰의

人生은素人舞臺의우에

拙劣한道化劇일다。

그것은오롯이 그다지는걱정스럽잔흐리라。

恒常생각지안는다하면

萬一道化役者가自己를英傑이라고

萬一사람이잘演行하고

廢 園

恰似그것이 오날일이나가티

나는그것을생각한다……

紫色바다에

내작은배는 흔들거리고잇섯다。

나는風波와다투우면서

海邊을차젓다。

第 六 部

그리고 드디여 숨어씨 인類拜堂과

萬衆한 信仰을 ◯見하얏섯다。

漂 浪

아다·크리쓰렌

現代의 씨고더네르

荒廢한 사람들

人生의 浮浪者(바가뿐던)

그들은 힘쓰고

쏘찾는다ー

그러나 恒常어듬이업다!

즉다 십히 알는마암과

半熟한 智識을가진

외로운 兒孩들ー

그들은 恒常漂浪한다　더욱멀니。

겨든 大膽하나

속은 煩惱하야

이지하야드러붓는그사람의손으로

그들의등은 打開된다!。

困寢

너 어들의 가상에 울니 는 왼갓苦惱도
그다지 기리피롭지아니 하다 。
엷은옷의 겨울추위
눈(雪)가운대 맨발과 갓치

　·　·　·　·　·

너 이들의 心靈의 로만티익 크한 困苦로 다ー！
그다지 미운苦痛을 주지아니 한다 。
집 도업 고 밥 도업 고
돌우에자 는 것과가티。

池　邊

나 는너를 안다　어두운못이 여
한사람의 死人이고 요히 蒼白하야
너 의못가에누어잇 섯 다。
그날을나 는仔細히 알 고잇 다。
그제에恩民은무서워서말 업시
고 요히 너에게 갓 가히가서
迷信과怯懦와思慮의싸홈에

싸라두─쓰트라의노래

프리─드릿히·늬─췌

死人의압헤十字를언엇다。
어쎠한손이어엽쁜死體를
갈구리로쓰럿슬째에
野蠻한群衆은죽은女子를
벼락마질넌이라하얏다──
사랑스러이푸른얼골을
밤에멋번이나나는보왓다。
어두운時刻에어두운못이여
나는여러번너를생각하얏다。

오、오사람이여　드러라─
깁흔夜밤중이　무엇을말하는가?
『나는잣다　나는잣다──
깁은꿈에서나는쌔엿다──
世上은깁다
그리고더욱깁다　날이생각한것보다도
苦惱는깁다──

快樂—마음의煩悶보다 도깁다!
悲哀는말한다 업서서라! 하고
그러나 모—다快樂은永刦을바란다—
깁고깁흔永刦을바란다!」

길 에 서

야코뿌•유리우스•다빗뜨

나는엇던女子를아랏섯다。그네의이름은무엇이던가
나의記憶에서사라진이름을 누가아리
이저바린이름이다。내가아는것은오작
내가그네를사랑하고 抱擁하얏다는것이다。

내게서사라진女子 그것의노래를
이제, 밤바람이내귀에노래한다
길에서나는그네를이러바렷다
길에서나와가리잇던女子를……

노 래 三 曲

모—리•수마—렐렁크 異

河 潤 譯

셋재 노래.

그가상에 무엇이 들엇나하고
그들은 처적은 處女를죽엇다

첫재는 幸福에 찻섯다.
그리고 그의피가흐르는곳마다
三年을때 당싯이 노래릅헛고

둘재는 平和에 찻섯다.
그리고 그의피가흐르는곳마다
三年을어린羊섯이 색음질하고.

셋재는 不運에 찻섯다.
그리고그의 피가흐르는곳마다
三年을天使셋이 밤도아직헛고

다 섯 재 노래

그는말하려한다
(아달아、걱정이 노라)
그는말하려왓다
그가써나려함을……

내둥에는 불이켜젓다
(아달아、걱정이 노라)
내둥에는 불이켜젓다
나는갓가히갓다……

그첫재문압헤서는
(아달아、걱정이 노라)
그첫재문압헤서는
불샛은 썰니엇다……

그둘재문압헤서는
(아달아、걱정이 노라)
그둘재문압헤서는
그셋재문압헤서는
불샛은말하엿다……

그넷지문압헤서는
(아달아、걱정이 노라)
그넷지문압헤서는
(아달아 걱정이 노라)

그 셋재 문압해서는
그 빗은 사락것다……

열 둘 재 노 래

너는 등불을 컷구나
—오, 庭園의해여!
너는 등불을 컷구나
나는 틈새로 해를본다。
쓸쓸한덜은 열어주럼아。

—門쇠는 일러 섯다
기다리여야 긔다리여야
쇠는 塔속에 써러젓스니
긔다리여야 긔다리여야
오로지 다음을긔다리여야……

다른날 그문은 열닐터이며
누풀은 빗장을 직히고잇다
그는 門턱우에쇠이고잇는
落葉의 빗이라 노나

다른날은 임이 갓버렷노라。
다른날은 또한두려움노라
다른날은 또한 滅亡을하고
우리도亦是 이곳서 죽을러이지

哀戀歌　알베ー르•사맹

驢再鼻　譯

너를사랑하여—— 네게서 멀리쩌나도　固執스런내생각은
/사랑하는本能으로 사랑에되로쓸려와
네게로도라온다 네목 네눈 네가슴을둘러
狂熱한蝴蝶가티 쩌도러단인다。
네　女人박쥐안에 샛々들기에陶醉하여
하로終日 내靈魂에도라오지안코잇다……

너를사랑함으로 뜻에도업시 나는街路로나간다。
그곳엔 消滅한事緣의 追憶이쩨를며
거긔서 나는 쓰나쓴快樂에잠겨서
너의한部分이 아직 고요한大氣에남어잇슴을늣긴다。
아직 그곳을지나간 네香氣가남어잇서
무엇인지알수업는 네微笑를保有한것을呼吸한다。

내가슴은 아조 가을날의희미한아츰갓다。
快晴한날의太陽은 쩌나가고
부움하게 沈鬱한한을을것처

느리ー한 天使의光○이퍼저나오는……

내가슴은이러하다。아ー지나간날의저녁에가리

네가 네樂園의눈을 내눈속에처녀헛스면

너는 그곳에 아모딸사나윤것은못보고

다만 사랑이 다만 薄明의사랑이

蒼白하고희미하게 貴여운追憶우에누어

슬프게도 溫優한죽엄에醉하고잇슬을보앗스리랏。

哀戀歌　알베ー근●사맨

내心臟을鼓動식히는 무엇인지알수업시

너自體이엿든것을담은空氣를 쏘차저보고저

네치마자락이쒸날든追憶이써도든

네웃이슬처간꿋을 나는찻고잇다。

거귀서 눈은天張을보고 내가피우는

담배의蒼色煙氣는 천々히써돌어

아침의안개가티헤매일쌔 나는

녜微笑를 고읍던옛날의네微笑를쏘본다。

過去는 내 靈魂에 쓰을른다……그라고

靑苔한저 벽의속에 홀로夢想하는牧人가티

나는 씀싹안코 마음을한곳에모아

저아래 내가슴우에 가마니히

깁히가는暗影보다도더甘優히(일례면)

消滅한事緣의輕快한合唱團이 돌고잇슴을본다。

네追想은 珍重한遺物箱子나갓히

慇憂한사람의寶石이 그속에자고잇다

나는우러한저그것을열며 寶物이나보라는듯키

아직도暗影속에샌작이는 나의全過去를보고잇다―

深奧한反響파가티 사랑은내속에색리박엇다。

譴責은饒恕이며 怨恨은利己的이다。

내가슴호단말밧게는 네게아모말도안하겟다……

먼저진癸한송이 苦痛도優雅하여

다만 香내를피우며 죽어감가티。

疑 念

포ー르•제랄듸ー

너는말하엿다 「나는해종일
너를생각한다」고 .
그러나 너는나를생각합보다는
戀愛를생각하고잇다。

너는말하엿다 「녀를이저버릴수업는
눈물에잠긴내눈은
내가寢床에누엇슬째
오래 감겨지지안는다。」

그러나네마음은 陶醉하엿담보다는
더戱弄하고잇다。
너는입을생각함이안이라
더接吻을생각하고잇다。

너는煩惱하지안는다
우리의喜悅이진쌈우리의것임은
오래생각치안어도 너는안다。……

萬若내가선사람이엿드면
너는나를 힅석들사랑하엿겠늬?

掛 念

포―근•제말듸―

어린애가리 淸朗한 大氣가튼우슴으로

내가呼吸하고잇는 근심만흔그늘을

너는 攪亂식히고잇다。

나는 네우슴소래듯기를 질거하지안는다。

너는 너머세재웃는다。너머잘웃는다。

집안에서 夥多한健康과 夥多한光明을

네게뿌리고잇슬째

네自身은 그것에充足하리라。

나의安靜을爲하여서는

네가 悲歎하며 哀憐을엽며

아양을부리며 네自身을

아조조― 그맛케뵈여야한다。나는

네가 힘업스며 軟弱함을要求한다。

그러면바로 내가너를힅석들사랑한다。

그라고 내마음은힅석더。平靜하여진다。

瞑 想

포—ㄹ·제랄드—

그대는　먼저　偶然히
작탄가리　好奇心으로서
相對者의눈치에　可能性을
읽어본것으로　사랑한다。

그라고는　마음속의그속에서
서로깁히사랑하는것가리
누가그대를사랑하면　그대는그를사랑한다。
趣味의調合연고로。

그대들은　서로感謝하며　서로招待한다
些少한自己의不幸을　나노하가지라고。
바로習慣이되여
愛撫의言句가交換된다。

그대는　오래동안　잣혼일을말하엿슬째는
그것을생각치도안코　쓰말하여본다。
그째에는　아이구—　그대는사랑한다
그것을始作하엿다는緣由로

사 랑 의 詩　노아이으男爵夫人

내게서멀니써러저　悲哀에찬밤새

오날저녁　네가잠들쌔엔

꿈속에　나의팔우에

倦怠로무거워진　너의고흔목을지대노랑

네게귀치안은것은　내게던저다고

陰鬱한생각은　풀어헛처라

나는　얼일은이삭줏는女人가티

어두음속에서　그모든것을줏으리라

사랑에陶醉하여　薔薇니

百合이니　憶想이니를치여들며……

自 由 詩

胡 適

十一月二十四夜

老槐樹的影子
在月光的地上微晃
棗樹上還有幾乾葉
時時做出一種沒氣力的聲響。

西山的秋色幾回招我
不幸我被我的病拖住了。
現在他們說我快要好了
那幽艷的秋天早已過去了。

十一、二五、病作中

「求 婚」 (프레드로쥔니예)

—喜劇 一幕—
—禁無斷上演—

金　醞　譯
체　홉　作

露西亞의「쉑스피아」! 露西亞의 「모ー팟산」이라는ー안톤●체ー홉의藝術ー特히其中戲曲十餘篇은 가장 人生의寶玉이며ー 그의짤드막한人生記錄은 荒凉한별 猥群이橫行하는 거친「가시덤불」우에 한떨기 勿忘草다ー그럼트시 그는 自然한山泉의 소음과갓혼 「세로」의구러나리는 微妙한「라폼」과갓후 웃고 울어는 의로히「유모아」뿐이 아니요 그의짤르막한말의 「미원」속에는 가장意味深長深奧한「가장 협잇는ー 銳敏한그의觀察맛혀는ー참「우율」여 참우슬수머것다. ー비일듯하나 朦朧한그늘속에서 「세일날」의生의暗示를속삭인다ー이「체ー홉」의藝術을나는ー알고싶다 쏘한알게되엿슴을 깃버한다ー先히「체ー홉」의戲曲全調을 될수잇는 로 譯하겟다. 「체ー홉」의研究紹介는他機會로믿난다.

(A)

一、大路上ー(習作劇一幕物)
二、白鳥의노뢰ー(習作一幕物)
三、煙草害毒對하여(獨白劇一幕物)
四、쏠룹쑴ー으ー(一名●熊)ー(喜劇一幕)
五、이우바눕ー으(四幕)
六、森林의妖精(喜劇四幕)
七、말에업는 悲劇侎役(喜劇一幕)
八、結婚式ー(喜劇一幕)

(B)

九、記念하는 祭—(喜劇一幕)

一〇、살때기(쭈)—(喜劇四幕)

一一、伯父•ㅂ반•나(四幕劇)

一二、三人姊妹—(四幕劇)

一三、櫻桃園—(喜劇四幕)

一四、居作者의 紳士들(二幕物)

(以外 체크—喜死後遺稿中戱曲三編)

(註)

登場 人物

스테판•스테파노비—츠 추부콥으
——地主——

나타리야 스테파노브으나
)　　그의「딸」—二十五歲

이으반 으바시례비츠 로몹으
)
추부콥으의　親近　隣人　健全한 體格과　肥大한　筋肉美의　所有者　피　蹰躇性이만은사람—

「추부콥으」집 客室—

一 場

〔추부콥와 로몹으〕(燕尾服을입고 손에는 한 장갑을 세고 登場)

㫗

〔추부콥ー으〕。(마저드리먼서) 참 이거 누구나 햇드니만은ー이 으빤 으바시례비츠ー시보구면 반갑습니다 다 그러ー

...(握手)。그런데 참 용히 출입하섯는거료ー...그래 날새나 안령하시구?

〔로몹ー으〕。네 고맙습네다。당신세서두 그동안에 별일이나 업스시구요?

〔추부콥ー으〕。예ーㄱ저 하사냄 적으루 그렁저렁 살죠ー...『저그런셈이구느』자 어서ー...아 그런데 참 웨그리 용열하시우 하시길 그래 발셀두 안하시는법두잇소 그

래 한동리(洞里)사시면서 말을다안단이시려구 하시구 鳏寡두업스시우 전그려라구라두 참 이

재 원 幾이시우? 아주 가라채려스니! 燕尾服에 다 장갑을다세시구。어데 존데다 출입하시는

길이시우?...『저ーㄱ 런셈이구』

〔로몹ー으〕。원 천만에말

곤을 세여잡는다。〔스테판〕。당신세 한가지 간구할세잇서서 참 뵈러왓슴죠。전애부리 참 당신세 돌봐주섯스면하는 생각두 엄자나잇섯슴니다만은 늘 당신세서ー...그 말슴 사퍼드리자면...아 참 용서하시죠 제가지금퍽 신경이 흥분된샅닭에 〔스테판〕。

휴 희 루 란

〔추부콥ー으〕。저그 런셈이구느자 어서 거러 안즈시지。

려운길이죠。〔스테판〕。

〔스테파〕。노비ー츠。

〔추부콥ー으〕。뭐ーㄱ그러

시다면 이다지 燕尾服에 다 장갑까지 세시잔은 들 메라ー깻수? 그야 말루 正月초하로나날세 배스절이나 단이시듯키

〔로몹ー으〕。네에ー실 인즉다름아니오라 (主人

〔추부콥ー으〕。(흥정) 돈으르드릭소실먹신걸 돈은 피천한입 못줘!ー(로몹으에게) 그래 무슨말슴

〔163〕

이시죠?

〔로옵—으〕실이온…즉—순 다름아니오라 〔우으바좌이〕(敬愛하는——말의 실수—譯者)〔스

〔파—노비츠!〕……아……참 失禮을슴니다。——〔스테판〕。〔우으바좌엠므이츠〕——참 보시

테〕다 십히 神經이 極度로 흥분이돼서…… 그저 참 간단하게스럽 이저 말슴사루자면 당신 밧재

더 돌보실이가 업는일이을시다 그야勿論 서로말하면 아모 갑세업는……놈일뿐더러 당신갓흔

어른에게 도와주십시사할 엽체두업슴니다마는……

〔추부콥—으〕아 그런 선사엣말슴은 그만두시구 이제그만 사실야기를 좀 하시지?!그래?!

〔로옵—으〕여—예 이제 곳 말슴사루지요! 뭐 실인족—순—다름아니라 댁 써님 나라리야를제

콱루 드리구십흔 뜻으로……。

〔로옵—으〕(반겨하는빗으로)아 참 뭐라하섯지?…… 〔이으반•으바시례비—츠〕! 자 한번만 다시

말슴해주시지?! 이늘근제 그만 쓱쓱히 듯질못해놔서!

〔추부콥—으〕。다름아니라 저는 덕 써님을……

〔로옵—으〕。(채 말하기前에)아 저역참 열마나 조은지모르겟소그러……저 라는셈이구 참 내 그

럴쑬아랏단마랴(부벼안고 키—쓰한다)저두 별—서 부터 늘 그래주섯스면—하는期待두 인다나

잇섯구 그분더러 多年間가젓든 宿望이지요。(感激에서눈물흘닌다)쏘한편으로 생각한다면 참

당신을 내親子息이나 肉身모양으로 덜써라 찰서라 이준날이업시 늘—그—으 愛着을가젓지요

오? 참 사람생전에 소원이니 이저 夫婦 義쑵게和合해서 지내주시는게면 오작이나 죳켓소。

건그러커니와 이늠는게 웨이리 말쑥 모양으로 엇빼진것처럼서잇서? 허참 너머치나커 조와나

서「기」가다 내려안젓나—참 기가 한즈문한모양이야! 아—그럿치 이저 〔나라리야〕를 불러

와야 할쎄로구· 라는셈이구

〔로옵—으〕。(狂喜하는빗으로)스레판。〔스레파노비—츠—참〕 당신생각에는 엇써시지요? 참 써님승낙

을 바들수잇슬세요?

「추부콤ー으」。 웬ーー그런말슴을다 당신갓흔好丈夫를 슬레서야 될셴이나 하겟수ー비슥자ー는 말슴
을낭 이저마시우! 뭐 보자나 본듯해 암캥이(猫)모양으로 반해잇슬렌데요ーー그러우!?라는
셈이구 자 그러면 잠ー간만! (退塲)

二　塲

로롭ー으(獨白)

으으으으스 취......試驗이나 보는듯 십흔지 온몸이 으시시시한게 사네발쌍이다 킹기네。뭐시
뭐시해두 한번맘먹은대루 딱 결선을 내는게 上策인걸 世上 歲月이가는줄은모르구 구질구질
하게 理想이니 참사탕을 찻느니 하구는 생겨먹은자는 問答에다。討論으로 우물수물하다가는 바
른대루 말 이지 장가라고는 평생 못갈게야 으르르릇ー앳ー취ー 으시시시......。사실 [나라
리야] 로말하면은。살림사리 잘하는 솜씨것다。인물두 밉지안은 處女아씨구 쓰 敎育도 相當
히남파가처녀잿구ー 뭐 이런 자리니 게서더 바랄게잇나 어듸ー무엔지 나야말루 神經이 잔
득흥분이 됏드니만。벌서 어니롬에 귀가 쓰 왕ー왕 울기시작하는걸。(물을마신다)。사실인즉
순 장가를 안갈야구 고집두 필수업는形便이란마라ー......그야 첫재 내 年歲로말하드래도
壯年으로 三十五歲구 이르되 人生의 가장危機니 그러쿠ー 을재로는。이저 規律이잇고。端正한生
活하랴는게 쓰亦 그러차늘수업슨形便이니씨! 이 뭐시 이놈에 心臟肥大症인가 뭣가가쓰
서서 가슴은 썩싹거리는데다ー경울철 배안엣 병으루 쏠드락이가되구。感情만사라나서 밤낫
것자는 일에두 興을이되구야 단이란마라 이제 금상지난일만하드래두 것와 밋두곳두업시 입설이
프들ー썰이구 바른편눈서죽은 노상 혹기색기나 깔루거리듯키 파들파들ー하는걸......건그러
다구라두 난 제일무서운게 쑴이야。寢床에 이제눠서는 잠에취할락말락 아슴프르하게 눈이감

길쭉만되면 갑작히 무에 엽결창을 째저라하구 차넹기거든。그나 그분인가 머리루 억개를막

우진마넹기지 쓰개다。개야말루 밋천놈 모양으루 벌쩍이러나서는 얼마동안을 왓다갓

다 하다가 멈칠만해서 다시눕는수밧게 윙—걸 눠서 참이 쓰 들락말락하면은 어느틈에 엽

결창을 쓰차넹긴단카랴。이모양으루하는게 히루밤새 스무번씩이니 사람이 남아살수가잇서야지

三　場

〔나라리야〕·와·〔로믑〕으

〔나라리야〕애고 호호 난 누구시라구 당신인군요오 어서오서요 계다 아버지는『저게客室에나가

〔로믑〕으예 참 아령하십니싸? 아유—아주이러시겟지 참 잘오섯슴니다。이으반 으〔바시래비츠〕』

〔나라리야〕。아 용서하서요 일하다나와서 동자치마를 그대루두루구나왓서요오。오늘 콩나루길 하

누락구 쎗는중이겟죠 그런데 웨그리 제집엘발낄두 안하섯지요? 자 거러안지세요……〔두리

다 거러안는다〕朝飯좀 안하시겟서요?

〔로믑〕—으아—니요 감사합니다만은 벌서하고왓습죠。

〔나라리야〕。로꽤코피시겟서요! 아성양 여기잇서요……아유—참 오늘은 엇쩌면이리 날두조와요

?—그래두 어제는 비두 그게. 무슨비겟지요 하루종—일 일순들두 일이라구는 손씃두못댓처

밧겟지。참 당신 乾草 얼마나 버섯지요? 참 저 는요 아유—엇쩔싸? 글세 제야기도좀

드르서오오 글세 옥심에 온—벌판엣 풀이탄풀은 한킴불두 생기잔쿠 다벼버렷답니다。그래 놋

킨 하구두 지금와서 생각하니。그만은게 다 썩으면 엇쩌나—하구—맘이 안뇌는개 속이다 언

씨나,와요 비는걸 좀 눈춰밧드면 오자이나 조왓겟서요 애고마너! 난— 엇썬심이서요? 참

그런줄을 몰랏드니 아유 燕尾服을다 입으시고는 엇쩌면 이런 희얀한일을 다하시네!—舞踊

會에 참석하시는길이서요? 그러치나두 참 요즈음은 당신 픽으나 홀웅해지섯는데와요......참웨 그리 호사하섯지요?

〔로몹ー으〕。(흥분되여서)실이인즉슨 〔나타리야〕 다름아니라 그런데참 제가 당신쎄 소원하는걸 임업서 드러주시기를 바람니다......勿論 당신이야。놀래실러구 오히려 憤怒하실터이지마는......웨

......저는......(傍白)...으으웃 춰라 으시시해 못참겟네!

〔나타리야〕。아 무순소원이시애요? (間)네?

〔로몹ー으〕。저는 될수잇는대로는 쌀게말슴드리랍니다。〔나타리야〕。스테파늬ー으나。당신두 아시다십히 참 저는 어릴째부러 댁 여러 어른들을 親密하게스리 참알지요 또 도라가신 제叔母夫婦되시는 이도ーー아시다십히 저는 財産相續을 바다슴죠만서두ーー늘 당신아버님쎄나 또 도라가신 당신어머님되시는 어른에게나 그저참으 서루 尊敬을 해오자낫슴니까? 〔로몹ー으〕가, 정파 〔추부콤ー오〕 가정으로 말슴한다면 사이가 너무 친밀하게 지내왓기쎄문에 날들이 일으기를 親戚關係라고씨지 안들합니까! 그뿐만이아니라 당신도 아시다십히 당신집 土地와 제 土地싸지 더구나 密接히 境界가 나눠잇지요。기억하서 게시겟슴니다마는。제쌍인 그 「쇠메스벌」(野原名)이쏘 망신집 白樺林하구 다잇잔슴니쌔웨?!

〔나타리야〕。말슴하시는중에 失禮을슴니다마는 당신은「내쇠메ㅅ벌」이라고 말슴하시니 말이지마는대체 게 당신네것이여요?

〔로몹ー으〕。예제것이고말고요。

〔나타리야〕。엇쩌면쏘 그런소릴다......하시겟ー네?! 「쇠맷벌」은우리해라람니다。

〔나타리야〕。엇쩌면쏘 그런소릴다......하시겟ー네?! 「쇠맷벌」은우리해라람니다。전 당신의 所有가아니여요?〔로몹ー으〕。〔나타리야。스테파늬ー으나〕ー

〔로몹ー으〕。원ーー천만엣말슴을다。제所有가아니여요?

〔나타리야〕。참 저는 첨듯는말슴인데요?! 엇째 게당신네게요ーー게?

〔로몹ー으〕。「엇째」라는소리도 참 첨드러보겟구려 저는요 네? 네당신녜白樺林과「태진연못」이라는

연못 새에 揳標서잇는 그『쇠멧벌』이야기람니다! 요—

〔나타리야〕。 예 그리코말고요……그러와요 그『벌』이 우리게람니다。

〔로팜—으〕。 아녜요 전 잘못생각이요 건 제해람니다。

〔나타리야〕。 당신 여보 조반안자섯서요? 〔이으반〕 으〔바시레비—츠〕! 대체 게 당신네것으로된 지가 오랫소?

〔로팜—으〕。 뭐 오랫는야구요? 거야 제가 記憶하기에는 쓸흘두업시 제게엿섯는데요!

〔나타리야〕。 예 올습니다 그러타고 하십시다 참失禮됏슴니다요!

〔로팜—으〕。 그야 書類에……文書갓흔걸 보와도 알깸니다 〔나타리야〕스〔테파놉—으나〕! 그『쇠멧벌』—판으로

〔나타리야〕 말슴한자면 그야 석눈썹가 쌈거리가되엿든건두 사실이지요。그러치만 지금와서야 제所有아니

〔로팜—으〕。 하늘아레치고 잇을듯십소? 도모지議論餘地가업는게란말이죠。사실로말슴하자면은 당

신의 아버지의祖父어른시절에 당신댁 農奴들이 우리—제 叔母님의祖父母어른에게『기와』를 궈도

렷드람니다。그래 그體罪로다는 地稅갓흔것은 바틀必要가업스니 맘대로 쓰라고 그대로 約四十年동

期限 無報酬로다 빌여주엇답니다。알고보면은。그래이저 당신먹 農奴들이 그런판을 無

안을 씻기때문에 그만 제물건쓰는모양으로 해버리고마탓소그려 그러든것이 形便이그러치못하

게되니까……

〔나타리야〕。 당진의 말슴은 全然업는말슴이애요! 우리집 하라버니나 曾祖父님까지라도 저이썅

이그연못까지 단것으로傳해내려왓는데요 그러니싸 『쇠멧벌』이우리게아녓섯소! 뭐 이러케싸

지쌘드름한노릇을 웨그리싸우시랄게잇서요? 아이구 망칙살스러! 기구두해!

〔나타리야〕。 하—니요 그럴理가업서요 당신이 절 조롱하시거나。놀이시랴는말슴임니다。……참엇써

〔로팜—으〕。 증그러시다면 土地文書라도 보여드리지요! 〔나타리야!〕

혀죽겟네!

면 그런 얼루당두 안은 말슴을! 별!서 이럭저럭 三百年이나 거이그生地를前有해왓는때 이

제와서「諸ㅡㄴ밤에 훗우生녀밀듯키」우리생이아니라구 성와를 댈쑤! 이으밤。으바시례빼:초ㅡ참

이런말슴하는게 그샤짓 失體을슴니다마는 응서하서오!ㅡ 그런말슴하는걸드르니「제귀가다。코우슴치는걸

요。제게는 그샤짓「쇠맷벌」조흔게 하상 무엇하는것임니까ㅡㅡ그샤짓벗풍엇처되지도안는게 깃

썻헙아 五町步밧게내엄고 강시래아 三百루ㅡ브리 밧게더안되자나。당신 自由니 말슴하시고십흔대로 말슴을하서두

그런생즘는 소리논전 드믈수연담나나。당신 自由니 얼루당두안은 음차

는 말슴을낭 임밧게내지마르세요 그것만은 전 참을수업서와요。

(론몹ㅡ으)。재반 소원이니 제말슴하는길 좀 드르시우! 참 참 진정이요! 압서도말슴드린바와

(나타리야)。『하라버지ㅡ」거나『할더니ㅡ」거나『자근어머니ㅡ」의 祖母님이 그이들에게 할마님에게「기와」를구어밧첫드랍

가치 당신의 아비님의 農奴들이 제叔母되는이의 體面上엄서시……

니다 그럼으로 해서 우리「자근어머니ㅡ」의 저는 아라지내자나와요 ……이러키

(나타리야)。 나저러커나

(론몹ㅡ으)。업ㅡ지 건 내所有요! 뭐 여러말업서요。

(나타리야)。아녀요 전우리게랍니다、당신이 제아모리 멧사흘식 燕尾服을 열다섯

겨을 입으섯드래두 건우리생이여요웨 저는오 당신네것으루 신세지기실수 그태두 내것 략문

이업서 샛서진시른걸요ㅡ 아무러한대두 우리겜니다。우리게여요! 얼마든지 당신말슴하시

교십흔대로 해볼터면 해ㅡ보시오그리!

(로롭ㅡ으)。제게는오ㅡㅡ난타리야! 그샤짓「쇠맷벌」갓흔건 애써갓고도 십지안담니다。그러치만서

驗슴다「건ㅡ 자라리ㅎ하니 그런소 ㅅ되「경우놋으는일을 하다녀요 그리고 쓰뭣 한말슴갓지마는

원항신다면당신게 드리기라도하지오ㅡ

(나타리야)。드리고 안드린다는건 내가할말슴입니다。진내현나싸요! 글서 아보긔생과한대도

운일이아냐요 (이으반―으바시레비비츠)……그래도우리들은 당신을 한洞里엣어른으로 둘도업는친
구로 아라오지안앗서요 昨年일만하드래도 우리도 액기고안쓰는 打殼器를당신쎄 빌여드리자낫
겟서요、그런덕택으로 우리는 썰다지나서서 十一月에야겨우 打作을하누랍슈하지아나겟서요、웨。그
런데도 좀생각해보십쇼 우리들을 집쯔씨 모양으로 당신이 예기는말이아서요。남에쌈을 누구
에게다 주고말고하시니 失禮을시다마는 전 한洞里사시는사이이여에 하실 일이아님닛가。바른대
로 절더러말슴하라면 그런일은 좀 센々스러운걸요……

(로몹―으)。당신하시는말슴을드르니 내가 바로橫領者나된것갓구려! 여보 이 애기싸 저는 남
에것 횡영해본적이라고는 난후로잇서서본일이업소 그런 생즙은 죄를씨랴는데는 아모개거나 용
서업소……(煌恕히 물병잇는 데불로가 물을마신다) 「쇠멧벌」은 내것이요!

(나타리야)。속이지마러요! 우리해여요。웨!

(로몹―으)。내해요!

(나타리야)。거짓말마러요。당신에게 를임업는証據라도쾌드릴러여요! 참 오늘도 『쇠멧벌』로 저
이일싼들 풀비러보내겟는걸요웨。

(로몹―으)。아뭐시라고요?

(나타리야)。오늘이야말로 쇠멧벌에 풀비러 보내겟다서요!웨?!

(로몹―으)。그럿타면 내 복을들어보내죠―

(나타리야)。헷소리마러요!

(로몹―으)。(가상을쥐여잡는다)쇠멧벌은내所有랍니다요。아라드리섯소? 내所有여요。

(나타리야)。참 평생소원이니 감추지마르시우― 그러케숭나실일이게시거든 당신댁 아룻묵에 가
하서요。팜을치시거나。성을열백번내시거나 하시고십혼대로하서도 이집에서는 좀 참으십쇼!

(로몹―으)。여보 「이처녀 애기씨님」이무서운 가슴아리症이업구。이 앵미판에 피줄만스지안아도 더

좀당신에게 애기할세 만앗겟소 (喊친다) 『쇠멧벌』은 내所有요!

(나타리야)。우리썽이여요ー

(로몹ー으)。내所有랍슈우ー)

(나타리야)。우리썽이랍슈우ー

(로몹ー으)。내所有여요ー

四 場

同處 (추부콥ー으) 登場

(추부콥ー으)。웨들이리여? 웨들이리 집이다써나가게 팜을치고야단들이야!?

(나타리야)。아『애비ー저 이어른에게 좀 잘아라듯도록 말해줘요 네! 음저『쇠멧벌』이 대체 누구네게지! 우리게여요 저어른네게애요?

(추부콥ー으)。(로몹ー으에게)이보 그쇠멧벌은 우리게요!

(로몹ー으)。원 천만에 스테판・스테파노비ー츠! 엇재게당신대 썽이란말이요ー이기를? 참 당신만은 일에『경우』를좀아라주시우! 그썽으로말하면 ーー제叔母어른의 祖母님이 당신의 祖父의農奴들에 재 地税도아무것도업시 自意로요 참 쓰게햇든게란말이죠 그럼으로해서 農奴들이그土地를 約四十年동안이나 그모양으로 써왓기쩨문에 이저그만 제것쓰는셈으로 돼쩌리고마랏자낫겟소!그 러든것이 形便이 그러치못하게되니싸ー……이저……

(추부콥ー으)。내 애기를좀드르시오……당신은 全然이즈신모양이란말야ー農奴들이 당신祖母에게 地税를내지안흔것으로 論하자면 『그쇠멧벌』이 그쌔맛침 문제써리가되여잇섯기쩨문에 그런게고……「저라는셈이고」……쏘 뭇수으로말한다하드랜도 어느릿친갠들 그썽이우리것이아니랄 넌석이어되잇느냐말야。그러나싸 당신인즉 地圖를 못보신모양이시구려!

(로미ᅳ으)。저는 그땅이제所有라는証據를 分明코보여드리지오!

(추부콥ᅵᅳ으)。証據라니 증거빌게잇소그래?

(로미ᅳ으)。예잇고말고요。보여드리죠!

(추부콥ᅵᅳ으)。에! 당신웨이리 팜을치시우ᅳ치길ᅳ팜친것으로 証據뵈라는셈이오!? 난당신물건에
쌔세기가실사와서그럿소! 그런일은무슨맛에! 원비숙자는 그야아
러캐서지된以上에야! 당신이구태여 그리싸우실란다면은 당신에게내주느니보다는 村農民들에게주
어쌔리고말겠소! 하사실이요!

(로미ᅳ으)。에ᅳ!?

(추부콥ᅵᅳ으)。이보, 權理가잇싸거나 업싸거나 건내가알일이요! 나는말일세 이사람아 자녀하는
그런말씨는도모지 生命으에! 나로말하면 자녀보다는 나히로말하드래도 곰이나되는사람이란말야
그러니 제ᅳ발 그런버릇업는말버릇으루 풍퉁쌋서말하지마라주시재어! ……「저…라는셈이고」……

(로미ᅳ으)。참 알수업문요! 대관절 당신이무슨權理루 남에財産을左之右之하시겠다오여?

(추부콥ᅵᅳ으)。아ᅳ니요。건 당신이 저를 白痴로여기시거나 嘲弄하시는겜니다。남에땅을自己해라고强
迫하고는
가아니요!

(추부콥ᅵᅳ으)。메라구? 자녀 이제금삼 한말이뭐야?

(나라리야)。애비! 이것봐 저 이제곳 물비라고 일순보내와요!

(추부콥ᅵᅳ으)。(로미ᅳ으에게)。금삼한말이잇지? 메탓서?

(나타리야)。『쇠멘벌』은 우리해만이들써! 좀웃싸지좀 해보구야말쎀요! 지긴워저 씨! 누구는뭐 살
문개대구리나갓슈데가?

(로미ᅳ으)。예 이제알날이다잇지! 난틀임업시 내땅이라는것을 証明할려 法廷에서할터야!

(추부콥ᅵᅳ으)。法廷에라구! 어 어서 재판거지지! 재판걸다쉰이시겠다! 자녀 섬언 뱃속은 내 다ᄃ

스테판·스테파노비ᅳ츠! 당신은 아무禮도업는 橫領者요!

제다가쏘 날더리 無理가업다는둥 사람갓혼말버릇을해보라는둥 전한洞里사는사이에 義

려다 보는개야! 자네가 엇쓰럿든지 재판이나이르킬機關가잇스면ㅡ하든 고심사두 다 안담녜! 이

거사! 엉터리임는넌석갓흐니라구! 간괴하게스리ㅡ……「라는셈이구」……자네 집 一家一統이 모두

訴訟發狂症이야 모두야!

(로몹ㅡ으). 제 집안모욕을랑 마라주시소! 우리 (로몹ㅡ으)집사람들은 모두 松竹가치곳은사람들뿐

이요뭐 당신집伯父모양으루公金橫領으루 法廷에붓들여단인 사람이 잇섯나 뷥되가?

(추부콤ㅡ으) 흥 (로몹ㅡ으)집 넌석들은 모두 독개이 精神病者들!

(나타리야) 네 모두애요 모두애요 노랑대구리가 흰ㅡ털이되두룩 모두ㅡ모두!……

(추부콤ㅡ으). 자네집 祖父녕감은 술독개비이구 둘재자근어머니는 그러치 이 나스타치야·막하이

룸ㅡ으)나는 建築技師 노릇하든넌석허구 「배마춰가지구」 생산이대구……라는…셈이구……

(로몹ㅡ으). 당신의 어머니는 씰구둔바리! (가슴을 웅켜잡는다) 아! 염명치가 쏘 쌔지는가브다

……머리를 쏘 진모구……아이구죽겟다……아물좀!

(추부콤ㅡ으). 자네아버니되든사람은 루전쑨여다 大食客!

(나타리야)「 게다 叔母라는 냥반은 세상에 둘두업는 힘구여와요!

(로몹ㅡ으). 아이구 왼편다리는 벗드러갈수두 업시되구……댁은 陰謀질잘하는 피수요!……아이

구가슴이야……모르는사람업시다아는게야 댁이 강번 選擧前에……아스눈에서 불이다 남다……

내帽子는어듸잇냐……

(나타리야). 엇쩌먼이리 卑怯할구! 汚慢하구 엇찌먼이리 드러웃구!

(추부콤ㅡ으) 네놈은怪惡한 表裏가不同한 奸飮스런놈이다 이넌석! 여지업시!

(로몹ㅡ으). 아아아아 이게 帽子내……아이구 가슴트짓지경이야……나가는문은 어댁요!? 어니컨

쪽이 문이야! 아 아스죽겟다。……넌석에 발이어럿나 돌이지를아니하에……

(문을向해것는다)

(추부콥—으)。(뒤서 써라스면서)다시는 두번다섯 내집에발드리저마라 넌석갓흐니—

(나타리야)。어서맘대루 裁判거러보시요! 좀 두구볼씰! 웨!

(로몹—으、비칠〜退場)

五場

(추부콥—으)。(나타리야)。

(나타리야)。

(추부콥—으)。(홍분. 왓다갓다것는다)。아—늘거죽을 넌석!

(나타리야)。엇써면그런 凶惡하구 몹슬넌석이든구!이저。제아모리 洞里아낙 더한맬산대두 밋키켜녕 對面두마러야겟서!

(추부콥—으)。아유— 엇써면 그런 怪物갓흔것두! 남에짱을 생판제혜라구 橫領을해먹수는 쓰무에못해서 썬々스럽게스리 남을모욕을하리 왓슬수!

(나타리야)。아유— 드러운놈갓흐니!어리석은놈!

(추부콥—으)。그밋치팡이갓흔놈! 쓰구두못보는 청명판이갓흐니! 게다 그래두장가를가보겟다구! 썬々스럽게 왓드란맛다! 흥 求婚!

(나타리야)。아 求婚은무슨求婚이죠?

(추부콥—으)。뭣 뭐니!네한데 장개들러왓드란다!

(나타리야)。아 求婚?… 내게여요? 아—ㅅ웨 첨부러 그러타구— 웨안헷서요?

(추부콥—으)。아 그래년석이 燕尾服을다입구 업든 맵시를다내구왓드란다。순대가되다만놈갓흐니!버숫것치 쌔々말라죽을년석갓흐니!

(나타리야)。아—내게 그 求婚을!? 아—(엽 安樂椅子에 쓰러진다)。그어른 대려다줘! 불러와! 불러와!아…아…아。어서 그어른 대려와요!

(추부콥—으)。 누구를 불러 오라는 셈이야?

(나타리야)。 어서 어서쌀이! 어서속히요 아——나죽겟서요오! 어서대려와요!
(히스테리—를이르킨다)

(추부콥—으)。 뭐엇젯다구?! 네가 중말 정신이잇니—업니? (머리를 싸쥔다)。 아——아 이놈에八字는 웨이리 기박한구! 그저「피스톨」루라두! 목이라두 매구죽어스면그저上策일 이놈의八字! 사람을 말여죽이는것두 푼수가잇지 아——아!

(나타리야)。 나는몰라! 나는몰라! 나죽겟서어어! 대려와요!

(추부콥—으)。 최!。자이제불러다드리마아—응。

(추부콥—으)。 (獨白)。 아이고 이일을 엇썰수! 썩썩거리지마려。(뛰여나군다)。

(나타리야)。 (뛰여드러온다)。이제곳온다 응 아가!……라는셈이구 오라를질! 우—후! 이젼 맥기는게니

(추부콥—으)。 그사내와 자작할심대라! 난이처 제—발이지모른다!

(나타리야)。 (呻吟)。대려와요오오……

(추부콥—으)。 아 이제곳온다구하자낫니 이거사 늘근쳐녀(處女)애비 노릇이 이러케기 가막혀서야 아—아! 그저맘대루라두한다면 목이라두싸럿만! 벌수업시 목이라두써구죽어버려 야지! 남을욱을배두 푼수가잇지——추태를부리구 내종에는 내쏫기싸지하구는 이년아!——더퍼 놋코 두말할것업시 다 네년의탓이다 네쩨뿐이야!

(나타리야)。 내탓은 무에내탓이여요 모두 아버니탓이지 이거사요!

(추부콥—으)。 아파파! 게다가 쏘 애비잘못이라네! 엇써먼 요거사—요! (문턱에 로롭—으드러순다)
자 이저 네맘대루해!

六 場

(나타리야)。(로몹—으)。

(로몹—으)。(失禮한모양으루亂步로登場)。아이구—가슴이야……발은 여지업시 痲痺가되구……

가슴 명치는 째는듯 달이구……

(나타리야)。참 사죄함니다 용서하세요 서루다 노영의탓이아녀요 이○반 으바시레비—초!……

저두 참 이제야 생각이나와요。쇠멧벌은 당신의所有인게 分明한데요!

(로몹—으)。아이구 이가슴찌는증이야……쇠멧벌은 내所有구말구요……두눈이다 사네발쏭을이르키에

(나타리야)。당신에거여요! 당신의 쇠멧벌이먼이르겟서요 다시더。!자 안저게서요!……(두리

안는다。……서루 誤解푸시지요!……

(로몹—으)。……저는 사람의義理와 경우를 차리자는게지……경우가重해서그러치 그싸짓 쌍조박갓혼

재—貴해서그런게아니우……

(나타리야)。예 엇저면참! 義理고말고요……참 이저 다른이야기하시지요 네!

(로몹—으)。그분이아니구 제게누 싹—証據가 잇는것아니요! 뭐 제叔母의祖母님이 당신의아

버니의 祖父님農奴들에게……

(나타리야)。네 글세 아러와요 그얘기는 이저 그만하십시다……(傍白)참 무얼 얘기할꼬……(로

몹—으에게)저—쉬 산양하시게되서요?

(로몹—으)。산닭산양가지요 나타리야 스데파—놉으나!

아참 그러치〈 당신두 드르섯겟지요!? 참 그런不幸이 또 어데잇겟소! 아시는 제 산양

개 우가다이가 썰룽바리가되자낫겟수!?

(나타리야)。아이그미나니! 가엽서라! 엇저다 그랫지요?

로몹—으。글세 그야—데 알수잇서요! 아만죽손 잘못하다 關節이통기거나 밋친개한테 물이거나

한게지요……(한숨쉰다)참 아시다십히 돈으루 이얘기할 개가아니엿죠 들뚜업든 개든이만운!

그 개살째　미로놉ㅡ으에게　百二十五「루ㅡ부리」나줬구려!

(나타리야)。　좀 더 주시구 사신것갔흔데요! 이으반。으바시례비ㅡ츠!

(로몹ㅡ으)。　그래두 제생각에는 오히려싼갑스루치는걸요! 참 개ㄴ죽순 비할데업시 쐬나는개지요

(나타리야)。　원 그래두 집에아버지는 우리 오트카라이를 아마 八拾五「루ㅡ부리」 밧게 더 안줬

는걸요! 그러만두 당시네 우가다이보다 멧倍나더 훌융한지모르겟서와요!

(로몹ㅡ으)。　오트카라이가 우가다이 보다 훌융하다구요? (웃는다)。 무슨소린지! 오트카다이가 우.

가다이보다낫다구!?

(나타리야)。　예 좃료말고요! 저 오트카라이는 나희는 멧살안되구 어린개니써 아직 산양개희는

업서두 고 몸맵씨라든지 몸쓰는게 날쎈것으루 봐두 으불찬네츠키ㅡ집에두 업슬텐데요。

(로몹ㅡ으)。　참 뭣한말슴갓슴니다 마는 나타리야 스테파ㅡ놉으나 당신은 아마 그개가 웃력이보.

다 아렛것럭이 싸른것을 이즈신모양인데요! 매양 그ㅡ웃력이 기드란개는 定해놋코 산양은못하

는법입쇼!

(나타리야)。　웃력이기러요? 아유 기구망칙두해라! 저는 첨듯는데요!

(로몹ㅡ으)。　예 전 제가아주 保證하죠 거야웃력이 아렛것보다 길다뿐일싸요 원!

(나타리야)。　그래 재보시기나 하섯수?

(로몹ㅡ으)。　아 재보다분이겟수! 그럿개는 산양 메기(捕獲物)를 쏘차 싸라스기까지는 쓸게지

마는 막 무러단기는데 당해서는 쓰지못할개란마리죠.......

(나타리야)。　그래두 우리 오트카라이는 첫재ㅡ改良種이여서 아주 統血種이구요 자프랴카이와 스

타메ㅡ즈카 색기라오 그러만두 당신의 점백이개야말루 무슨 미친 개색씨구가 부러서젔는지

種類두 알수업자나와요......젠다 늘거빠지구 쏘 썰룩바리는된데다 뚝 말라빠진 망아지갓후우

웨!?

（로몹―으）。 아닌게아니라 늘거쌔지기야 햇지요 그러치만 당신집 오트카라아이갓흔건 멧다섯마리를 갓다 밧천대두 내우가다이는주잔켓수……워 될쌘이나해볼말이라구!우가다이야 참 개답은 개니 말이라두하구집지만은 개것자는 당신집 개갓흔건 말하는 입이붓그러 말두못하겟소…… 당신집 오트카라이갓흔것은 허다못해 보잘것업는「산양개직이」라두 한마리씩은 다 가젓겟수! 그야말로 바른대로말이지 그런개는 쓰러내버리구도 남겟소。갑스루친다드래도 二拾五「카페이크면」은 훌융한갑시요!

（나타리야） 이보 이으반。으바시레비―츠! 당신이야말로 오늘싸레。무슨 쇠죽은구신이나 접햇수?「쇠멧벌」이 제해라는둥 오트카라이가 우가다이보다 못낫다는둥! 저는요 내맘먹은것과 억벌루가는사람이 제일 밉구 아니써워요! 글세 당신두 오트카라이가 그 민칭이갓흔 우가다이보다는 휠신 멋이百倍나 더 조흔것두 의려 말하는 나보다 잘알자나와요―웨! 그 웨그리 ㄱ字로만가시려우?

（로몹―으） 나타리야 스테파―놉으나! 당신이 나를 바루「장임」이나 白痴루나 쌉으시는모양이시그려 그래! 글세 이보 다는말구라두 한가지 당신네 사양개는 웃럭이 아랫럭보다 길다는것만좀 아르시라는게요!

（나타리야）。 건 업는말이여요! 그럴理가업서오!

（로몹―으） 길담니다 요!

（나타리야）、（賊친다） 안여요!

（로몹―으） 곰은웨이리치우―치시길! 예? 처녀아가씨!

（나타리야）。 웨 당신은 그런 얼루당에두안한 말을하시우! 하시기를‥? 누구는 숭나자나와요 웨! 뭐 당신녀 우가다이갓흔건 이저 죽여업세두 조을셈니다。 그셔워 개를 우리 오트카라이갓흔 대다 비교를 다하시려니싸……

(로웁—으)。失禮지마는 저는 이런 말닷틈은 더할수업소이다! ᄯ도가슴아리요!

(나타리야)。내참 앗가부터섀다탓지마는 이를테면 누구보다두 제—일 알술모르는 산양쑨은 누구보다두 제—일 써버려!

(로웁—으)。여보 쳐녀아가씨 제—발 소원이니 이저 그만 입다무시우!……아 心臟이 쎄질지경이다(괌천다)입다무러!

(나타리야)。다물진 누가다므러요! 우가다이보다 우리 오르카라이가百倍나 좃타기前에는 참을 수업서요! 다물기는 누가다무러요 씨!

(로웁—으)。百倍나 씨그럭이요! 그싀위개갓혼것은 쐭구러죽어라! 아—아 숨수븍이야!……눈이……억개가……

(나타리야)。당신에 반편갓혼개는 죽이기싸지 수구시리할필요두 업겟든데요! 그러차나도 벌서 다죽어단이는걸—뭐!

(로웁—으)。(윤다)。평생소원이니 제—발 다무러주시우! 난心臟이쎄질지경이요!

(나타리야)。다물긴 무에 다므는게애요!

七 場

(추부콥—으)。登場

(추부콥—으)。웨 들 ᄯ도 이태—이터길?

(나타리야)。아 애비! 참날 진정이니 바른대로 말슴해주어요! 어니집 산양개가 잘낫지? 우리 오르카라이여요 저이 우가다이여요 네?

(로웁—으)。스테판—스테파—노비츠! 참 진정 소원이요! 여러말하실것업시 딱한가지 대답만 해주시우! 당신집 오르카라이가 웃럭이 김니싸? 쌀드막합니싸? 어니편이요?

(추부쿱—은)。비록——그리타한들 그래 그러니 엇섯타는 사정이신구? 아주 큰게나·아라채린

거치담 그러기억든 무슨 반이나낫수 그래? 하여든 이러니 저러니 콩이니 팟이니해야 우

지선이 거만른선을 어더불수업네 이사람。……「저라는셈이구」。

(로쿱—은)응그려러치만 우리 우가다이가 조치안소? 바른대로 말슴하시요!

(추부쿱—은)。넉보 댁두 참 괜이:그리 흥분이돼서 그리서둘질말란마랴! 좀 沈着하시구드르시개

당신의 우가다이두 사실인즉슨 남브러할特點이만이잇지잇기야 누가업다나! 개ㄴ죽슨 새삿한맛

이뵈구 다리두 쌋쌋한게 쐬닥쐬닥하고 허리쎄가 쏘 탄론은하지그래。그러치마는 뭣한다면 가

리켜드리는껬네마는 그개는 싹속일수업는 두가지缺點이잇습지요—첫재는 늘거지첫구 둘재로는

그개 주둥이가 유달이 짤드람니다。

(로쿱—으)。아 失禮을시다마는…… 아이구 心臟이야……이저 한가지 事實을톱시다。워 당신우 기

억하시겟슴니다마는 그마루—시킨벌에서 내우우가다이는 伯爵집 라즈막하이와 거진 귀가달락

말락 버둥/~하개 쒁달엇는데는 당신집 오르카락이라는건 一露里나 뒤쩌러지지안앗섯소!

(추부쿱—으)。응 그야 伯爵집 산양개助手년석이 챗쑥으루 막우 쩌러뒤벗스니 그러치 이사람아!

(로쿱—으)。그야當然한일이죠 남에개들은 여우잼이루 불이낫게 쏫처가는데 당신의 오르카라이

라는건 난데업시 남에 羊에쎄를 가처귀니 그러차낫소!

(추부쿱—은)。그건 자네가 거짓말하는세야! ……여보시게 나야말루 感情만산사람일세! 엇던일이날

렌지 모르니 이제·그만 이런 쌈은가만두세! 남에 개를 거냥보진 부럽구 하니 뉘비치구

쎄리구……그짓들을하고는 모두 심정이 개만두 못한놈들갓흐니! 댁두어는째든 걸어드는날이

잇슬줄사시우 왜! 게다 아무개집 개든 우가다이보다 죳키만하면은·어느드세 이러니 저러니

무에엇젓씨니 지러니한다마랴……저라는셈이구。그래 행여나 모를줄아오? 내·댁은 치부쌍 첫

장에 적혀스니 좀 아라차리게!

（로몹─으）。홍 낸들 업는줄아시우? 내 다알구잇는게요 패니!

（추부콥─으）。나두다아라! （숭낸다 ......대판절 무에 아는게무에야! 알기를─!? 자네가!

（로몹。으）。아 가슴아리가...쏘 ......발은처는수두업게되구......아이구 이게야 죽을지경이지......

（나라리야）。（숭내낸다）。아이구 가슴아리야......홍 참 훌융법자한 산양쑨두 다보낏네!? 부엌「페

치카」（暖爐寢床）。우에나 길. 게 눕시구「라라칸」（昆蟲名）이나 쒜쓰리구. 눕실 八字신데。여우

써라단여볼. 아세. 판상이를엿는거료! 아세 쬬락싸나가 아니랍니다! 뭐─아이구─가슴아리야

아......요。

（추부콥─으）。참 엇쩌면 이런 양반이 쏘 게다 산양쑨이샤? 아이구 맙시다 댁은 가슴아리

쑹이나 웅켜쥐시구 댁은 아렛간에나 안좌게시는게 겨에미젓수? 말 戎裝우에서 기절（氣絶）을

해. 넘어질 치신에다가 뭐 산양쑨?! 게야 쏘 쑥지부러진 새마귀 색기라두 잡아나 봣스면

!? 뭣하지만─남에집 산양개 防害나치구 쌈이나하려단이는게 쟁써시니까 뭐! 나두 氣가

弱한사람일세 그런줄아시구. 이런쌈은 가만두세 좌우간 댁갓혼건 산양쑨되기는 틀여먹엇수!

（로몹─으）。그래 댁은 산양쑨이시우? 댁은 伯爵에게 아참이나해 발라마추구 奸怪한일이나 쑤

미러단이잔소?......뭐 하는게잇수그래? 아구心臟이 쏘 이......댁은 奸計者（피수）魁首!

（추부콥─으）。무에 웃째? 내가 奸計者? 魁首?（괌천다） 다므러!

（로몹으）。엑!'어린놈갓흐니 대구리피두 안마른게

（로몹─으）。九年메기 쥐! 눙구렁이 갓흐니!

（추부콥─으）。입좀 닥처므러 ......쏘 . 메라는날에는 풋병아리색기 죽이듯키 쒀죽여버릴터니! 입

（로몹─으）。홍 누구는 모르는줄나시우? 아가슴이야! ......댁은 제 마누라한테 늘......대가리가 묵

만세바스러가지구!

사발이 되두룩 매맛자낫수 그래? 발이 쓰……숭홍이……눈에서 불이다나에……卒倒하겟는걸!……

(추부콥ー으)。녀년석은 네집 종년한태 머맛스잔른?

(로몹ー으)。아아아 心臟이 쉬저는 아주로선모양이약!……내 억개쭉지두 쓰러젓다……내 억개죽지는 어

디루 다러낫서!? 의저는 아주 죽엇다(安樂椅子에쓰러진다)아 醫師!(失神)

(추부콥ー으)。젓비린내가 쏴락ノ〜나는 어린놈갓흐니。어린애가 건방지게스리!

(나타리야)。흥 산양쑨! 살문 개닥구리 가 다 大體痛哭을하실노릇일세! 말이라구는 경해두 김두

못쌔본쌀에다! (라버ー니에게)아 애비! 저이가 웨저럴가!? 아 애비ー좀 드려다봐요오 원!(소

리친다)。이으반으바시례비ー츠! 이이가 죽엇서요! 아유ー이일을 엇썰가! ?

(추부콥ー으)。엑ー아니 쒹워서! 슬이 다 끈칠지경일세……아이구 이거야 원ー사람이 속이상해서!……

(나타리야)。죽엇네!ー죽으섯서!(로몹ー으의 소매를 잡아흔든다)。이으반으바시례비ー츠!이으반으

바시례비ー츠 아이구 마니나……이일을 엇썰가! 아주 죽으섯네!(安樂椅子에쓰러진다)。아醫師

! 醫師불러주서요ー。(히스테리ー)

(추부콥ー으)。아 뭐라구? 아 웨 쏘이러니?

(나타리야)。(띄와)이 어른이 아주 죽어버럿서요! 아주죽엇서!……

(추부콥ー으)。웃째?? 누가 죽어。(로몹ー으를드려다본다)。응ー으 증말 죽엇네!ー아이쿠 하나님 제

ー발 마라주십시사! 물가저오나라!……아醫師를……(로몹ー으의 임에 물곱브를댄다)。자 어서

물마시게……안마시네……이저아주죽엇는걸……저라놈셈이구。이놈이야말루 八字가웨이리

不幸한구! 왜 내가 여짓썻르리 쌔죽지를못햇든구!?무얼바라구……?무에 못미더워 복이라두 씨

르질아혓든구! 칼다우ー어서 拳銃이라두 가저와……(로ー몹으。민긋밍긋 음지긴다)。아하……산

모양일세! 눈에서 불이다나에 ……엇째 안개가 다세구……자 어서……

(로몹ー으)。자 마시우! 물! 자……그러치……그러치……자 어서……

(로몹ー으)。눈에서 불이다나에 ……엇째 안개가 다세구……대판절 예가어되요?

（추부콥─으）。이보소 이저 잔소리말구 어서 結婚해쓱리개! 그리구 어서 어데 둔지 대리구갈곳

으루 어서가쎄리시개! 자 내쌀은 숭낙햇네─자 어서서 （쌀의 손과 로몹─으의 손을 마조잡힌다）。

내쌀을 숭낙이야······라는셈이구 자 祝福할러니 이저 제발내개는 판개말개! 종말소원일일세

（로몹─으）。웨! ? ······뭐요? ······（이러난다）뭐 뭐시라구요?

（추부콥─으）。내쌀은 이저 허락햇네! 자 자 어서 키─쓰하시개······그리구······체······아이

구 싱거워!

（나라리야）。어서 키─쓰하라니싸! 이사람아!

（로몹─으）。웨? 뭐요? （나라리야와 로몹─으 키─쓰한다）。아하이구 조와······그런데 失體올시다마는

그래 엇전셈이지요? 네? 아 예 예 알겟슴니다······이心臟이쏘 웨이린나······눈에서 불이 쏘 나구

저는 幸福임니다 나라리야!（손에키─쓰한다）다리가 째칠수가업스니······

（나라리야）。저두······저두 幸福임니다!

（추부콥─으）。아─아! 이저 무거운짐 버서놧다! 우─후!

（나라리야）。그러치만서두······지금만이라두 우가다이가 오르카라이 보다 못낫다구해주서요 네?!

（로몹─으）。천만에요 우리해가 좃치요!

（추부콥─으）。에─에 이저 달콤한 사랑쌈이로군! 샴판스코예!（酒名）가저온!

（로몹─으）。좃치요!

（나라리야）。낫빼요!

（추부콥─으）。좃치요!

（나라리야）。낫빼요!

（추부콥─으）。（두소리에 지지안으려고（팝친다）。샴판스코예! 참판!

── 幕내림 ──

未來派綜合劇 月光 (一幕)

伊太利·에훼·데·마리넷틔作

月光

非論理的交錯

彼。──얼마나 아람다운밤임닛가。 여긔걸안집시다……

彼女。──얼마나 상쾌한공긔가 살에대이는지요!

彼。──다만 우리둘이가 이뜰은뜰에잇서……무섭지는안슴닛가?

彼女。──아니요……아니요……당신과만한께 여긔잇슬수잇스면 이처롬깃븐일은업서요─

살지고 백큰놈。(엽헤잇는순길에서나와 둘이에게 갓가히가서 그들의겻 걸상에걸안는다。 물이 는 이놈이 눈에보이지안는사람갓치 그놈을보지안는다)─홍! 홍!(계집이말을할째는 제집을한 참바라본다。)

彼女。──바람이 잇지는안슴넷가?

살지고백큰놈。─홍! 홍!(사나히가 말을할째는 사나히를한참바라본다。)

彼。──바람은아닙니다。

彼女。──그러나 정말 이뜰에는 아모도잇지안켓슴넷가。

彼。——…… …… 센세 …… 물직히는이가잇슬뿐임니다。잠자코 훨신 겻헤와주시요 네……… 키쓰를식혀쥬…
그레。

살지고배큰놈。——홍! 홍!（달빗헤계종을본다。）이러나서 키쓰하고잇는 둘의압흐로 무엇을 집히
생각하면서 것다가 쓰걸안는다。）

彼女。——얼마나 상쾌한 꿍긔가 몸에대이는지요！

살지고배큰놈。——홍! 홍!

彼。——외 썸닛가? 무서워요。

彼女。——아니야요 한빈더키쓰해주세요 네!

살지고배큰놈。——（달빗헤게종을보고 이러나 걸상뒤세도라가서 처음부러잇새지 발가되지안코 처
음에는 제집의억제에 다음에는 사나히의억제어대이고 그리고는 고요히구석으로간다。）

彼女。——아々,

彼。——느저요

彼。——조곰 치워젓지요 네……

彼。——도라갈가요?

原作者註——「月光」의살지고배큰놈은 무슨象徵으로使用된것이아니요 여러가지感覺、即未來의
現實의恐怖、밤의寒氣와靜寂、二十年의生活의幻想等의非論理的綜合이다。

——（二〇〇頁에서續）——

——「幕」——

논싱그리운수자…아니다。엇더케쓰던 그것이原發音그것이면 關係치안타
가입지만 엄정난恨撰업는發音法을日課에서써想像하라할等 容恕못할것이만흠에는 아니말하고는못뱃이게한다。
金龍君이韓四亞作家의 閑한依를벳가지들어내벗스니 君게未安하나 여긔附記해두려고한다。
「도스토엡—으스키」를「도스토에브스키」든는「더스터이에뜨스」…로
「투루게넵」은「늘」「두루게닐이프」든든「터—제네쁘」등으로
「폴리키—」를「쓸키의요리사」或은「관가노안이嗘」로
「쉭—홈」을「제호」나「…호乄」…으로……하는等……各種多樣으로根撼가 余然업는發音을마마로지이번다고。

「포 오」 小傳 (Edgan Allan Poe)

一八〇九年生 兩親은俳優 祖先은愛蘭의出身이오 米國에것너와서 「펜실애―니아」州에 居住하엿다

五六歲될가 말가할째 父母는死亡하고 꼿「리치몬드」며 살고잇든 煙草商『존·알란』의 養子가되엿다.

一八一五年에 英國에써라가서 『라틴』語와 佛語를배우고 詩作을해보기도하엿다. 十二歲쩨에 도

로米國에와서 엇든古曲學校에入學하엿다. 그當時는比較的快活하엿스며 養父母의사랑을밧고잇섯다.

一八二六年부러家庭敎師의指導를바더 ……지니아大學에드러가 外國語에熱心하엿슴으로 放蕩驕慢해서

結局養父는中途退學을식혀商店에일보게하엿다. 그러나 그生活에滿足한性格이아니엿슴으로 翌年에는

「보쓰튼」에逃走하고 거기서詩作하다가― 『보쓰튼』이라는匿名으로 詩集出版을하엿다. 그러나 生活

困難으로變名하고志願兵이되엿다가養母가死亡하자 一時는「리치몬드」에와잇섯다.

一八三〇年에는 쏘다시 士官學校生活을하려고웨쓰트·포인드陸軍學校에드러갓다. 그째前 詩集을訂正해

서다시出版하엿다. 그러자 學校生活에실은기가드러 免職을당햇다. 그래서紐育市에와잇다가발티모어·

新聞社에入社도하고 學校敎師도되엿스나 養家의關係를끈흐서에 貧困에苦生하엿다.

一八三三年『발티모어土曜週報』의大懸賞募集에散文과詩가當選되엿다. 그째부러文學生活이濃厚해가서

新聞雜誌에寄稿하엿다. 一八三五年頃에는 『여사·우여―ㄴ·레태라릭·맷센저』의記者가되여 그째作品

은好評判이되엿다. 翌年에從妹되는十四歲少女『버―지니아』와結婚하고 『리치몬드』에와잇다가 쏘다시

有名한創作集『쏘는아라비아의이약이』을出版하엿지만 名聲은놉지안햇다. 原稿生活과雜誌

記者生活이 漸々실히저서 『米國語詩人及그詩』라는 詩講義도해보앗다. 一八四五年에 傑作詩『大鴉

를發表하고는 一時에名聲이놉핫지마는 一部에서는 大攻擊도잇섯고 『紐育文士라』는글파 엇든雜誌

記者의人身攻擊을바다 結局은訴訟에걸어二百二十五弗의損害賠償을得하엿다.

廉想涉氏作

금 반 지

글 벗 집 發行

結婚한當時에는　謹愼도하엿지만　飮酒와鴉片색욕을보고　貧困과衰弱에苦痛하는中　六年동안이나肺病으로呻吟하든妻가　一八四七年에死亡하고는　그이의物質生活과　精神生活은　闇黑에빠지게되엿다。섁가단에沒落함도　無理가아니엿다。

여러婦人들과戀愛한일이잇섯지만　『횟드만』이란夫人은　意外에親密하엿고　포ー는熱烈히사랑하엿다

그러나夫人은結婚할意思는업섯다는데　結婚하여야된다는말에엇지할줄을모르고　婦人은그다음에・전하는말이지만　毒을먹고自殺하엿다한다。그러나婦人은죽을쎄섇지　포ー를사랑하고잇섯다。

一八四九年에는　雜誌發刊周旋에奔忙하엿스나　詩作도不絕하엿고『鍾』은　가장好評이엿다。雜誌事件으로　『리치몬드』에갓드니　『횟드만』夫人의死報에接하고　잇지못할사랑에　以前戀愛동모『웰튼』夫人을맛나　그婦人과結婚하게되야　『올담』에가는途中에서死亡하엿다。그날은十月七日이다。

포―ㄹ 뻬르레―느 小傳

뻬르레―느(Paul Verlaine)는 一八四四年三月三十日에 metz서서 낫다。그리하야 여덟살먹던해에 巴里로나왓다。學校를마치고 會社에다니다 市應書記生으로잇슬째부터 그는그의天命인詩를쓰기始作하엿다。放浪、肉慾、惑溺으로지내든이詩人은 一八七三年에 그의벗인어린詩人람보―와 英吉利白耳義로旅行하든길에 同性愛에서 그만 一時的紛爭이잇서여 뻬르레―느가 發砲한인르 一年半이나熱鋼를當한일이 잇다。그째監獄에서서準備한 것이 有名한詩集『知慧』이다。그가出獄後『知慧』를出版한것이 一八八一年이다。

그는이詩集으로하여곰 名聲이자々하엿지마는 그어머니가八六年에 도라가시자 한層외墧敎信養이엇다。獨逸과이그의評을빌면――

포―ㄹ●뻬르레―느

發跪와孤獨과放浪과悲哀로 다시도라갓다。一八八六年 正月에 오래된病魔로困하야 그는 칼르街적은방안에서 最后를지엇다。복습이 웃철 쌔써지 그는몃篇의詩를쓰고잇섯다한다。그는 뜨란소아●콥페의말가치 인제껏 어린아해이엇다。그는 지 어린아해이엇다。그는 마음으로하나님세懺悔하는 밤새에지운罪를 잇혼날참

『그가創造한모든道義는 反作用의힘이다。卽 贏務그물걸이다。그는의 悲曛은그개한滯留하고 조흔境遇를지어내지못하엿기째문에 그것들은그創作여내는힘이잇섯고재문에 가음데잇서서赤裸々한 素朴한人生의神聖한美를發揮한것이다。이리하야 그는原始的忤情詩에成巧한것이

다○ ―純眞한 人肉性、素朴한 意識、敬虔、嬰兒갓흔 말씨 贊賞과 叱嘖의 말이 들어 讚詩에 成功한 것이다。 그
音響은 莊嚴한 形式을 가진 原始的 旋律이다。 마치매 마즌나해의 설은 울음소래 가치 쏘 길일흔 사람의 不安한 부
르지즘가치 或은 어두운 곳에 내 놋킨 寂々한 새의 可憐한 울음소래 가치 울닌다。

우리들이 이가지々안은 生覺을 가지고 잇다。 即 그는 우리 以上에 만흔 것과 쏘 不足한 것을 겸해 가젓다。 그는 無
쏘아나 둘로・ 쯔란스의 評을 별면 ―――「常識 잇는 사람을 批判함과 가치 이 詩人을 批判할 수는 업다。 그는

知○하다 ―――狂者이다。
안・드・레・지드의 말을 빌지 안어도 그는 非道義的이며 頹癈的이다。 말하자면 偉人이 못되고 一個 힘업는

凡・夫・이것다。
말랄메와 가치 十九世紀 데카당 詩人의 二機行으로 그야말로 象徵派란 天衣無縫의 긴임을 뵈엿다。
그의 詩句는 形體가 아니고 그림자엿다。 그의 願하는 것은 音樂과、 夢想과、 振動으로 된 詩 그것이엿다。
그의 마음속에 잇는 音樂이 아름다운 詩에 비최엿다。 그는 쏘 그의 特有한 詩學이 잇섯다。

이어 譯하는 Chanson d'automne(가을노래)는 「애닯흔 風景」안다 가장 有名한 것으로(배르레 ―
느를 읽는 者「가을노래」를 모르는 이가 업다。 L'ombre tredes arbes dans la rivière embrunce (안개어리은내가에
나무그림자는)와 Il pleure dans mon cœur 「내가 삼속에는 눈물이 펴 붓네」二篇우 「일허진小曲」의 셋재篇과
아홉재篇 un grand Sommeil noir「가이업는 검은잠은」은 知慧속冊의 셋재篇 、「la lune Blanche、흰달은」「조혼
노래」셋재篇이다。 五篇다 짤고도 쒸여난 詩이며 愛誦하는 名篇들이다。 더구나(흰달)은 그 生涯中 幸
福의 頂點이엇던 여름밤꿈가치 짤고 덧업는 結婚의 깃붐을 노래한 것이라 한다。 그 作品으로 詩集이 十五
六部、散文이 七八部가 잇다。 이 譯은 全部、(Charpentier版 F. coppée編인 Choix de poésies에 依한 것이
란 스의 붓숏이 얼마나 한 아이로니를 그에게 쓰고 글에 비최엿나? 多少라도 엿볼 수 잇다면 ··········
란스의 제스타스 쯔란스의 조혼 小說은 이 詩人을 諷刺하여 쓴 것이라 하니 한번읽고 그와 同時에 쯔
―附― 筆者의 譯

―――――（ 189 ）―――

文藝閑談

蓮　圃

白耳義詩人「모―리스마―텔링크」는 五六年前에 米國某會社의 招聘을밧어 講演을한일이잇는데 英語를滿足히하지못하기때문에 그講演은全혀 失敗로도라가고말엇다고한다 그래가講演中時間에對하야 會社의 契約을 損害賠償十萬弗의 訴訟을 當하엿섯다고 한것으로 어이엇다 는것이다. 「마―」氏辯明도 한번들을 만하엿지만 그後消息을알지못하니 招聘이라고 서을리 米國사흐나라에 가는것도 김히 生覺해볼일이다.

×　×　×

「타고―르」도 이會社講演旅行에 招聘밧엇스나 期待한만치成功치못하엿다고. 豫想外의 成功을한이는 英國小說家며戯曲家인「골스워―띄」一屑大成功이룬이는 四班牙小說家「이바네즈」라 그는 米國서出版된小說을 自己손에回收하엿다는것을 聲明하엿다. 그것을發見히엿다는것을 聲明하엿다. 구슴수 얼가나와한엿느? 何如튼范傑家是자랑할만한 部를 自己손에回收하엿다는데 그回收料가 大成功이다.

×　×　×

六千九百八十二弗의 巨額―
伊太利戯曲家로有名한「피란델로」는 至壽한多作家다. 戯曲뿐이아니라 短篇小說만

혀도 不知其數이다. 그는只今短篇物을「ㅡ「페이지」假想」이라題하야 全二十五卷에모흐는中이라는데 活字를갓득박아서한卷에 二百五「페이지」假想」하로한篇平均이란다. 발셔五卷이나왓다고한다. 그런데 作家는 무릭人物을죽이고 십허한다. 그저 그만흔 作品이거의各篇에서 꼭々가죽게된다고. 죽이고 십허하는作家. 作品에서나 사람을힘썻 막쑥여버리는모양.

×　×　×

十九世紀浪漫派作家로有名한「월러―스코트」의 文芸范集으로 世界에四敵者가업다고有名한英吉利小說家「웰플」氏는 桑港某州肆에서「스」氏가解題士「기브」순에게보낸 書簡筆의原稿들빗지 全部百五十「페이지」쯤되는分이이석물을 갓다노코 鑑賞하는것을 구슴것을發見히엿다는것을 聲明하엿다. 구슴수 얼가나와한엿느? 何如튼范傑家是자랑할만한 夫人은「룻소―」를보고 소래를놉혀

이日本어아닌지紹介되며잇다. 「바루―알라」에 一百五十二版의 表가석혓스니 그讀者를만히가지게된原因이어데잇슬지? 日本改造社版의 飜譯에는 削除한곳이만어 공연한애증을말니지만 原文(佛語)에는 그대로써잇다. 벌로신긔러운것도못되지만 日本當局에서創除當한곳이한번 잇다. 小說도數篇되고 如何튼黑人의 小說이 한번大出世. 라고말하는우리는?

×　×　×

「에밀로」「懺悔錄」「社會契約論」「孤獨한散步者의 夢想」等不朽의名作을내인「루쏘―」그는어려서 時計방雇傭사리를한 職工노릇도하엿다. 또放浪客이되기도하며 온갓書生을 다것치보앗다. 그가 某夫人宅에가잇슬때 하彄저녁 손이와서 여러가지飮食을버노코 쯓味잇는이약이로場內는相親한氣分이석물들어. 「루쏘―」도 어리신하엿지만 쯓味는이약 이를듯고 잇섯다. 막飮食을넉으려할즈음에 夫人은「룻소―」를보고 소래를놉혀

―어린애는 쩌리가자셔라!라고남으럿다. 하는수어시「루쏘―」는 一同에게次例로人事를하고 난後에 床우에엇는고괴접시를보고

小說「바투―알라」로 一千九百二十一年에「공우을質흐란黑人作家「로네 마랑」은 입

――그리 도 不安히 즈므심이오.

×　×　×

어에 此 客은 그의 傾斜를 賞嘆하며 이어진 少
年의게 맛ス는 飮食을만히
許諾하엿다고.

×　×　×

그가 이제 小說에 쓰랴든 架空의 女子이엿다.

벗을보자 곳 그가 삽시 달겨들어 설음에 못닐
어는듯이 흘적흘적울엇다! 이不幸한 女子란
홀수가 업다.

[유고]

「유고」와 「루루게삘」으가 하로로 談話
를하든中 偶然히「괴――헤」에の악이에의 띄쳣
「유고」는 當時佛蘭西作家의 自尊心에서
을問題로하지안엇기쌔문에 勿論「괴레」것이
라고 하엿술理가업다. 그러고서도 「괴레」의
作品에는섁어너게 이럿타할만한 傑作이업다
고告白한後.

×　×　×

―구테며 그의 傑作을들자면 爲先「와틴
유라인」쯤이겟지. 그러니 루루게삘으는
「괴레」나 「섕레르」나 누구나 現在까지어보내
지못하엿슬쩜 그들이무슨말을하며 엇던
「섕레」의것이오.하고한번집어서反問을컬
것을웃는가쉽겟다할만한 ㅇ하고 「유고는
激然히부르지짓다고한다.

「포은」 「클로――벨」이 現佛文壇의 驍將이더
또.크백만소」「에리오」「발로――ㄴ」이가이사야
名作을또내노앗다는것은 우리로서 한奇問의
씨또한부러우점이엇다. 前者는 說明할것업시
現駐日大使로 한國家의 責任을등지고잇
는外交官이다고 后二者는알충이 前佛蘭西首
相의地位를가지고 일홈이놉던그들이다仔
細한말은 後日에 그論機를엿보려는것이며 다
못政治家로서의 그들이 藝術家文學家로選色
이엄을수업더러. 홀륭한 그들의 筆法에 한번驚嘆
하야금 그論機를엿보려는것이며 다

×　×　×

一九二五年度「노――벨」文學賞이어「쇼오」게
로갓섯것은「쇼오」그보다 오히려「노――벨」賞
그自體의 榮譽잇는 履歷이랄수잇는것이다. 一般
으이이「쇼오」가「노――벨」賞에對하야엇더한
態度를取할가하는것 또는엇던態度를取한
안가하는것을 期待할생이다. 임으 그는「쮀이
안會協의 元老로坐戲曲家로서世界에일흠을
넙고놉다.

×　×　×

지난七月卄六日 英國勞働黨에서 擧行한
「나를文豪로치는것을 짐생할넌일이다. 社
會主義가사람으로의나를엔들어준것이오 나
는단지 한文學家만이아니다」라고論議한
―지 버――나드 쇼오」그그에게「노벨」賞이
授興되기로決定되엿다.

「웰스」「이바네즈」「라――ㄹ」等의 名家를
홀수가업다.

×　×　×

「소오」氏七十回誕生祝賀宴席上에서
質金을내게授與하랴든일을 英國과瑞
典의文化에對한 理解를一層增進하는모
ㅣ히히感謝의뜻을表하는바이다. 그러나 質金
十一萬八千瑞典「크로네――」은對하야서는 나
는萬히熱愛하기다른. 結果受領할것이아니나
고決定하엿슴으로 나는瑞典學士院에게 作品과

「뚤작크」가 낫에創作을할째면 밤의氣分
을가지기爲하랴야자리옷을입는다는것도
한이약이지만 뜨그는創作에熱中할쌔면 現
여 만흔讀者를가젓다. 이小說의出版元 巴里「필
립프 지브스」서瑞報한바에依하면
듬프 지브스」서瑞報한바에依하면
셔는. 이冊의 直接動機가되여
十一하엿다.

佛蘭西小說家이며同時에 「클랍쩨」運動의
首領으로 「一時를 맹풍랑」과의 論戰의으로
世上思想界로 유명섯지리든 有名
의作品「클랍쩨」는 이미
各國語版으로譯出되
의文化에對한
며 「안리 발뷰스」
의作品「클랍쩨」는이미

「一千二百二十九年度「노――벨」交學賞及同
賞金을내게授與하랴든일을 英國과瑞
典의文化에對한 理解를一層增進하는모
片紙에하엿스되 「一千二百二十九年度「노――벨」
그는「노――벨」質을拒絶하엿다
아니나가리

×　×　×

實과 砂幻과의 錯覺이매우 甚하엿다. 하로는
그의友人이來訪하엿는데 「뚤작크」는마침고
서쓰라던小說에對하야 熱心히 構想을하고그도
단바 비할데업시 熱烈한映흥를 잇는고로
氣가돗우며ㅇ혀 어히 보엇다 가만히 ㅈ려오는
×　×　×

他人의作品와를大分히 比較研究하기를 希望
게 授與하다는 英國과瑞典의 文化에 對한理解를
ㅇ히 熱心히 構想을하고 決定하였다. 나는 瑞
典學士院에ㅇㅅ 結果受領할것이아니나
는ㅇ 瑞典學士院에게 作品과
는바 비할데업시 어히보엇다 가만히ㅈ려오는것도

(191)

한닭!

賞金은이것을成立식혀여두고 每年여러
서나는收益으로써 瑞典及英國間의文學과美
術의理解發達을增進식히는 資料에供하기를
바란다」하니

× × ×

「메―츠」가「노―벨」賞을타러 前後하여 英
文壇은다음 候補로「토마스 하―듸」를推
選하는소래가높핫다.「쇼―」도 올에 七十이
된老人이지만 八十六歲의「하―듸」翁에 對하야는
同情을든단보내지안을수업다.

× × ×

「쇼오」이榮食主義者? 自稱立憲社會主義者
는「나는내 主義宣傳以外에文學쓴例가업
다」고말하는그의作品은 俠義의人生批評그
것이다. 哲學、議論、機智、思想의滋味잇는會
話이다. 그의作品과生涯에對하야도로히 會
話로한다함씨 다음號를뒤다리겟습으로
수잇는대로論說됨을避하지만은 序文的인그
는作品과갓흔分量의序文으로써 讀者를그作
品으로案內한다. 그는活動的인文學者이고
評論家이다. 그의作品은거의劇이다. 그리
고그人物은恒常「쇼오」自身을말하고잇다.

× × ×

「뜨랑스」말이 낫스나 말이지「뜨랑스」가「생
로노레」街에잇는 冊肆를뒤지는데 엇던貴婦
人이와서「先生님」하고「라이스」의作家인「뜨
오」의얼골을 信念에넘처서잇다. 「뜨
이文壇巨匠에게 謝辭를드러노왓당. 「뜨
는지독히賞讚어지녀 엇더케에이왓당
보며고.

— 여보세요 내著書를愛讀하신다니 매
우榮光으로 生覺합니다. 무엇이第一맘에드
섯습니가!

— 네.

— 라고 對答은단엇지만 아모말로
도잇지안는다. 그려「뜨랑스」는
「眞珠母」인가요 하니그 夫人은 對答하
야난가.

— 네. 그럿슴니다. 참 그것을흘몽한것
입듸다.

— 「뜨랑스」는 하하아—이女子가自己作品을
얼마읽지안은것을알고 열빗조처묘한作愧을
生覺하여 쓰지도안은小說의題目을生覺하
니 — 그리고「아피의林檎」은엇던가요 읽
으라하니 이불상한貴婦人은 戀戀잇는微笑를띄
우고對答하엿다.

네 — 아피의林檎」은저 愛讀書입니다.

「아나톨로 뜨랑스」를읽는가에 참간우슴을
먹음으며 婦人에게가버히우슴하고
—— 夫人 그것은稱讀의말삼이조곰 넘어
첫습니다. 世上엄이란 讚者가절 마나잇슬지
나라에선 반다시掠奪結婚이 實施되어잇섯엄
마음肯定할수 업다. 이로써 夫夫賣買結婚

× × ×

明期하가구술상우면서「발간만
로」흘두르고 共產戰線에엇은 狂熱的인「
나」흘로 쓰랑스 내의內閣을震
駭한연서「너브딘」事作의격롱에平然히훈을
로「런던에」남어것던「버―나―드쇼오」。
이두사람의態度를比해보면 거긔民族性의差
別이뒤덧이엿보이지안는가!

× × ×

가함씨 거러안저박아인 寫眞에서잇다. 두作家의
性格을어안찟쩌잘說明하고잇는것은업다.「쇼
오」논어면찟 豫言者갓흔風을쯰음고잇고「쇼
오」의얼골을 信念에넘처서잇다.「쇼오」의열골에
는疑念이넘처잇다.「쇼오」논攝히自然의으
로諸問에 應하지만 「웰스」는이것을免하고저
顧慮하는듯하다.「쇼오」는攝히自己의地位를맛흡
自己의權利가치認定밧을슴 「웰스」는
偉大하게認定을밧음 그사람의權利잇것을
疑心하는가 아닌가 그러닝할은곳에處함의
숨이심흠은이나 이런問題에 不快를感하는것이
다. 이들 一見하야相反하는두사람 英國
文壇에 삐―나―드쇼오」를피하고잇는것도
아닌가.

× × ×

佛蘭西와日本 또우리 朝鮮이세나라에서
古代에實行되든結婚이잇던것은무슨가 言語
學上으로이것을보면 매우滋味가잇다. 佛語
에「掠奪」이라 한Maraude와 그動詞 Maru-
der 가「結婚」이라 한Mariage와 關係가잇고
日語에당가드는女(め)을 도는(娶る)가女子를
取한다는女(め)을 도는(娶る)이엿든가 우리말로는
「딸자식」이라는 딸자—「쩨어린다」는것
을이슴하야 同語源인듯推測된다고 그理論의眞
否은써저처 노코 이古代의이러한
마음에선 반다시掠奪結婚이 實施되어잇섯엄
마음肯定할수 업다. 이로써 夫夫賣買結婚

讀書餘錄

夜光

나 한잔 께 拒絕!

× ×

× ×

「버ー나ー드쇼오」는 現英國文壇의 最大
巨星이다。그이의 超人主義는 「닛쳬」思想과
는 獨逸劇壇에서는 左右 兩極端派의 中間에잇
는 「피란델로」와、英劇壇의 巨將「쇼ー오」것을
씁답나。 氏의 熱烈한 機智와 偉大한 精力家임
를 表示한다。그만큼 銳敏하고 率直한 論法으
로 月我를 表現케 하는이다。

× ×

어느때인가 有名한 貴族의 招待를 밧고는 그
德延會에 出席치못하겟다는 理由의 答書를
다음과 갓흔 意味로 썻다。

「나는 榮食主義者다。貴族의 당신들은
肉食을 參味라고 準備하야 먹고놀고 함러이니
내가나는 먹을대일것이 업슬것
이니 나는못가겟소……」

× ×

그이는 「모리에ー로」처럼 安協的이아니
오 그의性格은 「와일드」이며 僞善을 不許
당。

× ×

「쓰루크部」市의 十一月十一日 報道는 一九
二五年의「노벨賞」十一萬八千瑞西貨크로
내ー를 氏에게、주기로決定。햇다고 그러
니 獨逸劇壇에서는 左右 兩極端派의 中間에잇
는 「피란델로」와、英劇壇의 巨將「쇼ー오」것을
上演되는데 그 結果는 風俗紊亂이란
理由로서、當地官憲은佛優全部를檢舉하얏다
고 이劇은 以前에英國에서도 上演禁止를當한
한다。觀客이 歡迎하는 아몸아잇지。「매릴
링크」作의「몬나ー반나」에도「몬나」라는美
人이 裸體가되며 羅馬에 드러가는못아잇다
그것은 嚴將이 남의妻인「몬나」를誘惑함으

× ×

昨年가을에 佛蘭西政府는 文學者에게
그것을 演出者로서 有名한 批評家
「판자맨•크레ー뉴」前衛劇場「아르리에」座의演出者「듀런」劇
評家「래온•드레드」에 氏의 蓍가 노앗음
自己國家에 重大한것이지！

× ×

獨逸의有名한 劇作家「해메린드」의傳記가
「하인즈마ー런」氏로서 著出되얏고
劇色하야 劇作家「보라반드」氏와 劇壇監督
으로好評賣々 그만을 우리보ー담愛遙……

× ×

米國의 代表的劇作家「유ー진•오니
ー」의近作「그룹나무거늘의 欲望」은「로산질
스」에서 上演되는데 그 結果를風俗紊亂이란
脚本家는 美人의 裸體를 劇壇우에내가되야
人이 裸體가되며 羅馬에 드러가는못아잇다

「몬드누ー로」勳章을주엇다。劇作家로서것
領한 者는 「가야로」와 「에드문•세에」와
「로벨드•호레ー로」等이요 「피란데로모」의
讀評者로서 有名한 批評家

로서 敗軍의 危急을 求하기爲하야 敵의 要求
대로 이 婦人을 보내는것인데 實上은 裸體로
서보낼것이지 안되 는것인다. 그러나 巧妙하
다. 理由를두르다. 쌀막
고 理由를두르고 外氏는 어럿슬째 愛關에잇섯다. 하로손길을
出탑썩마다 엿마리식진대속에너히 食用에
供하 엿다고 우수운...

× × ×

佛國文藝「라 옹힐레 — 쓰」는 友人의 葬式에
여러사람과 出席하고 數日지내서 쓰그짐을
訪問하야 面會를請하엿다. 客旅은 그友人
이 前日死亡하맛다고告하니
「그건 참 意外로구나!」하고
못하다가 그새야생각이나서
「응 죽기 눈죽엇나보다 나보 그弔葬에父
든모양이지!」하엿다.

× × ×

佛關四有名한文學者「라란드」氏는 거긔
룽산처로먹기죠아하엿다. 그게氏의
無上參昧오 平時에는 만히잡아기무고
엿마리식진대속에너히 食用에
막이아니오 그地方에서는 第一이며된阿班
主人両班은「몰드쓰미쓰」의 父親
十八世紀末의 英國劇作天才「몰드쓰미쓰」

× × ×

古典文學者로有名하든「파쓰로게이트」氏
는 昨年秋에「켐브릿지」에서死亡 享年七
十二. 「리부를」에서는 羅典敎授로 잇섯고
「古典公論」의 主筆이엿스며 「古典聯盟」의會

× ×

英國에잇서는「롬쓰토이會」에서는 一九二
八年의 生日紀念을爲하야 三十六篇의杜翁全
集을 發刊하리라고「롬쓰위 꼬」는「안나가
레닝」을「싱크메어뒤위쓰」
米國의「퍼리써 —賞」은「싱크메어뒤위쓰」
의小說 「아로쓰미쓰」을賞하야 氏에게주기
로한바, 氏는 危險하다는 理由로서 拒絕하
엿다고 ——日

句는大概古人의 鐓句中에서 取한것이라. 그
런句節마다 「파르」氏는 一一히脫帽敬禮하엿
로開催한다고 發表하엿다. 이것은 最初의 經
「英國劇同盟」에서는 「民衆劇祭」를大規模

—(194)—

우리朝鮮에서는 꿈에어보지도못할
것도허다한一이

요사이英詩出版으로 사랑스러운冊은「」다。
×
에리자버쓰·한묵크」라는 十五歲兒童의詩集
이다。그애가 휴지조각으로흣터짓흣는 첫퇴이저것
을 自己父親이發見하야 發表한것인데
그는 大戰時에는「사우암프른」에상고엿서
거기는每日數千의軍隊가 自己집압흐로週來
하엿다。그냥원지모르나「死?」에對한觸感
어明白하다。「戰爭」이란것을 原文으로적어
보자。

In war
Bullets flying
men, dying
And the heak
And the Sleet
And the muck and the mire
And broken bodies on the wire
A hotful strife.
An awful life.
And yet life goes on.

다。
×
어린마음은 얼마나感動식히는것을暗示하며
어린마음의 그게집애의詩와短篇이약어가 有望
함은 現實主義와浪漫의不合理의混合이라하
기보다 차라리記述의經濟에依함이엇다。요사
이우리朝鮮에도 少年少女의天才를發揮하기
爲하야만흔흔어린이雜誌가잇는 童謠中에는늘
볼만한것이만타。「詩人의알」을만흘넷기바란
다。

×

「쎄어리·퀴—ㄴ」이라 長篇은 英國古代文
學社會에 名聲이놉흐한 詩人「에드만드쓰
펜서—」民의作이다。처음에 貴族「노—삼프
튼候에게 原稿를보엿다。다음에 貴族의 엿
고 二百圓가량을貸與하엿다。그리고 百餘句를읽고는 더욱感歎해서
句를읽고는 더욱感歎해서 세번제二百圓을貸與식혓
더욱 ～～感激해서 세번제二百圓을貸與식혓
다 貴族은 더욱 ～～妙味를늣기다가증에는二百

×

우리도조선에서는 꿈에어보지도못한일──이

흠안다 는것은 哀痛한일이라할가! 「病院
에서」「野戰」에는 酒亂과不調和의奇異하
고 冷酷한無邪氣가잇다。그러나 그에의無邪
氣하기보다 어잇흔現實性이 銳敏한
兒童의普通趣味를뭇치어는것에도
感覺을가젓다는것을暗示하며 戰爭이란것이

×

「롭스토이」는 露西亞貴族으로 巨萬의財
産을가지고잇으면서 乞人갓흐應地에드러가
博愛主義를主張하엿다。그러나
文藝의一人인「메레지코프쓰키—」民은그
著書中에 「톱쓰토이」內面을 다음갓치말

「롭스토이」는 畢竟 富裕의閑居生活者
에비틈로 임우로 흥草家에와서장국에
를마시는것갓거늘。
勿論「톱스토이」는 自己財産全部를於民에
게分配하려고하엿스나 妻의反對나 위全財
産을妻와子로움겻다고。主藥나위肉食은廢止
햇지만 그極食은 到底히肉食도比할수업슬
만큼 手苦費用을드릴것이라지 不時에는農
民들갓치 應服을입엇것이지만 內服은優美한

×

흠안다 는것은 哀痛한일이라할가! 「病院
院」을賞與與처안코 도로혁「쓰펜서—」를가리처命
고。一翼이라도週히 詩人을뭇처내더라命
하엿다。卒地에變한命令을異常하게생각하나
고 「그詩篇에무슨 不快한点이잇는가。」
「아니 그런게아니라 이 詩寶를더우면 읽
으사즉 그巧妙함에놀란다。그때마다 二百圓
式을준다면 全篇을읽기전에 내집이破産될
것이안인가!」하엿다。

×

── (195) ──

聖潔의「린넬」이 잇다고 품어 徹底햇드라면 조
흘걸. 完全한 理想家는 「올·오어·낫싱」이라
야지.

　　　×　　　×　　　×

英國의 有名한 詩人 「코—르릿지」의 詩는 더
는 철신업시 밤우는 듯한 性格을가지고 잇섯다
엇든날 後園林間을 散步하다가 어린 兒孩가
놀고 잇는 것을보고 그애의 談話하 엿다. 처음
은 알기쉬운 분말 노서하다가 어느듯시 高尙해지
며 熱烈하게되여서 兒孩가는 서부러짓는
것도 모르고 흠사 雄辯家가 演壇에서「취프」를
되고흔드는 것갓치 떨엇다가 성켯다가 大論爭을
울하는일이잇섯는데 其後로 近村아해들은 氏
를두려워해서 갓가히가지안햇다한다.

　　　×　　　×　　　×

이와비슷한말은 氏의 友人이요 名驛이든
「차아로·쯔·램」가 엇든날 놀릴이 잇서 「언휄
드」란곳을지내갓슬세 偶然히「램」氏가
氏를맛낫다. 코氏는오럿만에 面會함을반가
히녁여 突然히「램」氏의 가삼에잇는 단초를거
머지고 이약이를始作하엿다. 그쌔「램」氏는
밧분일이잇서서 말을거뒷치고 가러하여도「코」
氏는 조금도단초를놋치안코 정신업시談話
함으로 단초푀고 잇든손은 더욱堅固펴지고

　　　×　　　×　　　×

코氏가느머지고 잇든단초문을비고 그만 다
락낫다. 그러자 일을다못고 數時間後에 「코」氏는 如前히
바여서썩러친단초를손에쥐고 그자리에그대—
로서서 정신업시談話하고 잇섯다고.

　　　×　　　×　　　×

文豪「삭커레」가 名著「뉴콤쓰」를쓰고 잇슬
때에 一客이 訪露해드러와보니 主人은 冊床에
기대여 눈물을 흘리면서 흘녀우々보고 잇섯다.
客이 理由를무른즉 氏는 우는 소래로 적금
「뉴콤」을 죽엇슴니다하고 눈물을흘엇다 뉴콤
은이 小說의 主人公이다.

　　　×　　　×　　　×

文藝「딕킨즈」도 作中의 人物에 同情하야 마을
기도하고 웃기도하고 고성내기도하야 혼차잇는
書齋에서 동로잇는듯기晉繁을 發하엿다지!

　　　×　　　×　　　×

近世의 露西亞文豪「곤차로프」는 寢臺것헤
畵額을거러두엇는데 數年을지내자 매여둔
쓴이 弱하여서 二重畵나위 거진썩러지게된것
을엇든든사람이보고 「위태한걸!」 노가요허저지면
畵額이 아마당 속히 써뜬을다시요
볼)(아々無懈)라. 바다의勞働者는 「레·미쩌라이
든사람이보고 더욱堅固펴지고

　　　×　　　×　　　×

注意식헛다 그말에「곤차로프」는 答하엿다.
「그냘모틀리가잇소 그러치만 쯔가는게
귀찬허서싱상이 블속에서도썩러지면 엇지나
격걱한일도잇슴니다. 그러나 저角度를보니
아마버머리를넘어 寢具에펼찬어요」
오사이 所謂文士들中에는 이런것을橫肥햇
는지도모르나 너머身邊을放任하는는이들이 더
러잇는모양이지、式이흠다른게 新奇하긴 하
지마는 각을整頓하면 精神이새엇해질셩.
그럿타고 科學的分析과方程式갓치는 함수업
지. 元來 同世는는 氣分이 떨다로니.

　　　×　　　×　　　×

天才는 大槪二主流의 藝術技能을 援助하
는 第二義的天與가잇다. 「미켈·안제로」가
아람다운「소빗트」十四行詩를지엇고스며 「단
데」는 天使의 머리를그리기조아하엿고
「박론유—고—」는 萬一 그이가 詩人으로
優秀한 地位를엇지못햇드라면 그는반다시
製圖家로서 有名堂々하이가되엿슬것이다. 그
이는 그려도 繪畵에 넉々한 傑作을남겻다.
「月光의荷車」 「주릿쇼湖」其他許多한 傑作이잇는데匕라의 繪畵
는 詩와小說에한고리그럿스나 엇든때는 繪畵
만남어잇기도함며 特히傑作은
시머리우에쩌러러질테니 속히 써뜬을다시요

讀

作品과 一致表現된것이다.

×　×　×

獨逸의 有名한 詩人「실렐」氏는 絕世의 詩篇을 常時皇帝에게 밧처 爵位를엇고 貴族이되엿다 그러나氏는 貴族의 高位를 糞土갓치생각하고 次陽도아니하며 自己가貴族인것도 他人에게 發表처안햇다.

그뿐만안니라 氏自身도自己가貴族인지 그것조차잇고잇섯다. 하로는 山갓치모아둔것슬께 氏는近作을보일량 엇든 友人의 來訪을밧고 으로 山갓치모아둔 原稿等屬을내여찻고 잇다가 휴지쑥에 偶然히 授爵의 勅書가보엿다 라다.

하고서 그勅書를잡어보일생나도하지안코 草稿등속에더진지고…新作찻기로 휴지와함마 여졋신업엇섯다든가.

戱

×　×　×

伊太利貴族으로 出生한「미첼•안제로」는 不朽의生命을가친 絕世의 繪畵와影刻갓치 藝術이라고 云々하지만 女佛優은 뒷방과舞臺사이를 往來한다는 事實을알닷다고 敗北

錄

에정신업엇섯다든가.

×　×　×

여러가지로 諂厭논爭이되엿다가 頑固黨의巨頭삼 머ㅣ는 「畵家와모델」은 觀衆席에서 보면 藝術이라고 假定할수잇지만……」

「裸體畵는 藝術이당 아니 藝術은아니다!」 이런問題가 成立되느냐안되느냐? 그것은 그 만두고 一九二三年에 米國紐育市에서논「畵家와모델」이란 裸體劇이上演되엿다. 그때

伶

近日의考證家들은 研究의結果 그이는 同 性戀愛에 一生을보냇다한다. 氏가 남겨둔詩 는 이것을證明하는것이잇슬뿐만아니라 그 親友「릿크치라」에게보낸書簡에도 分明하다. 고―「오래동안의習慣은 이를해도못칠수 업다」고하며 友人은 門下生中에도 優秀하美 子인데 氏가全力을드러서그림에美男子의骨 像이 即今도「베로레로쓰」等院의 天井에잇 고잇는男子의유의얼골을마며고 生血을색러 먹고잇섯슬것을그린것이당. 이그림을길

리가지로 歸護하야 그사랑하는바는 女性이 엇날希臘읏서는 夏期에 男女가모다 裸體生 活이엇다. 英雄豪傑도 裸體그대로 肉閣會議 를開催하엿고 「아리쓰토데레쓰」의學徒들의 講義圖도局部싸지 裸體이엇더니 그렛다.

「쓰파르타」에서는 妙齡의處女들이름을하 고잇섯다. 女子十七八歲싸지는 男子와區別 하지안햇다. 羅馬의頹廢期에와서 裸體를異 하엿스니「네로大王」이 巨觀이엿다.

「노르웨」의畵家「뭉크」는 恐怖의藝術家이 엿다 그이는 恐怖의諸相을惡意的으로 表 現하엿다. 그는 吸血鬼라는 그림을머리털을길

편

美術宋빅돌유고 「美術宋빅돌유고」라 하 엿스니「레이몬드」에쓰「쿨러」의 著인대 版되엿스니「레이몬드」에쓰「쿨러」의 著인대 繪畵도만히 揷入되며 參考될만한것이다.

×　×　×

近日의考證家들은 男性에對한戀愛詩를 女性에對한처 럼 쓰파르타에서는 妙齡의處女들이 男子와 鬪爭되엿다가 쓰는집에 문독러억어낫스니 짤막한 렁? 쓰는집에 문독러억어낫스니 짤막한 지. 그럿타고 함것은지안는着도 바보영 첫열은춍가과처녀 사람들은 조심이될눈 「이것보면「사랑」에맛친――덩어서날눈 「이것보면「사랑」에맛친――덩어서날눈 것은? 쓰는집에 ――써것슨지아니요.「반록」다 난문에 親成과 門人들은혀 고.反難나들우ㅇ 그이의 親成과 門人들은혀

一回展覽會(千八百九十二年)에 出品한것인 대 그때는題目에日――「戀愛」 散文詩를하나 一 써것슨지아니요.「반록」다

Why does Age so maliciously put to sleep the passion of lo— ve?

— (197.) —

海外文學

Because, long before, "Love killed youth,"

運動家도 되려하니 演出에忠實한 時間이 잇스나 合四萬八千磅 삳남은 千名은 各三十六磅式

——사랑이 靑春을죽엿다나 참말인가 하고 嘲笑하엿 ○事實인즉 이니 合三萬六千磅가다 ○總領이 二十四萬四

讀者여러분이 판단하시오 經 하지는안흐나 調飯調剝한모양. 千磅即二百四十四萬圓의 年收入이 잇서서 이것

驗이잇서야지 ——요사이 日本서는 技術이 조흐나 마나 人氣를 으로「데아트로·알라·쓰가라」룰 經營하엿다

×   ×   × 第一만흔 것은 活動寫眞의 女俳優인데 여 數年前으로 七十五萬圓을 消費

「에랴」고어부우스」孃을 껠트文藝復興의 그이 잘나기만하면 一朝에큰「活動俳」 하엿스나 過히 놀낼것은못될터이니 우리朝鮮

드럼몬드孃은 二十二歲부터 七十九歲까지 그中에도「브레흐니의 小波」라는 詩는「데ー 飛馬이니「스키ー」라니「스케ー트」룰하느 에는 그와갓호妙한劇場이 언지될가? 쓰지

「쓰토틔리ー킁」에서 死亡하엿다. 쓰」의「이너쓰쯔리」라든가「오설리반」氏 映畵이니 그런時間에充分이 잇는게지 안흐곳에는쓰지말고 이런일에돈낼志士는업

活躍한 英國最古齡女俳優인데 七月十四日 의「薄明의사라」맛호 氣分이 잇는것이요 近 러나 劇場上演의 俳優들은 各其藝術에좀 는가?

代愛闌 抒情集에는 서로競爭하야揭載하는 朝鮮의 俳優들을이며! 그대들의 努力에光明 더忠實하여야될걸! 築地小劇場만 한것이라도……

것이다. 것이다. 이밝이바란다. × × ×

×   × × × × 近來英國論界에는 英國의古他建物破壞에

「퍼세빨엘갑븐」은 四十六歲로서 昨秋死 그리고 俳優의 價値를 理解해주어야될터인 對하야 큰反對運動의 與論이 甚한다.

亡. 初年에는 亞弗利加에 旅行하야 만흔小說 데우리社會의一般年老들이 왕대로만아니고 「古代建物保總會」까지 創立하야야되는

材料을어든것이엿다.「쇼쎄프튼람」의友人으 口中엿割이나 劇場에가며 잇割의藝術愛護 「古代建物保總會」이지 創立하야야되는

로씨 한때는 ·서로競爭도하엿다. 者가 아인가? 를 注意한일이잇슬가? 伊太利 活動을 開始하야였다. 仔細한것은 Architec-

×   × × 「미리노」市에서는 一九〇六年에 人口四十九 ture chronicle 에잇서約하나마 二要点은

「오쓰버ー」드,싯트웰」氏는 英國舞臺를 評 萬八千中에 三千名의 藝術劇場愛好者라하고 그建物이 英國의景致와藝術及文學에 多大

하되——俳優들은 紳士淑女가되려하고 그를 千名은一年에 各百六十磅(約千九百圓)消費 한影響을가지고 잇다는것이다. 그것업시는

費하니合百六十萬圓 千名은 四十八磅式이니 英國을 생각할수있다는것이며 날々이破壞

×   × × 와不願에울고잇는 우리朝鮮의 古代藝術의

運命이여! 光化門도 잇는자리에못잇스니

그룹슲히……

朝鮮文壇創刊號에 所謂曰「아나롤、프란

스」를 紹介한 編輯人이 十餘字를 除한 外에는
近代文藝十二講(新潮社)二百二十
四頁이 이글을 譯出한것이야 그리 欠잡을것도
아니지만 그短篇「크레인비유」란 알수업시엄
청난文句들이잇눈데 한번늘내지안을수업다。
그再版에가서 일음은고쳐曰「아나롤、뜨랑
쓰」라하고 「크레인비유」는 如前이「크레인
讀實하다。 그러나그것을보면 活字의잘못씀은
有理한것을보면 活字의잘못씀은 아닌것은
「크렝크비유」이오「크낭크빌트」外에는
싀 「크렝크비유」으」コ나 「크렝크빌트」外에는
읽을수가업다。

×　　　×　　　×

坐開闢第十一號에 「革命의第二年」이라題
하고 "Anecdote de floréal, an II",를
譯한 步月生은「아나토올」「후라쓰」라 붙여보
앗스니 보긔거북한일이다。속에쑥드러가보
면 「파안나니」「뜨무데에」라 글자가나오니
그속아이라도 Fanny d'Avenny인듯 이모

리도아러어도「꽌니」다브네」라고 할빗게업
다。「로오쓰」란「Rose(로-즈)인듯이
로란단이란것은 Florentin (쯸로렌틴)인
듯싶다그다만하면 그譯語도쐐운한수작이오。

×　　　×　　　×

原文도普通한것과는 좀式이다른모양인지?
말하자니녯날일이되엿스나보다 時代日報文
藝欄에 泰四名作梗槪라한것이 삼년임이잇는듯
심흔데 그「마에텔링크」의「쯔른나빤나」를紹介
한하로로치만해도 그말투만으로 한번그法
「셜은이약이」를 飜譯한氏의序文을넷줄
드시 읽어불만한名句이지만 그原文을보
로씨曰 "le Paul et Virginie"라햇스
氏의獨削的冠詞 Le은 固有名詞에다冠詞를부
처보는 氏의佛語新文法을發見하야 한번그法
에依하지마는 그러나氏가山이라 피어로」라
하여「山」이라호본것은 滿腔의謝意를
義하지마는 己狂이면「생」아지。가ㅅ거엿것
댓슬지?

×　　　×　　　×

女」것은「中」이다。 "princesse maleine"는(말
해―느公主」인즉은 佛語를 못읽눈이라도能
히알수가 잇슬만한것이다。「앙우라멘」이니
는經常한發音法은 우리가 한번硏究할餘地
히둘어왓스나 例를들면「쎄―데、쯩로렌、쯩
우리朝鮮文壇에는 그本國에어눈作家가만
로런、르」란「로란」
로런，「르」란「로란」　⋯⋯等이다。 Goethe
는「괴테」로란」했더니 日前東
다나온것을보아
ㄴ」Romain Rolland은「로랭、로―ㄹ랑」
는「괴테」로―ㅌ」Verlaine는 「쯸레―

다。 Daudet는「도―데」라 읽으니 仔細히
알어 두눈것이조타 그러잘못하다는「또
ㅡ데트」라고　一手잉글過한지수잇지눈마ㅅ오

이라고한다니 함의發音이나마제바로해보지
구나。「코리시」라는 諺文豪가잇다고 떡들석
거리는것을 露國사람이 듯는다는 놀날일이
나우습을일이냐 분할일이냐 「푸고」라는倣文
아니고무언가?

× × ×

數月前에 時代日報文藝欄을通하야
究紹介비슷한글을써본일이잇다 그쌔나는슬
며시 昌皮를쐬당한세음인데 生瞥하여苦美를
不禁이라。多幸히 그新聞이京城市內밧게配
布는 不運期를當하엿슴이라。大槪原文으로써보낸것
皮는免한細音이지만 多少은昌
것을譯譜하거나 또는國文으로써보냇다。
그것이거이다를넌것이다。만흔돔에 얼핏어
리게썩을으는한例을들면 ……of Ima-
gination을「오쯔,이메ー지네ー숀」이라고
써보앗스니 이건第二十世紀의發音法이될지
「언뎃」이마지네이숀이 아니면안낫다、

所謂文壇의 一流小說家某氏編의 依한「가
로ㅣ던」이란것이 冊肆店頭에서휘번적빗날제
로면,이란것이 冊肆店頭에서휘번적빗날제 그
한번驚嘆하…아니 치못하여도ㄹ다、홀융하도다 그
는「메리메ー」의傑作「칼멘」인ㅣ못라지만 그
우리所謂飜譯家를 常習에依하야 冊表紙에 行用
란詩를譯出한듯한稀微한記憶이

× ×

× ×

× ×

× ×

은勿論序文거나마 그原著의말이나일홈은 그
照律에對하야 硏究가 깁흐시다는말도드럿거
에더욱나를疑心스럽게한다 뜨그詩는
內容이

이런例는嘗試次보거로 쌕지만여며붙는
지거의하나도흔것을찻려힘드는 우리誠譯
界에서 一々히 新聞이나 雜誌나 坐單行本에
쎠서집어내자면 멧달을두고해도못다엇슬모
양이당。또어지간히입도압하오고 對手로노
카도실라。그러나이놈의붓을 버릇이저버릇
이라 작고나고만십어서발버둥을치니 아직
도未練이남어셔 에라두어개만더써보쟈。

Rimbaud의 Il pleut doucement
sur la ville란句를먼저들고쓴것이다。
ville가作이가된데서야 뛰[필레프]는
그의作品마다「적은거리의貧民」은 그의作品과傳記를읽는이
로써 잇지못할것인데석야。

× × ×

大正十三年度開闢新春文藝號에 佛文學을
紹介한데을보면「쎌림프」의「작은물작이에
셔ㅣ라는短篇集을들엇다。이紹介는 처음셔
잇서지게가뭄다 한번苦笑를가진것이 엿지만 아
곳네셔잇서가뭄다 한번苦笑치안을수업다。

Verlaine의 Il pleure dans mon
cœur
Comme il pleut sur la ville

"Dans la petite ville),의 vie란句로작
이가되는 飜譯에는놀나지안을수업다。」구
ㄴ것이 若何오。「쇼ー지,버ー나ー드,쇼오」
라고。

「쎄ーㄴ슈ー드쏘」「뜨진,쎄ー나ー드쏘」는 近日某日刊紙

George Bernard Shaw 란 한法한式에
가고그의ㄴ豐賞에關한記事를실은데 세번이
그의일홈과關한記事를실은데 세번이
다른것은한滋味잇는式이지만 또그셋이字가
獨特한데에는 참해고말한일이아니랄수업
는것이다, 이것이야말로 가장不統一과不正
確을잘証明하는代表的例이라겟다。

勿論以上말한것은 可及的의일이오 무슨
殷格한意味에셔 럭엇만한것아지들어말하려

編輯餘言

●몃々同志가모혀「外國文學硏究會」라는것을組織한지가임이 一年이갓가워온다。 그래서오날이「海外文學」이라는雜誌를내노케되는것도 決코하로잇흘의ㅅ일이아니다。 가만히우리硏究만을싸아오든「外國文學硏究會」도인제는 엇더한責任을지고「海外文學」을키우게되고말엇다。 우리는 우리의힘자라는데까지해볼作定이다。 同時에讀者여러분의참된後援과助力을기다리는바이다。

●이雜誌가엇더한것인지 그것은 우엇보다도처음부터끗까지보는데잇슬것이다。 말할것도업시 우리의生存形式이全然남갓지못한特殊한그것인同時에 우리의藝術그것도 엇더한時期에이를때가지 特殊한그것이아니면아니된다。 이런意味에서 덕업시남의것을실어드리는것으로滿足할수업다。 그러나 그中에또우리와갓흠무엇을차저어들수도잇고 果然우리의우리로도라가자면 먼저남의것을배홈에잇슬것인가한다。 全然譯化로솔려보자는것이아니다。 그点을잘理解하면 우리의說明은다한다。 萬一에對하야조흔意味의反動運動이이러나는것도조흘가한다。 모다이 運動을起因으로하여 우리藝術 우리文學을爲한것이기때문에 그는오리여우리가期待하는成功의하나이다。

●飜譯을하는처음부터 우리는말에至極한困難을感하게된다。 飜譯이얼마간批難의的이되는것도 그点에잇다。 오랜自國文學을가진나라의言語로라도 남의것을옴겨놋자면 그適語를찻기에힘이들거던 하물며 統一이업고發達이不充分한우리말로 밧어드림에랴。 우리는 그것부터着手하자는것이다。 그래서우리말의統一과發達을期하야 우리文學建設에훌늉한言語를가지게하여보자는것이다。

●우리멧사람原稿에 여러분이처음對하는말이나온다。 그내(그네)。 이것은she라는말이다。 우리는he와she를 (그)와(그내)로쓰다。 여러분귀에울니는音響이엇던가。 또는(그내)랄지(그네)랄지 그것도生覺해보자。(그네)란複數로잇던(그루ー프)의代名詞이여서 좀混同의念慮가잇슬뿐아니라 내보다네는女姓다운맛이적은感도업지안아잇다。 語學上으로 逆說이나마한說을세우지는안는다。 勿論根據잇는說을 세어널수도업다。 그러나왜그러지 이런말이이셧슬것갓고 또잇는것을우리가찾지못하엿던것갓다。 가령 우리의말서 엇던안주인을말할때에 婦人덜이 그에일홈이나或男便일홈앗헤 네字를부처말하는일이잇스나 그집을代表하는複數로만알게되엿든것이다。 何如間 그럴뜻한感이 어쓰면잇슬싸록잇다。 第一步로感하는것 또第一만히써이는것부터 우리는問題삼어본다。 그[illegible]、萬一조커던 써다고 그外에飜譯에對한問題우리는이런問題를讀者와함께着々解決해가련다。

●엇더케되엿든지 何如間編輯은다해노핫다 우리로서 이런일을하나하는것은 여러가지方面으로決코쉬운일이아니다。 더구나特別한經驗도업시 오직誠과熱로만우리려고 허덕이는우리들의所爲이니 몹시잘해보려고별는創刊號가 엇더케되엿는지 여러분게그判斷을맛길싸름이다。 만일잘되엿서면 그것은同人全体의熱誠이오 잘못한点이잇스면 그는全部編輯하는내잘못으로責任을지련다。

●特히우리는「海外文學」에對한 讀者諸氏의批評과感想과希望을 願하다。 正當한批評率直한感想眞實한希望그것을要求한다。「外國文學硏究」에對하야 「海外文學創刊」에對하야 一般의뜻잇는意見을들어보고십다。 그

려서 조흔 것을 골나 여러분과함의 읽어 보게하
런다.
時期에適하야. 特次는讀者諸君간혼것도
두어 보기로하겟다. 何如튼、먼저말은批評과
感想쓰는希望을 될수잇는대로速히 보내주
엇스면 조켓다.

● 다음號에는될수잇스면 이번에못실은長篇
小說、探偵小說、或은創作갓흔것도 실어보겟
다.

● 一定한豫告는 못하지만 다음號에는 반
다시(쇼요)에關한것을 우리들中에서 내노
케하겟다. 엇던것이될지 함의二號를기다려
보자.

● 多亡함을不拘하고 우리雜誌를爲하야. 祝辭
와劇刑詩의玉稿를보내주신 英詩人(레이몬
드)(반루크)氏가을너 그와關係잇는鄭君게
無限한謝意를表한다.

● 石香君의「世界文學과朝鮮」을 여러가지關係
上이번에 싯지못한것은 나로서큰遺感으로녁
이는同時에 讀者諸氏와筆者에게 容恕를빌한
다. 더구나豐再鼻君은(안드러) 반다시다음號에서 우리
의遠誼가깁흐니 그外에自己의原고도
는것이 잇슬가한다. 그것에自己의原고도

● 멧個紙面上關係로쎅버지게된것은
두번이나 裏接을爲해 努力을맛스려지

우리는 朝朝交壇에 一號에게 問俏를조금내엿
다. 그런대 外國갓흔데에서 意外로注文이
만나서 우리는 깁버하는바며 쏘여러가지
關係를 특別히遷是하여 되리지못하여서
未安함을 억제치못하는바이다. 中의朝朝우리
우리의 일허가는關係上 不得已한바
엿다. 우리의 일허가는關係上 不得已한
已前일이다. 最大로發送치안키로 着意하
때先生注文하신諸君게는 未安하나不得

■ 有 先生注文하신諸君게는 京城으로注文이
文藝誌를뗏을요더하야는 두번말회둔함.
撮替는申入中이라 數日內로나올것이다. 그
때先金讀者에限해서 通知하여주고 자한다.

── 殷 ──

三個月(三冊) 八十五錢 (郵稅六錢)
半個年(六冊) 一圓六十錢 (郵稅十二錢)
一個年(十二冊) 三圓、郵稅二十四錢
△郵票代用은一割增
△海外는郵稅倍金(每部)

昭和二年一月十五日 印刷
昭和二年一月十七日 發行

京城府冷洞百十二番地
編輯兼發行人 李殷松

京城府堅志洞三二番地
印刷人 魯基福

京城府堅志洞三二番地
印刷所 漢城圖書株式會社

京城府冷洞百十二番地
發行所 海外文學社
振替京城

東京市神區通神保町一番地
東京總委托販賣所
三省堂小賣部
振替口座東京一五九七

爲海外文學發展

江原道平康公立普通學校

李鍾德

江原道伊川實業家

李培根

江原道伊川
自由會

幼進少年會內
朴昌旭

義勇少年會內
金振珏　崔東圭　李禮燮

自由會 委員一同　가나다順

李鳳圭　李石仁　李龍圭　張基炳　崔相珣

星湖少年會內
李寧夏

為海外文學發展

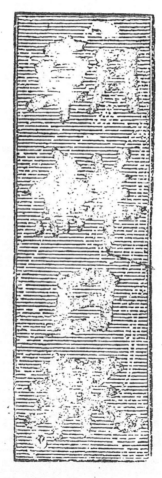

電話
- 光六一五編輯
- 光一四七三編輯
- 光一四八七營業
- 光三七二營業

社告

◎우리海外文學社에서는 讀者諸氏의便利를爲해서 本社發行外의書籍 日語 淸語 英語

等의書籍을勿論하고 注文만하시면 遠近을 不拘하고 海外에注文이라도하여다가 讀

者의注文에應케되엇다。

◎이런事業은 朝鮮에서는 처음인만큼 興味잇고 또우리朝鮮讀書者에對해서 直接으로

는 便利할것이오 間接으로는 그個人에限해서뿐아니라 全朝鮮아니 全社會를爲해서

頁獻(이런말이許諾된다면)일것이다。

◎또 우리事業에對해서 興味를두시는분이나 或은朝鮮內에서 求코저하다가 못한冊이

잇스면 一次注文하여보난것이 조흘줄안다。

우리는 어듸써지든지 自信잇게求해보내고저한다。

◎如何한冊을勿論하고 先金으로注文하여주길바란다 우리는엇던境遇에依해서는 先金이

아니면 不應할時도잇슬것을 미리말하여둔다。

京城府冷洞百十二番地

海外文學社

振替口座京城 番

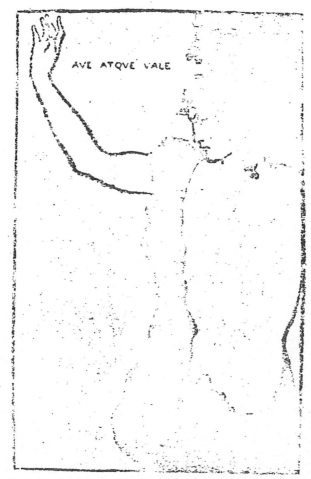

AVE ATQVE VALE

By Aubrey Beardsley

外國文學研究會

海外文學 • 七月號 • 1927 • 重要內容

頭言

> But soft ! What light through yonder window breaks ?
> It is the east, and Juliet is the sun !
> Arise, fair sun, and kill the envious moon,
> Who is already sick and pale with grief.
>
> W. SHAKESPEARE

우리는 남의 입을 막지 안는다。 남이 말하는 그대로
고 자긔 가랼일을 해갈맛게얻나。 그러면 나종에는
그입이 지는것이다。——(獨逸詩聖괴테)

自己自身것만으로 —— 더구나 그것이 皮相的이요
薄이요 狹隘일써 —— 滿足할수잇는이는 얼핏보아서
가장幸福인듯하되 實인즉 가장可憐한存在이다。
世界文化輸入의 必然的要求는『外國文學硏究會』를하
여곰 當面現在의朝鮮에잇서서『海外文學』이란 一
個의雜誌의『코쓰모폴라탄』을 낫케되엇다。
文學主義의一切을內包하고 朝鮮것을外國化하는데
것을朝鮮化하고 朝鮮것을外國化하는데 ·그綜合的命題
의焦点과目標가잇서야겟다。

似而非的翻譯이大家然이고 『萬引』的文藝硏究가流
行함으로서 文壇草樂現象에呼應하는
『所謂文士』—— 眞正한文藝家를말하지안는다 —— 만
을爲하야도 戰慄의慧星이다。
炎夏의는바닥쥐럼 乾燥에破裂된朝鮮의
雷聲霹靂과暴風雨가 接觸되자 未久現出의 洪水뒤엔
新鮮한創造가 大地에서躍感되리라。——(청)

거짓말한형별은 그가 결코 남에게 신용되지안는
는것이 안이라 그가 다른엇든사람이라도 밋지못한
는첨에잇다。——英文壇의鬼神『쇼오』

「버ー너ㄷ・쇼오」印象記

레이몬드・백로ㅋ

에 ~ 략의히미한記憶을더듬어
이제 『海外文學』을 通하야 .
나의敬愛하ᄂ는鄭君에게드리노라。

내가 맨쳐음『쇼오』氏를맛내기는 一九一四年 露西亞『오페라』구경쎄이
엿다。元來 나는 氏의作品을 뜻잇게읽고잇섯든사람의하나이엿슴으로 親
히相逢해서 조용히이약이할 조흔機會를엿보고잇섯다。나는 그날밤『쇼오』
氏의뒤에서 ~의父親과함의 구경하게되엿든것이엿다。

그쌔쯤은『쇼오』氏가 音樂批評家로서 넉々한名望이잇든세음으로 쳐녁
마다出席해서 注意롭게熱心으로 舞臺우의諸般事를鑑賞하고잇섯든것이엿다
나의父親도 作曲家兼音樂敎授인關係로 自然히接近하게되엿스며 父親의나
에게對한敎養의希望이라든가 또는 내自身의將來에對한 내自身의抱負이라
든가 그것이 音樂工夫에集中되여잇섯기쌔문에 그쌔 나는 倍前의好感을
가지게되엿든것을 아직도 記憶하고잇다。그러나 現實의氏를맛내지못한사
람에게는 一種의英雄으로想像되여잇슬쑨더러 年少한差異도잇서 첫인사에
는 그리쉬웁게 마음대로 意思를주고밧고하지는못하엿섯다。

그後 一九二三年 氏의作品『배크・루・마슈자라』의上演이ᆝ 내故鄕『버ー
밍감』市의『리퍼토리』劇場에서 맨쳐음으로 開催되엿슬쌔의印象을 생각
안이할수가업다。

엽길에들어가는것갓흐나 倫敦에는 三十餘個의劇場이잇서도 大槪는 商
業的營利를目的하고잇다할가 두서너곳을은例外로생각할수잇서도 大部分은
新作의初演을避하ᄋ다。그래서 地方의小都會에서 試演됨을보고 그結果
를功利的으로打算해서비로소 倫敦에서上演을보게된다。다시말하면 倫敦이
란곳은 劇作의舞臺上効果가 經營의拘束더위先鞭的可能을엇기에는 만혼不
便을갓고잇다는것이다。이러한意味를 한청더넓혀생각해보면 在來劇과다른
內容과形式을가진『쇼오』劇이 英國서보담 몬청 米國서上演되여 一般의
歡迎을밧게된것도 그다지無理가안일가한다。

【2】

그것은그만두고 右記한劇의初演이 내故鄕서 五日間으로 連夜繼續이엿
슬새 나는 저녁마다 入場하엿다. 劇藝術그自體의鑑賞을爲함은勿論이거니와
보담큰理由는 그에『쇼오』氏가每夜臨席하엿다는事實이엿다. 作者로서의
氏가 엇더한늣김과態度를가질가하는好奇的疑心은 나로하여곰 氏에게더욱
密接하게하엿든것이엿다. 그럼으로 나의視線은 舞臺와氏사이에 갓다왓다
하엿섯다. 그새 무엇보다도 가장갓브게생각한것은 氏가 上演劇의作者라
는 世上에흔히보이는 自慢의또는 一種의高跳的登嚴을 조곰도意識的으로
表示하지안는것이엿다. 그래서 氏는 觀衆의한사람으로서 一般이웃는곳을
보고는 다른누구보담도 한칭더甚하게웃고잇섯다. 그러다가 最後에幕이나
리기도前에 氏는 恒常 남몰리 슬히場外로도망하는것이엿스며 그것은每
樣舞臺우에나와서 인사를하지안흐면 안된다는 虛禮를실혀하는싸닭이엿다
    하로저녁에는 意外의漫談에들어간엿해 氏는微笑를滿面에띄우면서 **나에**
게
『당신劇作을 하나 읽엇지요!』하엿다. 勿論나는 그새 아직도劇作을發
表하지안하엿슴으로 저작疑心이나서 다시무러보앗다.
『아니 무슨말슴임닛가? 저의劇을읽엇섯다니………』
『잡지는이——말임니다』
『그걸 어듸서 누구가………아직公表한것은안인데요?』
『엇든동모집에서 보앗슴니다』
『未成品인데 남에게 보엿선………픽붓그러웁슴니다』
『천만의말슴임니다 나는 나의劇이上演되기前에 十三個를썻슴니다. 엇제
스든 작고 써보아야할것안임닛가………。나의劇作에對한主義는 사람들이
慾望하는것을지으려고하지안코 사람들로하여금 내自身의劇에오게하여야된
다는것임니다………』
    나는 이러케말하는 氏의奇說에 엇든氏獨特의氣分과『쇼오』劇의一面을
보는것갓치생각하엿든것이엿다.
    그後에 내原稿에다 自己의所感을詳細히기적어서 自己自身의批判眼으로
본바를 親切히附加하고 特別로 'Might be Worth„ 라고明記햇든것을 지금
써지記憶하고잇다.
    이와갓치『쇼오』氏는 누구를勿論하고 설사한번도보지못한사람이잇다하
드라도 恒常도와주려는善意와好意를가지고잇스며 記憶力은 非常하게도强
烈할뿐더러 七十歲의老年이라도 아직青年의元氣가充滿하다.
右記한劇의上演이마지막되는날밤 第五夜에는 氏가舞臺우에나와서 演說을

하엿고 ⣿⣿⣿⣿ 거리가 二十歲의靑年갓햇스며 階段에도 한層식더듬어 오르지안코 한거번에三段식 뛰여오르든 그勇敢스러운몸짓은 氏의强烈한 精力을表示하엿다.

氏는 元來菜食主義者인써닭인지모르나 얼굴빗은 말할수업시젊어보인다 洗面할써샤본을使用한일이업다는것이 그의젊어보이는理由가된다면 나도본 배우려하나마 그리쉬운일도안일것갓다. 그러나 飮食에對해서는 나도 永遠히젊어시려고 될수잇는대로 肉食을除하고 그대신 果實을取하려고 힘 쒀본일도잇섯다. 그래서 직금도 점심대로 林檎만을먹는써가종々잇다. 그럼으로『쇼오』氏가辭하면할사록 내가그菜食主義에共鳴하는程度는크질것이니 따라서 林檎갑도 오를것인가⋯⋯그리고 氏는 禁酒요斷煙이로되그 것만은 본불수업서 배운것이니만 이대로 이모양繼續하고잇다.

그後 作曲에對한批評일싸위 父親이『쇼오』氏를 집에招待한써 나의늣 집이平凡치안이하엿슴을 말하고저한다. 英國서는 大槪午後五時에모임이잇는 대 그써『쇼오』氏는 晩餐을먹고왓다하고 普通사람과는다른 손님안인손 님이라할가 茶도別로히들지안홀뿐더러 바로 短刀直入的으로 氏의獨特한 愉快하고驚異로운座談을 엿업시이여갓섯다.

그가운대도 近代舞臺藝術의革命家인『고一르든●크레이그』(Gordon Craig) 氏에對한이약이가 記憶에새로웟섯다.『크레이그』氏는 現在 伊太利에서 有 名한舞臺藝術雜誌『마스크』(The mask)를쌔고잇다. 이사람도『쇼오』의性格 과비슷한点이잇서서 말하자면 愛蘭系統人으로서의 英蘭人에對한辛辣銳敏 한批評써위 一般英蘭人에게 好感을엇지못하는써음으로 멀리伊太利에와서 그의主義를 世界的으로宣傳하고잇다. 오늘 맛츰『크레이그』氏에게서 寫 眞이왓는대 이것은 氏가 암獅子를다리고 伊太利古城밋헤서 놓고잇는것 이다.『쇼오』氏도 이点에잇서서 一脈을通하는點이잇스니 그것은 즘성을 귀애하는것이다. 우리집에는 그써 개가서머리잇섯는대『쇼오』氏는 談話 에熱中하다가도 개가껏헤오면 갑작이 이약이를中止하고 그개를안고 아 주귀여은어린애동모갓치 잠간공안의作亂을하엿섯다. 이러한精神이 쯔한哲 學化되는곳에 氏의社會改革的基調가잇슬지도모른다. 階級的으로苦悶하는無 産大衆을爲하야 페비안協會事業을持續해온지도 발서오래동안이되엿다. 『쇼오』氏의談話는 힘이잇슬뿐더러 모든일써리를分析하는대 非常한智力 을보인다.

現代에는 劇作家로서 一般의尊仰을밧고잇다할수잇스나 나의見地로보아 서는 哲學者로서의『쇼오』思想家로서의『쇼오』가 더욱이將來의評價에서는 重要한地位를 ...한것이라생각하는바이다。氏의哲學傾向에는 多少間『닛 체』式의氣分이잇는듯하되 實로는『닛체』를 詩人으로서評하는것이合當할 것이요『소오』劇의缺點으로는 人情美의性格이缺乏하다는것 一例를들면 男 女關係를 너머나 『生의力』으로생각하야 그곳에 사랑이업고 詩가업는것 이다。沙翁劇보담偉大치못한重大한理由의하나는 아마, 이런意味의無詩歌에 依함이안일가생각한다。『싱그』劇을考察해보면 그긔에는『소오』氏의『유모 어』가잇고 棄해서 그中에詩味가잇스니 劇藝術家로서는『소오』보담『싱 그』를取하고싶허하는것이 나의主觀이다。다시말하거니와『소오』氏는 自己 나라와 또는一般社會의重大한問題를 思想的으로劇作에提供하는 歐洲의最 大智者일가한다。獨逸에서는『소오』氏가『노베르』賞을밧기前에도 오래동안 『소오』劇研究에對한論說이잇섯스며 英國內地에서 氏의眞價値를云々하게된 지는 그다게오래되지안이한 晩時之歎을늣기게한다。

　이제 朝鮮에서도 氏에對한研究의一端과紹介가『海外文學』이란有望한時 代必要의雜誌를通하야 一般民衆의게提供됨은 世界文學見地로보아서 큰慶 事이라생각하며 氏의思想갓흔것은 朝鮮에서 만흔理解者를어들수잇슬가생 각하기짜문에 記憶의멋폭을쉬여合하야 寄呈하는光榮을가지게되엇다。

　　　　一九二七·三·五

米國文藝界最近消息一束

Thornton Niven Wilder 는 The Cabala 의著者인데 二十九才의졂 은몸이지만 그文章表現이綜合的으 로成熟해서 銳敏한感覺을完全히使 用하고 用語에色彩와重量의味가巧 妙하게들엇다。日本에서한동안盛旺 햇든新感覺派等屬의代表文體라할가 一部에서는 『페이터』와比較한다는 『紐育타임쓰』의『북크·레뷰—』에서 傳하는바이다。

H.C.Witwer 는 米國에第一가는 諧謔的作家로서 世評이당々하고

Paul·Green 은 『싱그』가 愛蘭을 爲해서한일을 직금 米國을爲해서 하고잇다。

George Pattullo 는 長篇小說에는近 來드물게보는天才의手練이잇서 『쎈 트랄·오레곤』新聞의讚美을바닷다

Arthur J. Rees 는 『슈리—·본슨』 과『포오』가가컷든天分을가컷다고 『헤랄드—뜨리뷰—·북크쓰』의 힘잇는批評을밧게되엇다

黎明期露西亞文壇回顧

李 瑄 根

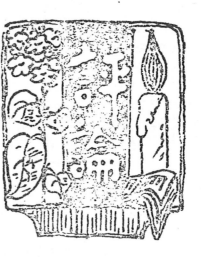

露西亞에對한우리의憧憬은無限히크다。그네의새社會、새政治、새文學……어느方面을勿論하고그것을排斥하려하지안는사람은업다。그러나우리그것을勿論하고우리는한갓씨氣分的憧憬에굿치고말기가쉬웟스며무엇하나徹底한研究와批判을、그네에게對하야 보려고한사람도쥐엇다、더욱이文學方面에잇서々는거의업다고하야도過言이안일만치歷史上에露西亞는아라보려고한사람도쥐엇다、더욱이文學方面에잇섯다、더욱이文學方面에잇서々는거의업다고하야도過言이안일만치歷史的研究가업섯든것이다。따라쉬近代露西亞文學—곳散文에잇서 고—끌以後革命外지의露西亞文學—은間或日文譯을通하야紹介된가가잇스나 그以前黎明期의露西亞文學은全然紹介되지안엇다하야도過言이안이다。좀더쉽게말하자면푸―쉬킨以後에투르게네프나룬스토이、체―홉、고―리키……누구〳〵나아리도 그以前、그레고리―（露西亞最初戱曲作家）나크릴로프 카라―므진、쥬코―브스기갓흔이는이름도모른다는것이다。

그러나우리는恒常茂盛한입사귀나꽃만을鑑賞하기前에 그줄기를살펴보며 그뿌리의얼마나깁흔것을探索해보아야한다。露西亞文學의完盛됨을맛에무러보는同時에그것을심든씨를生覺해봄도次코無意味한일은안이다。곳近代露西亞亞文學을오늘것집질만핥타보지말고한발거름더古典的研究에서지밋쥐보는것이참된그것을研究하는順序일가한다。이갓흔意味에이서々國民文學을樹立하기서지의露西亞文壇곳黎明斯에露西亞文壇을한번살펴봄도今日우리文壇에잇서써 고는안위쥼읫는다。

近代露西亞國民文學은푸ー쉬킨을中心으로써時代가갈니인다。그푸ー、쉬킨以後를近代로잡고푸ー쉬킨以前의露西亞文壇及國民文學을黎明期로잡는다 ……라쉬일노부러말하려하는黎明期露西亞文壇이라함도勿論푸ー쉬킨以前의露西亞文壇及國民文學을立準備期의露西亞文壇을意味하게된다。

×　　　×　　　×

×　　　×　　　×

푸ー쉬킨以前十八世紀의露西亞文學은簡單히말하자면模倣時代의文學이다。彼得大帝가政治的으로[在來의]形態를完全히改革해바리고西歐의새組織새文化를輸入한것은 그影響을非單政治 或은社會上에만끗치지안코文學上에도重大한影響을준것이다。곳政治上에잇서彼得大帝가이릇西歐模倣運動이文壇에잇서々々도相當한勢力을가지고이러나게되엿스니마카엘●로모노소푸와한데미리갓흔이를中心으로하고이러난文藝運動이다。그네의運動은簡單히말하면政治上彼得大帝의行動과마찬가지로 西歐文藝를輸入하야그土臺우에露西亞國民文學을建設하자는運動이다。以下當時文壇의巨星들을살피여보면………

머카엘●로모노소ー프(Michael Lomonosov——1714—1765)는露西亞黎明期文壇에最先驅者이다。그의生涯를暫時도라보면 그는적은漁村貧寒한漁夫의아들노나엿다가 그는노래여오낫든것이다。그러나天性이뛰여난그는조곰長成하여엇슬을文學에두고一七三〇年에집을떠나모스크市로다라왓섯다。그리하야多幸이어느好人의도음으로아카데미에쉬工夫를하게될것이다얼마後페트로그라드로옴기여가게되며그의天才를비로소發揮케되엿스니그는詩人이요文學者이며化學者天文學地實學者天文學者그우에經濟學者이요또歷史學家이엇다。이것흔그의博學은實노푸ー쉬킨으로하야곰「露西亞最初의大學」이란歐服을마지안이케한것이다。文學方面에잇서 그는獨特의影響을만히밧은代表的人物이요 同時에近代露西亞國語에對한最初의功勞者이다。그는當時有力하든傳統的敎會슬라브語를排斥하고모ー든外國語와슬라브固有의語源한語富을基礎로하야 露語를純化식히며精化식히엿다。그리하야그는露語의組織을주고同時에詩作의法則지서지만드러내엿스며그것게도短詩라튼가戱曲論文等에도多方面天才이엇다。그리고한가지注意할것은그가모스코大學創立期에도

로모노소프의人物은大槪이러하나 그를둘러보고보면그는獨逸의影響을만히밧아가지고健文功勞者아엿든것이다。

칸데미ー르(Kantemir——1708—1744)上述한바로모노소프가獨逸의影響을代表한다면 칸데미ー르는佛蘭西의影響을밧은代表者이다。그은擬古典的佛蘭西形式을尊敬하야 露文諷刺詩를쓰기始作한最初의詩人이다。울다비아의貴族으로全許西歐文學을自國에紹介하는同時에그니獨特한文化를建設하기에勢力한最初의人物이라볼수잇다。

버자로하고 그릭系統의어진어머니를가진칸데믜로七歲前後에밟쉬그의어머니로붓터希臘、라텐、伊太利의諸外國語

넓배위語學에天才를發揮하얏든것이다。그가조곰長成하매當時潮水갓치밀녀오는佛文學、그中에드러온

○이되데로、루쏘等의影響을만히밧아차츰～佛文學을硏究키되며드듸여이方面에代表的人物이된것이다。

佛文學의影響을이야기할제한가지側面수업는것은카자린女帝（Catharine the great）이니女帝自身이흠숭한女流文士

資格이잇슬뿐은姑捨하고宮中에數업시雲集하는貴賓은거의當代文士로그中에도佛蘭西文壇의巨星들이女帝의文學的好奇

心에도忠實한臣下엿든것이다。이갓흔理由로當時露西亞上流社會에볼테一르・루쏘等의佛文學이얼마나힘잇섯겟다는것

은누구나想像할수잇는일이다。

트레챠코브스키（Trediakovski――1703―1769）는로모노소프와近似한詩人으로여러가지形式의詩作이잇섯다。創作

에잇서々는比較的技巧가적엇고 一面翻譯에마흔功献이잇섯다。그의生涯는아스트라칸이라는곳에僧侶의아들노태여

나그가스물한살써모스코一로다라왓다가얼마後和蘭、巴里等地로遊學케되엿다。이갓흔關係上그가自然西歐文學의影

響을밧은것은異常업슬것이업다。

데르좌빈（Derjavin――1743―1816）로모노소프、칸데미르等의뒤를이어十八世紀中葉以後露文壇에나타난巨星은

詩人데르좌빈이다。그는카잔（Kazn）의出生으로十四歲써붓허모스코一에遊學케되엿다。그의生涯는아스트라칸이라는곳에僧侶의아들노태여

年부터軍隊에드르가近十餘年軍隊生活을하고 그가文壇에進出하기는比較的文壇의晩年이엿다。文壇에나슨抒情詩人으로알

니우게되엿고그中에도宗敎的或은 祖國의軍人이나政治家들을讚揚하는抒情詩人으로有名하게되엿다。그의詩歌스라

일에잇서々는로모소프에서뒤여날것이업스나詩的感動이豐富한点으로는훨신낫다한다。그의特徵은그自身이說明한바

와갓치『第一처음으로실비곤과아름다운音調로노래무른이매、아조純眞한마음으로神과이약이약이한이오우슴을역여가며皇帝에

게眞理를말해준이라』한다。

以上데르좌빈꺼지는十八世紀文壇에重要한人物이나이데의뒤를바다十九世紀初文壇은새롭고

빗을바다 一層活氣를의이게될것이다。곳西歐文學의翻譯物이數업시紹介되며 一面으로그를본바다露西亞式化한模倣的

作品이낫하남은勿論이요차참～健全한創作方面으로活氣를의이게될것이다。이케十八世紀를直接밧게된十九世紀初

葉에露西亞文壇을智間도라보자면만피카라므진을말하지안을수업다。

카라므진（Karamzin――1766―1826）은重言할必要도업시十八世紀末葉으로十九世紀初葉에露西亞文壇을風靡한大

文豪이다。어렷슬때그의生涯는仔細한記錄이업스나如何間카자린女帝時代로붓허알렉간도르二世써지前後二代를通

【8】

하야 그만한 活躍을한 이는 드믈다한다。 初期에 그는 約干의 評論을 發表하야 多少새로운 氣運을보이고 얼마지나 本國을떠

나서 暫時 西歐文物을차자갓갓다。 그의 外遊는 數次이잇스나 그가 첫번外遊로붓허 엇은것은 獨文學과 英文學에 影響을밧게

되것이오 第二次 (一七九〇年頃) 로는 佛敎以外에 巴里瑞西等地外지 歷訪하고 도라와 그에 對한 印像과 感想을 「모스코

新聞」에 發表케 되것이오 同時에 佛家에 有名하며 同時에 훌터러歐洲文學에 影響을 全體로 밧게 되것

이다。 그러나 무엇보다 도우리가 놈치지 안을수업는것은 그가 잇치 自由로 훈西歐의 影響을 만히 밧엇슴에 不拘하고 그를

純粹西亞國粹主義者로 볼수이 잇다 는것이다。 그는 當時 帝政에 對한 擁護者이며 彼得大帝의 專制的 改革에 對한 無二의 讚揚

者이 잇다。 그리하야 그의 第一 偉大한作品은 前後三卷으로 된 「露西亞統治史 The history of Russian state」이다。 그의 이

大作은 常時 文壇에 壓倒的 勢力을 차지하게 되것이니 前期出版八卷의 歷史冊은 不過三千餘日에 三千部를 賣盡하얏다 는것만드

라도 可히 짐작할수 잇는 것이다。 그는 普述 노부터 露西亞國民에게 愛國의 精神을 鼓吹하얏스며 歷史에 對한 國民의 興味를

喚起하얏다。 이點에 잇서 크로포트킨은 그를 「反動的」이라 하얏스며 『國家(政體)』를 爲한 歷史이오 人民을 爲한 歷史는 안

이라」 고 評하얏다。 곳 시치말노 하면 그 처럼 民衆的이 못되엿다는 것이다。 그러나 이것은 現代人의 眼目이 요 當時에 잇서서는

그가 露西亞一般民衆에게 熱烈한 國民의 精神을 高潮식히여 偉大한 勢力을 가젓섯다 는것은 否定할수업는 事實이다。 카라므

진은 이갓치 露西亞初有의 歷史家인 同時에 露西亞初有의 散文詩人도 된다。 그는 純朴한 露西亞國民性을 아조自然스럽고 單純

하게 表現해 논 最初의 大文豪로 볼수잇다 는것은 決코 過讚이 안일가 한다。 그가外遊로부터 發揮식힌것이

表한 『露人旅行者의 便紙』와 浪漫的色彩를 볼수잇는이 方面의 傑作이 잇다。 그外遊로부터 도라와 카라므

력한다。 그는뜨 一面에 잇서 小說家로도 불수잇스니 그의 大作統治史도 偉大한 散史文詩로되여 그의 이方面天才를 遺憾업시 發揮한바가 多少復雜한다 하나 如何間카라므진을 全體的 으로 보아 西歐文學을 輸入하야 그우에 露西亞國民文學을 建設하기始

作한 最初의 大文豪로 불수잇다 는것은 決코 過讚이 안일가 한다。

쥬코브스키 (Jukovski——1783—1852) 는 西歐浪漫主義文學을 露西亞文壇에 紹介한 人物이니 創作보다 翻譯과 模作이

만코 그가 露西亞文壇에 對한 功獻은 健全한 西歐文學을 幼稚한 露西亞文壇에 第一 잘 紹介햇다는 點에 잇다。 그는 英、佛、獨의

有名한 詩를 만히 飜譯紹介하얏스니 실레르 (Shiller)의 『올를레안의 小女』를 紹介한 이도 그이며 우-란드

(Uhland) 괴테 (Goethe) 헤ㅅ베ㄹ (Hebbel) 等의 散文詩를 飜譯한 이도 그이다。 그의 作品 스타일은 아조單純하고 平易하며 自

由롭고 優雅하야 露西亞文壇에 쉬 레ㄹ 흐르스키를 안닭을 수업다。

然스러워 西歐文學을 順々히 하야 밧아 알기 쉬웁게 하는데 만흔 妙技을 發揮하얏다。 그의 붓옷이 一見沈靜하고 感傷的인듯하나 그
는 當時盲目的 信仰을 打破식혀 바리고 健全한 理解를 갓게하며 同時에 佛文보다도 쩌질 그 붓옷이 愼重하야 알기 쉬웁게 하는데 만흔
하고 힘잇는 獨文學 밋 英文學을 露西亞文壇에 健實하게 紹介하얏다。 아마 當時露西亞文壇에 그처럼 健全한 西歐文學을
⟨ 만히 紹介한 사람으로는 쥬코브스키 以上의 人物이 업다하야、 도過言이 안일가 한다。

쿠릴로프 (Kryloff——1703——1844) 는 카라므진, 쥬코브스키와 同時代人物 노前者들에 比하야 一層 돕히 볼 수 잇스니
『푸ー쉬킨을 나 하곳기는 前露西亞文壇에 第一偉大한人物이라』 할도 그다지 過重評은 안이다。 그는 널니 世界的으로 紹介
된 寓話童話作家이니 그의 作品이 西歐諸國에 飜譯紹介됨은 勿論이요 亞細亞諸邦各國語로도 널니 飜譯되던 잇다 (日本에도
比較的만히 紹介되얏다) 그의 生涯를 暫間 살펴보면 그는 어느 要塞士官의 아들 노모스코市에서 태여낫다。 그러나 幼年時
代의 大部分은 父親의 任地인 오렌ㄴ부루그 (Orenburg)에서 자라낫다한다。 어려서 그의 父親은 죽고 賢淑한 慈母의 손으로 敎
育々 밧앗스며 長成하야 々 서 ㄴ 느 地方長官의 一書記生으로 出世케되 얏다。 文壇에나 ス든 初期에 그는 못을 戲曲에 두고 꾀지
안흔 作品을 發表하얏다。 그러나 차 츰 ⟨ 寓話에 붓 을 들게되며 專心으로 이 方面에 全心을 集中하야 드디여 大成케된 것이다

그의 作品은 初期戲曲 大部分이라 그리고 初期의 譯으로 晩年에 完全한 創作을 찻게된 것이다。 純直한 人間性은 露西亞農民의 純朴한 國民性을 힘
헛스니 그 初期寫話 大部分이라 · 폰ㄴ테ー느ㄴ(La Fontaine)의 飜譯或은 그의 模作이 大部分이라한다(勿論純全히 그런
것만도 안이요 · 소ㅣ프의 作品도 그의 손 으로露西亞에 紹介된것이다)그러나 이에 한가지 注意할것은 그 가라폰ㄴ테ー느의 影響
을 밧기는 밧엇다 하드래도 그로말매 암 아 그의 獨創力이 조곰이라도 損失되지는 안엇다 는 것이다。 곳 그의 폰ㄴ테ー느 飜譯이라
함은 一般意味에 飜譯과 는 아 조 달 나 그 骨子나 材料만 가 커 다 가 그것을 純露西亞化식 한 改作 이라 볼 수 잇다 따라 서 그의 譯에는
譯보다 도 創作이 만타 그리고 初期의 寓話 으로부터 晩年에 々 서 야 비로소 佛蘭西文學의 影響을 만히 밧엇 지 만 寓話에 잇 서 々 는 一層더 佛蘭西作品의 模倣과 飜譯이만
ㅣ느의 作品처럼 自然의 森林, 野生의 動物들을 獨特한 觀察 노 描寫하얏고 純直한人間性을 露西亞農民의 純朴한 國民性을 힘
잇게 諷刺하야 表現하얏다。 곳 自己네國民性을 잘 理解하야 그 弱點에 힘잇고 날카로운 諷刺를 더 쥬엇고 痛切한 批判을 앗기
지안엇다。 이點에 잇 서 々 大詩人 푸ー쉬킨도 그를 『우리 詩人들 가운데 누구보 다 도 國民的』 이라 歎服하 얏 스니 · 果然 그의 寫
話는 그 內容에 잇 서 어린兒童들을 이라 도 滋味 잇 게 읽 을 수 잇 는 童話的 性質을 豐富히 가 젓고 · 그리고 普通成年에게 기는 一種의 哲學으로
불수잇 는 意味 深長한 諷刺에 힘 잇고 잇 다。 그의 文體 나 形式은 健全한 寫實主義로 國民性에 알맛추 그네의 生
活을 率直히 表現한 것이니 無識한 農民들은 그 單純하고 順平한데 自然趣味를 가 지 게 되 며 洗鍊된 藝術家들은 그 더 할 수 업 시 아
름 다 운 藝術品인點에 無限한 感歎과 嫉妬를 感 하 게 까 지 되 는 것이다。 따라 々 그 는 在來 俗語의 肉體的 이요 傳統的인 言語 수 한 形

式을학수어 바리고 그것을죽어 純化식히여 一般國民에게提示하 한本源을理解식혀주는同時 그힘잇는모든長點을씨우

취주엇다。그리하야 自然 그의作品은 곳 西亞古典研究家에 뻐놀수업는材料가되는同時 그의 文壇上地位는 實노 『希臘에호

ㅡ머와 比較할수잇는…地位에써지 이르게된것이다。(슈크노브스키 文學史參照)

×

黎 明期의露文壇곳 두ㅡ쉬킨以前의 西亞文壇은 크릴로프까지 大略重要한人物만을 紹介한줄밋으니 그네의뒤를이어

이러난것이곳 國民文學勃興期에 偉大한評人 푸ㅡ쉬킨이요 차츰〈레르몬토프、고ㅡ골等으로 나려가게된것이다。그리

나 第一쿠음에 말한바와갓치 이小論에잇서서는 푸ㅡ쉬킨이前에만限하고 그以後는다시 期會를기다러 紹介하려하며 웃호

로 以上말한 黎明期全體를通하야 一大한난特徵만을 簡單히살펴보려고한다。

×

나는 以上紹介한全體를보매 누구나當時文壇에선 各自가外國文學곳 西歐學의 飜譯、或은模倣、改作、으로부터始作

하야 그것을建全土蟇로삼고 그우에 露西亞獨特한國民性을發揮하야 새로운創作을나하노앗다고生覺된다。좀더쉽게

말하면 그네는 西歐文學이란거들을잘닥가 그압헤自身의創造力을빗추어보는同時 그로부터새로운創作을차자씻다는

것이니 곳것칠고粗雜한露西亞國民性을 洗鍊된先進國의文化로純化식힌것이며 無秩序 無組織한슬라브

의獨逸語곳을더쥐주고 高佛語를만드럿고 希臘、라텐 갓흔佛語곳한語源을차자내는同時 外國文學의

健全한紹介와硏究로부터 偉大하고힘잇는露西亞近代國民文學의 틀ㅅ한基礎를쉬워노핫다는것이다。』

~~~~~~~~~~~~~~~~~~~~~~~~~~~~~~~~~~~~

「沙翁」消息 두낫。

日本서는、한동안、學校劇道文部省에서禁止한일도잇

엇지만、最近英國牛津大學의演劇協會에서는、오는七月

二十四日부러、沙翁ㅡ最後의傑作이란피쓰드룰、野外劇

으로演出한다드라。

×

昨年五月에燒失되엿든 沙翁紀念劇場의再建計畵은、世

界的으로識者間에 燃火되여 오든바、발처設計까지作定되

엿다。印度보담貴重하다는英國自身의詩聖이여ㅡ 우리

에게도感銘주노니、朝鮮의沙翁이날써가되면、그대도孤

獨하지는안흘것이다。坪內文學博士의多年努力은、日本

東京早稻田大學에서、沙翁時代의劇場『幸鴻座』를模

倣한紀念博物舘을낫다한다。朝鮮의文藝家들이여、自

重하고努力함이어、마지안키를바래노라、그대들의眼界를

넓혀、世界文學의動靜에、注意하고參考함이잇슬진단、

覺悟의偉大함과小成의否定이업지안흐리……

明治文學의 史的考察

咸 逸 敦

오늘우리社會의知識程度는 그差가쐐甚한것갓다。아는이 (一般知識階級을말한다) 는너머알고 모르는이 (一般無識階級을말한다) 는아주모른다。나는바른맛윈으로나마 日本文學을 우리社會에紹介코자할써에 이닛김이더욱 切實해진다。

日本文學을紹介하는데 나는두가지樣式을생각한다。한가지는 두레 (範圍) 를좁게잡고 김허〳〵드러갈수잇는 前者의方法을取하여야켓고 또한가지는 김히룰앗게잡고 두레룰넓히살펴볼가 이두가지이다。아는이들에게對하여서는 뒤ㅅ方法을取하여야켓다。아마우리社會에는 數가만을것갓다。아는이들가온데도 日本文學을비룩槪念的으로라도 理解하는이는 그리만치못할것갓다 모르는이가아 는이보다。

〳〵의特色을 엇던特殊한問題를들어 그에對한文學的研究나 鑑賞或은批判을할나면 만츰널니그時代 〳〵의特色을 쐐지말고細密히調査하며綜合하여서 全體에對한槪念을 가장正確하게잡은뒤라야할수잇슬것갓다。

그럼으로 槪論的知識이 발서되야야하는社會에잇서서는 으레히第二階段의純文學的研究 를할것이나 그렇치못한社會에잇서서는 即우리社會와갓치 日本文學에對한知識이 多少薄弱한社會를爲하야

勿論이槪論부터만침해야할것갓다。그럼으로나는 萬葉集이며古今集의詩歌研究라든지 源氏物語나平家物語 謠曲 狂言等小說歌曲의硏究라든지近松의淨瑠璃니芭蕉의閑寂藝術의硏究라든지近世日本文學의새로운 原野를開拓한平民 文學의勃興發展의形跡을차자본다든지 專門問題에對한特殊硏究를더나 爲先槪論的으로 日本文學의史的考察을해

불가하야 이題目을내써운것이다。

그런데또그한가지말할것은 왜明治文學부터出發若手하는가하는問題이다。上古時代로부터始作해서 中古近古近 世現代로버려려오며 歷史的順序를따라觀察하는것이 文學發展에對한有機的關係를차자보기에도 쉬울것갓다。그러

나 그것은 日本文學에 아모素養도업는이의게 對하야는 親切한 方法로 못될가 생각한다。 만일 現代로부터 始作해서 써 明

治時代—— 日本文學에 德川時代（或江戸時代） —— 南北朝時代 —— 室町時代 —— 鎌倉時代 —— 平安朝時代 —— 奈良朝時代 —— 大

和時代로. 차々차자올나가며 그 時代文學의 本質을 차자 보는것이 初學者의 게는 배우는 順序일가 한다。 그 理由로말밋

簡單한 例를 하나들자。 先史考古學者들이 엇던 地方遺跡을 調査할써에 或遺物이 地上에써러커잇지나는는가 하야 만

첨地上의 探査부터 始作한다。 그뒤에 發掘을 始作한다。 얼마과면 鐵器時代의 遺物이 나온다。 좀더파버려가면 石器時代의 鐵

器時代遺物이 나온다。 좀더 파버려가면 石器時代의 遺跡이 나온다—이 와갓치 파고더러갈사록 古代의 遺跡을 알게되는同時에 그調査

와갓치 斷層的의 이안일넌지도 모르겟다만은—이 와갓치 파고더러갈사록 古代의 遺跡을 알게되는同時에 그調査

는더욱々 困難해진다。 우리가날마다 맛날수잇는 現代人에 對하야는 그 頭形指示의 長短이라든지 顏面角의 大小

라든지 身長의 高低라든지 毛色의 赤黑이라든지 其他身體的 特徵을 直接으로細密히 觀察할수잇지만은 百年五百

年千年上代로올나가면 그써사람들의 大概엇더한 身體의 特徵을 가젓든지 알기어려운것이다。 다시原史時代로올

나가면 더욱々 알기어려워진다。 짜라서그 時代의人種을 研究하라면 決코簡單한것이 아니되는것이다。 이와맛찬가지

로 文學도올 上代로올나 가면을나갈사록 研究에 特殊한 努力과方法을 要하야 하는것이니 文献學이며 有職故實等의 研究는

勿論이오 人種學、言語學、考古學、土俗學、宗教學、神話學、文明史、歷史等에 對한 知識을 土臺로하지안으면 그데도古典이되

到底히 그 完全을바라기는어려운것이다。 勿論概念이나잇는데야 無엇이그다지徹底한準備가들나만은 그데도古典이되

나가면 더욱々 알기어려워진다。 以上補助科學의 知識이多少라도업고는 그 對한 理解가容易치못할

면될수록그는우리와 時間의 距離가너머너머멀으로 인해여괴日本最古文學인古事記의 一節을써노아

것이다。 철흑엇던槪念을엇게기되드라도 무섭게품을의리라할것이다。 人類學者가生體의 研究로서부터始作하

보면곳알갓이다。 그럼으로나는 考古學者가地上의 觀察로부터始作하는것과갓치 漸々前代로써잇는그것부터始

는것과갓치 그에니뢰기까지現代語二觀察로부터始作하는것과갓치 文學드우리와가장갓가운距離에잇는그것부터始

作해서 차々그의自然한 順序가안일가 한다。 엇던衝動을늣기게될때에 或은숨어

우는이의의自然한 그것을取扱하기前에 日本文學의 黃金時代인平安朝文學을取扱하기前에 明治文學보다좀더 大

온나가會良朝의 그것을취自올나가는데서 明治開化文學부터취웅것이 正생각되며를 別로紹介치안트라도 그는우리

正岡子文學이 잇든안은가하는問題에 다。 그러나 그것은아직古典에만 自由로맛나며眞摯로그의探究를하수기것임으로 여긔는省略한

와한時代에어떠하는는그것임으로 엇엇든다 쭈주못썻거나 自由로맛나며眞摯로그의探究를하수기것임으로 여긔는省略한

다。 강考意味에서비明 古未明의 그것도 그리 仔細히 記錄할것이 안잇를 것이니그우리次文學理解의 現在를 것보다물써에 무

엇보다明治文學胎生期와 또그發足時代라고도할만한그時代가聯想된다。그럼으로두時期를中心하고가장簡單히

그時代文學의特質과 文學運動의歷史를槪觀코자하노라。時間은흘너 三四十年의距離를짓고말앗스나 文學運動史

上의『이ー폭크』는 쥐들의그때와 우리의오늘이 그사이에엇던類別的差가진듯듯하다。이째에잇써 남들이成功한그

運動의歷史를차자봄이 他山之石이라고서지는못할지라도 엇지無用한일이라고들하리오。

明治學文을좀더仔細히알고처顧하는이를爲하야 한마듸더쓰노라。明治文學史로는岩城磐太郎氏의『明治文學史』

가잇다。그러나이것은明治四十年代出版임으로 그안에는三十七八年頭以지의記事밧게업는가한다。日淸戰爭이지나

간後 文運이一轉하야 象徵文學이勃興하며 純近代的新文學이樹立되게된그後史實은 이것만으로는알수업슬것이다。

協會等새事業이醵然히이러나 社會主義小說이出現하며 藤村、漱石、獨步等이文壇을흐들며 文藝

그外에明治文學文獻으로는大正十四年에出版한同氏의『明治大正の國文學과宮島新三郎氏의『明治文學十二講』等이

잇다。

胎生期槪觀

一、序 說

그리고以下記錄해가는가온대 明治小說이름이마나나을줄아나 明治時代各種小說에對하야는다로그梗槩를卷末에

라도紹介코자하나 特別히直接그作品들읽기를願하는이는 山口剛、神代種亮、本間久雄/木村毅等四氏의編纂校註

로 東京堂에서發行하는 明治文學名著全集에依함이第一조을가한다。그들은이全集이明治古典의寶庫、明治文化의

紀念塔이라고한다。안이랄수업다。

明 治의大革新이 日本有史以來의最大變動이며 世界的一大驚異이엿슴은 말할것도업거니와 同時에이變動이

全國民生活에준激動은 實로무서운것이엿다。明治天皇이宣布한 五個條의誓文은 國民의意氣와理想을表示함과同

時에 나는비로소그時代의曙光을더듬어 힘잇게暗示하는것이라한다。어제까지活力을가지고잇든 鎖王攘夷의醬

勃한思潮는 一瞬間에말쉬舊思想으로變하는同時에 歐米文明의吸收에狂奔하는者、그에對하야 激質하는者、驚歎하

는者形々色々으로出動하야 一國이맛키를々틀과갓치 上下兩面에綾踏을始作하며 國民思想은아조混沌狀

態에싸지고마랏다。그러나이것은어느나라 거느時代어느革命에나볼수잇는 瞬間的現象이엿다。革命의騷亂이整頓

되야、民心이內省的이될째는 그것은발셔發展과進步로맛고이르는것이다。明治政府는制度의改廢와物質的施設

에沒頭하얏다。國民의多數도또한政治問題에沒頭하야 그生活을藝術化하기는커녕 精神的修養을吿々히整頓으로向

하얏다。그기는가지々못하얏다。그러나政治的社會問題가苦々整頓되는음을짜라 文化方面도大刷新을보이면셔整頓

으로보아 그기는功利的物質食頃의驕漫益吉이며 功利的道德敎師中村敬宇며 純其將敎傳導師新島等諸氏의必死的

努力이잇슴은 말할것도업다。그러나文學美術宗敎的等이 그緖에就하게됨은大槪明治二十年前後의일인즉 文學史上

明治初年으로明治二十年頃싸지는 文學의胎生期라할것이다。

大槪一國의文學이 그나라國民心理의精華인것은말할것도업거니와 一時代의文學이그社會心理의表現인것도事實

이다。이것을日本文學으로보면 上古時代의健實한文學을내엿고 爭修가流行하는時代는 中古의華

麗柔艶한文學을내엿고 厭世와隱遁的氣分이充滿한社會는 近古의陰鬱한文學을내엿고 功利的現實主義가流行하는

社會는 近世의平民文學을내엿다。同時에過渡期에잇는社會에의作品은 一定한色彩를띄지못하고 人心이勤糧한

곳 浮萍과갓치轉變漂流하는것이니 나는明治文學의特微은 여긔에두노라。

그런다 明治文學은아즉混沌한過渡期의 그것이다。그러나文學史上에過渡期는 비단明治期에만잇는것이안이다。

그러나맛찬가지過渡期의文學이라도 明治의그것은가장興味가잇는것이다。平安朝文學의過渡期는 印度支那文學을

輸入하야 日本固有의文藝에接觸식인그것이다。江戶文學의 그것은 一千年來只々浸潤한支那印度思想이 純然한日本

文學思想으로되야나타난그것이다。그러나明治文學의過渡期는 앗가過渡期의文學이라 長久한前時代에보아노은

日本文藝의精華를 새로泰西文藝에接觸식혀 黃昏々々에서々나려하는그것이니 갓튼過渡期의文學이라할지라도 前

代의그것과는天壤의差가잇슴을알수잇스며 다시大正時代로나려가면 昭和時代의오늘에々르러새로운文藝運動

이日本文藝界에 現在이러나고잇는것은 千數年빗남부터日本文藝이 發達變遷해나려오는歷

ㅣ的進路를 우리는너머나왓々히볼수이는同時에、그것은또한無窮한興感와깃붐을 우리의게주려것이다。

二、 國語及國字論의 勃興

말 과文學은形式上으로나本質上으로나 가장緊密한關係를가지고잇다。露語로쓴文學이露文學이오 獨語로쓴文學이獨文學이오 佛語로쓴文學이佛文學이라 하면 日語로쓴文學이日文學일것은 다시말할것도업거니와 本質的關係로보드라도 勿論그그는國民生活과民族精神의影響을無視할수는업스나 한나라文學과 그色調를달니함은 그큰原因은그나라國語가特異性을가지고잇기써문이다。女性의柔軟性을가진日語가 日本文學全體를優美와 哀然味로潤色함은 말할것도업거니와 갓흔日語라도 아직말에洗練이업고田夫野人의말이나 貴公子들의말이나그 사이에 그리큰距離가업든 兩者間에上古時代의그것과 洗練이極度에達하야 室町絕後로優美滑達게되平安朝時代의그것과는 갓흔日本文學에라도 兩者間에큰差異를나고말엇다。時代的差異뿐안이라 方處에依한言語의差異도文學에주는影響은 큰것이잇다스니 京都語를標準으로한中古文學과 江戶語를標準으로한近世文學의差異를보면알것이다。이멋가지實例를보드라도 文學用語의如何는質로 文學의本質을左右하는 큰條件이라하겟다。日語는江戶末期로부터 각금論議되야버리려왓스나 明治期에드러 가장일즉國字와國語問題에눈의인이는 前島密과 南部義籌의兩氏이다。그들은國語를統一하야 標準語를確立하고 國字의整理를實行코자하야 여러가지로論議하얏다。前島氏는慶應二年(明治元年으로부터二年前)에當時幕府에建議하기를『口談과筆記의 兩般의趣를 다르지안케 하고십다고 생각합니다(直譯)』 라고하야 言文一致의必要를力說하얏스며 明治二年初夏에는다시『假名을國字로하야 新敎育을實施할지니 今日은絶好의機會이다』 라는뜻을明治政府에 建議하얏스나 採納되지못하얏다。南部氏는明治二年에 山內容堂公에게『莫如假洋字而修國語也』라建白하야 羅馬字論客의 先驅가되얏다。그後明治五年에니르러 森有禮는英語를國語로하자는 主張을하다가 米國言語學者윗트니博士(Whitny)의忠告를밧고말앗다。이써에福澤諭吉은 論議보다質로實行음爲主하야 가장口語에갓가운文體로自由롭게思想을發表하얏다。이와갓치하야國語國字의改良은識者間에漸々論議되야 明治十六年七月에는 「카나노쿠와이(假名會)」가成立하고 十八年一月에는 「ㅁ-マ字會(羅馬字會)」가되야 맛춤내假名或은 羅馬字의著述써지出版되게되야다。 그러나問題는千百의識者를要求함이안이오 오직한사람의文豪를要求한다。十四方言을統一하야 「러스카니(Tusca 「hy)」方言으로위伊太利國語를確立한것은 識者들의論議가안이오 오직한사람 「단테(Dante)」의詩篇이엇다。日本의言文一致體도 山田美妙니 尾崎紅葉等文士들이나서 論議를하고實地로새로운文體도 作品을쯕々쓰버는데서確立되엿스니 이에關한말은다시아래에쓸機會가잇겟다。(續)

「海外文壇消息」

—現西露亞消息—

△兒童을爲한映畵

쏘비예ㅅ드文部中央政治人民委員會는社會敎育本部、中央政治敎育部及(公ー키노)쏘비예ㅅ트、키네마會社의三團體로부터代表를選出하여少年을爲한必要한映畵選擇委員會를組織하고現存映畵中으로부터三百六種을擇하엿다。此等은一月中旬全國敎育機關에提供되엿다고。

△톨스토이十六回忌日

舊曆十一月二十日모스크바・레ーㄴ그라드・야스나야・포리나야等地여긔는盛大한 杜翁死後十六年記念祭가擧行되엿다고、모스크바에서는

杜翁博物館에서、杜翁傳記著者인비류・콤호氏가故翁의遺品을비롯하여其他興味잇는講演이잇섯다하며한明年——一九二八年八月二十二日은杜翁의誕生百年記念에相當함으로現露文部委員會는全九十九卷으로되는杜翁의全集을年代順으로出版豫定이라한다。

△고ー리키近信

昨年(一九二六年)十二月下旬、이주예주차紙에 長久한沈默을세르리고막슴띄ー리키는 「그라쉰의追憶」이라는比較的長文感想을실니엇다고이것은 過般、倫敦에서客死한쏘

비예ㅅ트外交家로外貿易에通達하엿든ー그라쉰氏에게보내는追悼文인것은勿論、

△宗敎悲劇「파이카루의小舍」

「쏘ー카노」直系인海參活動寫眞館「아루스」에쓰는、去一月二十二二十三日兩日間全八卷으로된「파이카루의小舍」를上演하엿는데、이것이파이카루附近에處한反革命戰爭을取材한大映畵이며主役은 有名한키비마女優고루자바女史이라고。푸리야ー트民族의宗敎祭口에集合된大衆이撮影되여잇다고。

△레르몬스키氏死去

【17】

아려ㅣ스ㄴ드롭스키座에서、約半年間
이나活動한「功勞藝術家」이•례르르
스키는헤루니야의手術經過不良으로
四月八日레ㅡ닌그라드에서死去、그
는性格的喜劇俳優엿고、最近의俳役
은「그리올르•아스크」의「最後」의오토치
예나씨엿섯다고.

△現代文士와小學生

文部人民委員會直屬인모스크바「콤
문小學校」閱覽圖書는比較的嚴選된
것으로ㅡ그中에는、同宗의憲法、法
律書、맑쓰의「캬피탈」레ㅣ닌•부
하ㅣ린•부나촤ㅣ스키•포쿠롭흐스
키•氏等의政治、經濟、敎育書와갓
치、現代文學者中막씀•고ㅣ리키、
숄로흐•마아콤흐스키•氏等의作品이
選擇되여잇다고.

△모스크바諸劇場

四月演出目錄

藝術座ㅡ「도리부늬흐時代」「(그리보예ㅣ돕흐의
ㅣ러링크)靑鳥」「(그리보예ㅣ돕흐의
理知의悲哀「熱心「玉宮의門」

同座小舞座「고리키夜宿」名譽의
販賣人」「에리자베다•페트롭흐난」
「人生鬪爭」「未知의婦人」

大劇場ㅡ「예ㅂ흐게ㅣ니•아빈ㅣ긴」
「바리스•가두놉흐」「파우스트」「아
이다」「이고ㅣ公」

同試演劇場ㅡ「兵籍의이반」「후이
가로의結婚」「쏘로천의定期市」「두
부롬흐스키」「라쿠멘」

第二藝術座ㅡ「에릭크二十四世」「洪
水」「蚤」「百件」「冒險者메뉴후그탑
흐」「오례스테야」「十二夜」
카메ㅣ르늬이座「아도리엔•낙
렴루ㅣ레르」「낫과밤」、「楡樹蔭下의
戀」

메이에르흐리드座ㅡ「檢察官」「지
쿠라支那야ㅣ」「만다ㅣ트」

佛蘭西消息 두낫

「렌•미쳐라불」의作者、佛蘭西文豪
浪漫派의巨匠、「비ㅣ톨유ㅣ고ㅣ」가、「크
롬웰」序文에서 浪漫主義를宣言
하야 熱狂的으로 싸흠한지가 발쉬
百年되인오늘날、그當時의勝利를追
億하기爲하야、佛蘭西大學에서「유
고」講座가設置되엿고、日本서는
六月四日에 早稻田大與佛蘭西文學會主
催로、浪漫主義百年祭記念의文藝講
演會가公開되엿섯고、吉江喬松氏、西
篠八十氏其他諸氏의談話와、「메라
ㄴ스사」夫人의詩吟은、近來에드믄感
激을주엇다.

×　×　×

今春에死亡한佛蘭西畵家「크로ㅣ
드•모네」이功績을贊美하고記念하
기爲하야、巴里市會에서는、氏의일
홈을가진市街를設置하리라드라。朝
鮮의美術家들이여 入選하기爲하야
만 製作치말고、일홈을내기爲하야
만出品치말고、몬쥐 偉大한世界的
의朝鮮的畵家가되여주력으나ㅡ!

【18】

「쇼오」劇의 作品과 思想

鄭 寅 燮

『버ー너드●쇼오』의頭腦는 글자대로 一種의楔갓흔 것이엿다. 그尖端은恒常銳敏하야 한번쐐히이면 다음에서다음으로 우리들의社會를 쒸쳐갓다. 그리하야 내가압헤말함과갓치 그이는 더번有名하게되엿다. 짜라쉬 그이에게는 만흔作家들갓치 流行되기까지 所聞만이 오래동안 들리이는悲劇이업섯다. 사람들은 그이의것을 무어든지하나읽으면 다음에서다음으로 모든것을읽어갓다. 그이의劇을하나본이는 쓰다시다음의劇을 기다리고잇섯다. 그레쉬 그이가 作品을書籍의形式으로出版하면 사람들은 모다 다른作家를실허하엿다. 即 사람들은 모다 그이의冊을삿다.

── 체쓰터튼 ──

告

──다음글을읽기前에, 認識連絡따위, 前號에실린序論 ──「쇼오」의劇藝術과其 思想的內容의[必然]的傾向 ──을, 한번 더읽어주십시요.

나는문커, 「쇼오의劇」의 一般에對하야、 論述함이잇섯고、 쒸、 그顯著한特質을指摘하얏슴으로、 讀者諸氏는、 어느程度꺼지、 「쇼오의劇의傾向을理解햇슬것이며、 作品에對해쉬도、 엇든豫想的期待를가질수잇슬것이다. 그러나、 보당더重要한것은、 내가恒常主張하는바、 [眞實的鑑賞] 그것이아니면안된다. 이쒜 나는、 世上에흔히보이는 [으뭘주물]式을避하기爲하야、 忠實한意味에쉬의系統的紹介를試述코저함으로、 다음과갓흔態度와形式을取하기되엿다. 總括的序論에쉬、 한거름나아가、 各其部分에드러가고、 混合的消略과前後無分別的曖昧를未워하는見地에쉬、 創作 쏘는出版의年代順에依함하려함이다. 그리고、 故意의誇張과不自然한連絡도、 그리을게생각지안는바임으로、 이커슴을、 미리말해둔다.

「쇼오」劇의初期作品은「愉快한劇」과「不愉快한劇」과의二種으로分類되여쉬出版되엿다. 이分類가뜨한一種의「쇼오」式이라할가、 何如間普通世人이함과는 다른別式임으로、 그別目의珍味로쉬라도、 一般의耳目에非常한好奇心을이쓰키게될것이다. 爲先이題目의相違與否를論한다할지라도、 그것이만흔興味의對象

이될것이요, 띠 그러한事實을承認하자안흐면안된다. 勿論이것은, 數學的意味에서의精密한區別의表現이아니요, 作品의內容과取材와氣分과效果갓흐것이, 大略『愉快』와『不愉快』의兩[카테고리]에, 너흘수잇다는意味에서의可能的分類에, 不過함을짐작할必要가잇다. 엇든評家는, 『愉快한劇』이라면, 社會의『恐』를主眼으로한것이요『不愉快한劇』이라면, 社會의『恐』을主調로한것이라하엿지만, 그것에도例外가잇다할수잇는意味에서, 完全한解釋은아니겟지만, 大體로보아서, 그러케도말할수잇겟다는것과하는程度의肯定으로서, 實地로, 우리들이努力을參酌해보기바란다. 그러나, 元來, 思想을主로한『恐』劇임으로, 그縱橫自在한潮流를理解하려면, 觀察眼이奇異하고別珍인『쇼―』의作品은, 平凡한心理에게는, 그原意와正反對의印象을줄지도모른다. 單一效果아닌難解의劇일지언정, 要點을指摘함에는, 絕對의不可能이업슬가한다.

먼저『不愉快한劇』을살펴보자。『호흘아비의집』은、『쇼―』가劇作家로서、맨처음으로월흥낸社會劇이다。이것이、처음、『獨立劇場』에서上演되엿슬때는、그다지好評을엇지못하엿섯다。이劇場을말하면、英吉利의新劇運動에、多大한貢獻을주던것의하나이요、[通俗演出]에滿足치안는知識階級과、趣味高尙한者들을爲하야、佛蘭西의『안토안』에模倣한試演的小舞臺이엿다。第一回試演은、一八九一年三月九日、『입센』의傑作『幽靈』이엿스나、所謂紳士的인倫敦人士의攻擊을밧게되여、苦難中에에잇다가、마음엇이것에同情한이는、愛蘭의詩人『쪼―지・무어』이엿스며、英國의新劇運動에밋친效果잇기한것이、如한同人人의處女作인、이社會劇이다。이劇場이七年동안繼續하는동안에、우리社會의現狀을드러내보면、때한感慨는、말할수업시크다。創設의基本金이劇譯의報酬八十磅이것을생긴해볼써、우리社會의現狀을도러다보면、때한感慨無量인同時에、有志의自覺的創意가、하로밥비實際化될날이오기를絕따르하고저하려한다。其後『舞臺協會』가、그와갓흐主義下에서創設되야、今日까지繼續되여오는동안에『쇼―』의紹介를寫始하야、外國의有名한劇作을上演하고、그거서

말이엽길떠들여갓지만、우리社會의現狀에잇서서、가장困難한文學運動은、아마、이劇藝術일가한다。

말이 『나는、本來劇運動에專心하려햇지만、먹고살수가잇서야지。그래서、小說을쓰고잇네!』하엿다。果實이그럴것이다。나의가장敬愛하든『土月會』의停止도、이것을證明하는團體的好例가아닌가? 過渡期의劇術團體라할가、所謂新派演劇團의活躍도、中槇名俳優인金陶山等等의死亡과、잇時代的의必然所致로、漸次昔日의盛旺을일케되엿슬아니

락、近代的 舞臺藝術에、何等의 眞正한 科學的 技能과 熟達이업는、그의 追從의 營業巡演團의 運命이도、今明에잇슬진댄、

況、우리의 喜劇인 春香傳的 舞姿享樂도、由來 그대로의 樣式으로써、또는 그대로의 花中仙式 俳優로써、現代的 復活이잇

슬줄잇슬수잇스랴!

其他現今各地方의 素人演劇流行이야 말할것도업거니와、東京과京城을 爲始하야、專門家라할수잇는이들의 劇藝術團體

도、그것이 理論上으로、또는作品上으로는、豐富한內容이잇다할지라도、劇의立體的綜合藝術인以上에야、그理論과

作品을 演出식힐만한 劇場과 俳優와 觀衆이업고는 眞正한意味의演劇效果가업슬것은勿論이지만、그것이相互關係를고잇는意味

모다서 不安全한狀態에잇슴은、누구나다想像할수도잇고、證明할수도잇는事實이지만、그것이相互關係를고잇는意味

에잇서서、어느게 重要하지안흐리요。그러나、『베―커』것흔名俳優도、舞臺上의出現되엿고、『크렌이그』것

흔 舞臺裝置의近代的革命家도、그이의 天才와劇場의實際에서熟達되엿스며、歐米洲의觀衆이量質象備함도、演出舞臺

에서의 實地影響어、半面의原因이잇다。이直感的事實을생각해보아서、길게말할것업시、나는、우리社會의新劇―

眞正한意味의近代的劇藝術――을 確立식히려면、몬저、試演의專用의小劇場――大小不問――建設을 主張하고저한

다。여긔가、先驅者故金水山氏의絶呌의煩悶이、先輩로써빗나는點이다。

新劇은、有閑階級의娛樂以上의것이다。모든民衆이劇을要求하는바가왓다。여긔서、資本主義社會의劇場所營問題

와、試演의小劇場運動問題가이러나며、그에對한新人들의覺悟가必要하지만、여긔對한論述은本稿의本領이아니니、

따듬機會로 미루거니와、意外에 엽길에들어온主意는、쿄음에連關되여記錄되獨立劇場갓흔【內容의模倣】이라도조흐

니、우리社會에서、우리의新劇潮流를集權할만한中央組織이成立되여서、쯧『聯盟協會』가創立되거나、或은特殊個人

의深刻한投資로써든지、맨첫거름으로、劇創作의本質的立體의批評과價値을알수잇슬것이요、따라서、모든文化部門에

엇가를바라는데이다。이러케되여야、理論上으로무엇〳〵할것업시、엇지되엿든、爲先專用試演的小劇場의創設이

劇的效果의波勤이넘치게될것이며、自覺과緊張과革新과創造가잇게될것이다。朝鮮의新

劇運勤에對한理論과實際는、자못큰問題임으로、簡單히決論하기어려우나、엽길에들어온김에、두어말적어것이다。

다시『쇼오』作品에도라가서붓을

『쇼오』의쓰그럼은社會劇의첫거름으로、前記『홀아비의집』도、그過多한理論과平練한諷刺와、社會主義的傾向이

一般觀客의好意를엇지못햇슬것이아니지마는、從來의英國戲曲에對해서는、一種의革

命이엿다。質民窟의實狀을表現하것이요、借家을經營해서、利益을獨斷하는資本家의惡弊를力說한것이다。大學을맛

卒業한『드레ㄴ,희』가、 엇든令孃을맛나、 結婚하려는데、 그女性의父親은貧民家屋의主人이요、 殘忍酷薄한사람임으로 그것을알고는、 그러한드러운돈에依賴하는마누라는실타고、 因緣을中切하려든男子도、 自己의收入이或한그와國一한 財源에쉬나우든다는것을알고、 即그家屋의臺地가、 自己의土地임을發見하야、 대즁업는것을하게된다。 그래쉬도家屋 改築을反對하고、 뛰이改築을말하드라도、 實上은、 衛生과慈善을爲한것이아니라、 市區改正써에、 조금이라도高價로 써、 市에賣渡하려는【우ㅇ심】이엿다。 慈善의나義務도、 必竟은利己에不過하다는思想이다。

『道樂者』이것은、『쇼오喜劇의代表의하나이다。 【쳐쓰터론】은 『쇼오』가、自己의本職인、 藝術的野心에쉬全然 히떠난、 無邪氣의마음으로쓰는것이요、 이갓치巧妙하게、 熱心한醫師의正體를그린것은업다 —— 그까지말하려는 것이니、 얼마나苦澁的喜劇인가！ 主人公은쿠챠—레쓰』란理智的男子이다。 自己의信念은、 어대까지든지、 行하려 하는性質이요、 만일結婚問題가展開된다。 新女性〔그레—쓰〕가이男子에게、 自己는나가머사랑하는男子와 結婚하지안는다하며、 男子에게、 過多한利益을주게되는意味에쉬、 여러가지로、 結婚을低卑하게보고 自由를사랑하면쉬도、 自然의情熱따위、 엇젼수업시男性을追求한다。 主人公도、 이女性에게눈을돌녓슴으로、 女性은 되엿슴을發見한病따위、 死亡하리라생각하엿든사람이、 그病을겁버지안케 結局、 安樂한家庭外에는、 아모것도約束할수업는、 痴鈍한醫師에게몸을밋긴다。 그럼으로、 主人公은、 自己가選擇한 動과心理와極端한理想主義의危險性과、 主義에對한사람의犧牲을、 思想的內容으로하야、 그모든附屬的效果를描寫한 되엿슴을發見한病따위、 自己가發見한病따위、 사람의生命과單夢問上의野心과의輕重을沒却한한

『우오테ㄴ夫人의職業』—— 이것은、 粗鄙한어머니와冷靜한딸사이의無死的悲劇이다。 어머니의職業은娼家婦自身이요 그딸은그利益으로쉬敎育밧고잇스며、 女息의裕福과純潔이、 그런한慘窟無比한、 어머니의職業의保護를밧고잇셧다。 그러나、 이런內容을모르고잇든女息이、 結婚時가되여、 비로소倫敎의魔窟經營인어머니의職業을알자、 一時에輕蔑한 마음이러낫다。 어머니는、 飢餓를避하기爲하야、 하는職業에、 무슨非難이잇스랴요하고、 그實際生活主義를爆發식 한다。 그러나、 女息은、 그어머니의職業을미워하야、 學問과愛人을쥐바리고、 어머니를떠나、 自活의길에드러가 려고主唱한다。 어머니는、 孝養의義務를主唱하야、 딸에게命令의權威를使用하지만、 冷靜한딸에게는、 아모反應도업

시、그 因襲을떠나、觀念的服從을버서나려고、그곳을여나간다.

이것은、婦人의經濟的獨立問題를包含한것이다。婦人의娼婦業이란生活은、自己自身도、그것이悲商業임을理解하고잇지만、自己一人이、그것을하지안는다고、이世上에그商業이업서질理由는업다。婦人이해放되려면、무엇보다도新女性』이요、獨立自發에貴重한生命을附與하고、어머니의生活을理解는할지언정、그기에默從할수업슬스며、이머니란單純한名目만에、娼婦인어머님을、尊敬하여야만된다는理由는、아모대도업다고생각하고、어머니가婦人으로서 尊敬되면딸子息도婦人으로서、그와갓흔尊敬을바더야만된다한다。나는子息으로서의義務가업다。다만、당신의權利를 당신自身의것으로하야、尊重할따름이라──고對답한다。

아모리、그 不孝를貴할지라도、女息은듯지안코、묻을닷치고、성써여도라갈뿐이엇다。사람은、本能에命을바다、당신自身의것으로하야、그에따라움즉이는것이요。義務라든責任이라든가、그런것은、아주價値가缺乏한것이라는、『쇼오』一流의諷刺는、

이『쇼오』式의女丈夫에게包含되엇다。

이作品에는、特히悲劇의要素가만타。普通劇作家의悲劇作品에는、死와逼命갓흔것이重大한結末이지만『쇼오』는殺人이라든가、또는、死갓흔것을要치안는서닭이다。『母女의悲痛한生離別』에서、그悲劇的效果를맛보려하엿다。이悲劇의이되、이것은【悲喜】劇이라할가、둘의相反된性格과思想은、結局、不可抗의破裂에이르러、悲劇

이傑作의根本思想에는、輕視치못할만한內容이잇겟지만、一言에附加하면『婦人과社會』의深刻한問題가提供되엇고婦人의經濟的獨立이업는以上에는、寶淫은當然히이러날現象이라는本旨와、功利的戀愛와資本主義의弊害를、또한內包한것이다。쯘만아니라、母女間의不敬問題갓흔것으로、原稿檢閱官에게、上演禁止를當해스며、그論爭은宏壯한것이엇다。『쇼오』는、이에對하여서、【正當한義憤】으로써軍略的으로、許可不許可에對하야、檢閱官에게挑戰하엿스머、檢閱官의職業과『夫人의職業』과同一한것으로보았다。前記『舞蹈協會』의私演으로、一九○二年一月에上演되엿다。何如間、『쇼오』劇中에라도、말성만흔作品의하나이며、『쇼오』一個人의作品따위、이러난論爭에對하여서、一公文書라고말하는것이、自己의行動을辯護하엿다。그에는、만흔確實性이잇고、同時에權威가잇다。氏는、사람을惡習化하는것보다도、도로適合하다。이作品에잇는序文은、『쇼오』가一般的申請이보담은、一般的의根據上으로、自己의行動을辯護하려는劇에、惡習을好劇家상헤서避하려는劇에、그危險性이잇는줄밋엇다。나는、차라리『平坦한、

【23】

그리고 永久히움하지안는 人生問題를取扱한、純粹한悲劇이되여잇다。即「에듸포쓰」와「마크베쓰」에쉬와갓치、題材는卒凡하지만、永久的이요、悲劇으로쉬는、高尙한純粹한것이라」는、評言에共鳴한다。그것은、그다지不道德的標本이아니요、檢閱을通過하기에는、너무나辛辣하이슬것이다。普通許可되는劇作의大部分은、오히려、婦人에게流行을追求캐하고、마음을藁盡케하는것이요、「소오」의罪라하면、華美한女性을使用하되、結局쉬지그대로만해두지안코、그것에變化잇게할일가? 도로그긔에、革新的先驅의絶叫가잇는것이다。

(續)

伊太利消息두낫

一九二七年度의「노―벨賞」을밧는、伊太利劇作家『피란데르로』의功蹟은、世人이아는바이지만、最近에는、三大國立劇場을計劃하엿고녀름에는、『로―마』『미라노』『트리노』의三都以外의地方巡演과、外國에의伊太利劇宣傳을實現하려는데、그費用二百萬「리레」는、國庫에쉬나올外의流派、擴張하고、새로운共働에依하야、더욱完全을期할지어다。그리는、文藝家協會에쉬쎠像할가、間或中이다。우리의文藝家協會의現在

到達이、너무나微弱하다안아할수가업다。目前의小事에汲々하기보다、朝鮮文學構成에對한、綜合的意圖에즘직함나이잇기를바란다。

×

×

맛씨쓰트見地에쉬、藝術을政策에使用하려는、伊太利文部美術大臣은宣言하엿다。

『大抵藝術家는、이제우리伊太利國民이完成식히려는新帝國主義에參加할準備가잇쉬야한다。各人은自己의하야、溺情的、無政府的、規律에服從함을즐기는民族性을、批判하고銘心할것은、伊太利主義의精神을고參考한다。

發揚하려는決心이잇쉬아한다는것이다。外國作品의模倣은祖國冒瀆의罪로쯧、處罰바들것이다」

그러나、한마되할것은、그이들이발쉬、이쩌쉬지、外國文學에쉬배홀것을、거진배왓고、그긔쉬새로히成됨、새로운伊太利文字을、對等의見地에、觀察하고이잇다는것이다。

그리고、事實인즉、右宣言이가장미워할勞農露西亞의研究가、甚할쓴더려、露西亞文學에쉬材料를吸取하야、

「피란데르로」와 그의 獨創性

헨・리・피・프쓰

一九二七年度의「노―벨르賞」이 伊太利劇作家「피란데르로」가 밧게되엇슴은 月初의 新聞이 報道한 바어니와、朝鮮의 某新聞紙에서는、『필란데르로」라고 誤傳하여 『해나니昨年『소오』氏』云々으로 誤傳하는 責任을 쥐더 自覺하고 考察함이 잇기를 바랜다。이제、『피프쓰」氏의 『피란데르로』觀을 실게되엇슴은、光榮스러운 일이라 안이할 수 엄다。批評眼업시、盲目的으로 有名에 追從하는 讀書人에게、어와 갓치 明快하고 銳敏한 小論을 提供함도 無益이 안일가한다。（夜光）

「데―뜨・앤드・산즈」는、英國 社會에「피란데르로」를 紹介하엿스니、자랑바들 만한 일이다。『피란데르로」는 最近의 일인데 出版業者들은、흔히、最近일을 너무나 욧가될써지 기다리지마는、「데―뜨・앤드・산즈」는、그 러치안타。二年前인가、最初에 四五箇의 戱曲을 써내엇고、이제또、三篇을 너흔 第二集을 公表해서、一般社會에 提供하엿다。

엇든 批評家들은、『新奇』하다하지만―― 우리는 古物이라 말하겟다。이 奇妙한 混亂、마음의 不安한 挨變、누구라도 너무나 흥썩가지고 잇는 이 疑問은、다른 缺點과 만찬가지로、발서、오래된 것이다。나는、二十年代부터、二十五才 동안에、成熟한『피란데르로」가 그 觀衆에게 提供하는 갓갓흔 問題를 써 自身에게 걸어 보임이 종々 잇엇슴을 생각한다。우리는、如實히 우리 自身이 가。우리는、우리가 아는「곳」에 잇는 가？나는、버인가？나는 버自身을 가、나는 안다。그러면 버自身은、五六의 自身을 가지고 잇는 것이 아닐 것이다。狂氣는 健 주인가？밋첫는 健全한 안인가？나는 한번밧게、出生하지 안햇는가？나는、먼넷날에 나쉬죽은、엇든 物件의 降生이 안인가？나는……인가？그 버는……엇든가？그이들은 ……믈것인가？이런 것은、二十五才에 가지는 許多한 疑惑이다。그러나、그것을、六十才될써까지 保護해서、그래서、참된 價値 잇는 것으로 活用하는 것은、藝術로써 始作하려면、疑惑을 가짓쓰는 아되다는 것유 맛는 우리들에게는 드문 試鍊이라 하겟다。近代劇作家들을、「스트린드버―그」、「체홉」、「을스토이」 엇던 째는「스크린트버―그」 그리고 혼히「입센」까지고 잇는、이 數千의 疑問은、오히려、모다 神經혀 衰弱하게 한다。엇든 사람은、이런 疑問이 必要한가

우리가 劇作家와 고요히 談話할수있고、 觀衆에서第一幕
의疑問을 對하고、 고려쓰키-글[?]에서、 第二幕의 것을 對
하고、 特別席에서第三幕것을對하고、 劇場內가第四幕을
略說해서、 우리가完全히滿足해서집에더가도록、 무엇
을決定해주는것은、 近代劇이할수잇는것일지도모르나、
『피란데로』와『마-텔링크』의難問에익일機會는엇지도못
한다。 우리들의苦惱로서그들이우리들을도주려고한일
은、 모다、 그들의苦惱로서、 우리들에게負擔하려는것
이다。

要컨댄、 우리는劇場에서、明確치안는것을조금도慾望
치안는다。 그러고그런곳에、 되엇슬것이다。 그리고、
問題와疑惑과恐怖에對해서、 不滿업시了解하면、 우리가
이런薄弱한힘에關心하고잇는슬세、 얼굴에微笑가이러나지
안는가? 업지못할希臘과日本의悲劇은、 아직도、 單純한
悲劇이요、 伊太利와佛蘭西와英國의沸騰하는듯한喜劇은
아직도單純한喜劇에不過하다。

劇作家가『에쓰킬러쓰』라든가 쓰는『몰리에-르』를追
從하지안을진대、 임마라도、 다른엇든것을쓰슴업시敢
行하기된다。 여긔거긔、 悲劇的이될가、 또는喜劇的이될가하는
그러나、 自己가、 慾望하는대로獨創的이될수이다
意圖를、 잘못陳述해서는안된다。 또는猛히亂醉한머리속
에疑惑과苦焦를이르키는것은、 遊戲가안이다。 作亂하는

것은、 分明히人生에對한不美의일이요、 憫悶이苛酷해

『피란데로』는、 熱烈하고忠實하고生々하다。 그이는
여러가지好흔性質을가젓다。 그러나그대도안이요、 나도
안인、 十六世紀의伊太利사람、 『에쓰킬라스』와『칼리다
사』와『테렌」스』가適用한예스노[?]의要件을拒絕한따위
가장優秀한作家가되지는못하엿다。

이런要件은天性的劇作家를制限하고助力하여엇다──自
己를成就식히는바를觀察하고、 自己를破滅케하는바를、
關係치안케하엿다。 예스날劇作天才
들의모든傑作을하여곰、 今日까지新鮮하게保存하여온것
이다Bourgeois Gentilhomme, Agamemnon,Sakuntala. 其他이
란無數한藝術의作品은、 맨처음創作될쌔와갓치、 新鮮하고
힘이가득하고이람답다。 그러나、 사람들은、 近來、 너무
나、 『自由』에對해서、 만히말한다。 그래서、 엇든魔力이잇
는感化力을가진者들은、 『自由무워라』하는比聲의표장잇
헤서、 오래동안、 論해왓섯다。 놈나을만치數多한盧骨이
藝術家들의귀에속살그렷다。 그리고、 그中에서도、 가장
些少한것의하나는、 戲曲이小說갓치、 또는詩갓치되엿기
나、 또는、 엇더케創作되엿나하는問題를、 無視하는것이
엿다。 맛치、 版畵로한것을、 圖畵로하고、 鉛筆[스켓치]
로썻스면더욱조흘것을、 版畵로하고、 그리고、 엇든繪
畵는──簡單이말하면、 엇든物件이、 恰似히、 自己自身에

쉬벗어나와、엇든다른型에들어간것처럼、그긔쉬는、各自의자리를엇지못한것갓치、『피란데르로』의戱曲이、나에게는、그러케생각된다。이戱曲은、戱曲이라하기보담다른무슨巧妙한作品갓치보인다。形容어써써난이약이라

할가速히말하면小說句章을、다시感激잇게말한것이라하겟다。

讀者諸氏는、萬若그대들이『피란데르로』에興味를가것스면잇는가? The Exploits of Arsene Lupin 을읽음이『모리스·르·불랑』이지온、그冊을求하면、그긔에『피란데르로』의무엇을볼것이다。그가운데、九篇이들어잇다。英語로出版한것이잇는데、『캇세른·앤드·캄파니』에서第三과第四篇에、八人의性格을찻는데서『피란데르로』를發見할것이다。적어도、나는、그속에、그를본、迷惑알에빠져써잇다。第三章、七〇頁에써始作해잇다。第三頁、九一頁、九二頁、九三頁에가서、내가본것을모다읽으면、九一頁、九二頁에서、그마지막瞬見을把持할것이다。비슷하기하고、그럿찬키도하나마、내가본무고잇것인다。以上에야、그마지막瞬見은、반다시明確한것일가한다。

『그대가、그대의구두를밧구고、그대의表情、그대의말소리、그대의筆體를選擇하는것갓치、그대의個性을밧구기爲하야、『보—드류』라든지、또는다른무엇이라도되는것은、아주조흔일이다。그러나、그대가、이모

든變化속에서、그대되상처모르기웜되써가오는것이니、그것은머단이슬흔일이다。自己의그림자를일흔사람이、닛첫슬것을現在、나도늣긴다。나는、내自身을차지려고한다…그리고써自身을發見하기爲하야…』고『르·불랑』은말하엿다。

『피란데르로』는、이약이를말하야、그의性格을始作하려고하지는안이하엿스며獨創的이라는伊太利人도잇지마는、나는、劇場的效果를생각해보아서、『물리에—르』가、훨신더獨創的인가한다우리舞臺에서는、그보담더獨創的인것은볼수가업다。後面에入口가하나잇고、左右各面에둘이잇고——그것뿐이다。舞臺의右便길은그外에더업다。그런데나는批評家갓치말한다。내가萬一舞臺우에잇서서、그긔쉬일하고잇다면、左右에새門을내려고모른다。누가안다나?아모라도、破屋이라도좀햇슬지는될수업다。各自의假面은、同時에批評家와俳優假面쓰지라도、名作家것과는分明히다른다。俳憾의——그게、어되요!』나는『레노반』에오면쉬무렇다。『市가안이요、다만、내얼골에더러진한흔假面이、그런쳐하고잇는것일다。임니다——그라고、그게이모든海岸의가장귀여운山面율도고잇소。그러나、그대가、내얼골을하나보려면、이윤市

요컨에『마스크』에서『피란데르로』論을잇슬써 伊太利를다보아야하오고、『大地』가무러짓는다。

【27】

藝術家가、近〻三十年동안에、獨創的이되려고努力해야
될것이엇다고。유감으로말하엿섯다。더고獨創的이라면
―의「브레이크」크다는一의「쉴린다」는、아주適合하는、
키모―」씨지에게도、아주適合하는、原始的北部의『에스
方法을意味한다。北極에는、저울과모진氣候빗그매、모른
다。천々히、그려나、明確하게、우리는、이런것을表現
한다。그것은、

「적은羊아、누가、그대를만들엇는가

그대는、아느냐、누가그대를만들엇는가、

그대를주엇는가……

하는、그런것이다。이것흐텍은노래는、그와갓치完全하
고、모든物件중에도、全然히、無邪氣한것이요、눈은때
잇서도、不安히疑心하는것이다。그리고、北歐의天才가
―엇든부터러웃것을찾자表現하려고、안개와찬긔운속에步:
行할써에、징처업시해매다니며、追從하는精神錯亂을맛
본다。그래서차고도青白한太陽이、우리들을떨리게하는
嚴烈한것이더、葱蘢되지안는다。

언제든지、무엇을疑心하려서、『웨、나는、못난얼골
노낫는가』『웨、[큐―피드]는少年이엇든가?』고 눕히부
던지즈면서、그는呻吟하며드라다닌다。엇든幽魂을합혜서
에서려려―카쓰피라!

는、잠간머물고羊을만든이가、그대를만들엇느냐?드
는、다시[되쓰]는又羊우하이든가?、뭇는다。드는、『웨、나

과合하는것을鮮明히바라보고、한눈은佛敎에두고서『웨、나

요컨댄、차고戰慄한것이、모든일을詳細하게疑問한다.
「生存의一切이、차고錯誤致치생각되는外읽이다。그리고、
疑問한다는것은、만흔應答을이르켜겐다。羊한머리가울
면、바람이부러짓는다。우리는、그돌에다感應한다。一
少女가나를내여빙긋웃스면、불빗치나 욷다―아모것도
안인이모든것이、우리에게、屬字放情資이內包된것갓치
보인다―우리는날날우에잇다。

그래서、엇제스두우리北方의獨創力는、엇든歷直冷淡
한線色을가젓고、그긔委托하는、未熟한青年이다。정말
철기는하나、그線色는、希望에 가득찬、無邪氣학、青
白한、疑問에가진神秘主義이다―그것은、그[자리]에잇
사야만、價値잇는것이다。그러나、그곳을나와―南方
줌々、우리에게말할수업는哀愁를주엇다――나는、充分
하고、奇異한沙割의힘잇지混合되였나許를意味하지안코、
英國의音樂喜劇의舞臺의귀여운보속한노태를意味하한다.

『얘、적은아가씨、어듸갓다왓느냐?』고그리면、反響이
알맛게귀친다가、그녀는 牛쒔쒀고잇섯다고말하는 잔菊
花그녀自身짜워、홈닉게석감닌다。――그녀는、그래스
것이다。이北方天才의詩魂은……『큐―』에서毛莨을싸
모우고잇술지도모른다。

는、그대와더부럭、남아이지안느냐 쒀요웃는다。袁分이
가장愉快한써러도、그는少女에게質問한다。

無邪氣가、그곳에、當々하게들어간다。잇기에잠긴薔薇

花붕오리로쉬、고히나무민알치마들입고、無數한『판니어』와배ㅅ자치보담、더욱이誘惑하면서、귀여운죄은身勢을노래한다——

『입맛쳐주세요——아니、안되옵니다——저는、

아직三十二才밧게안되엿스니안요』

아와갓흔獨創性은、北方人이커음으로생각해낸것이엿다。그러나、어와갓흔獨創力은、伊太利人에게는、無價値하다。그곳에서는、발쉬데ㅅ날에 太陽이欲望하고忍耐할것을가락취주엇스니、거듭어、노래할必要가업다。그리고

『뭇소라니』와、그의數千部下들이나오기바로前、이古土가다시눈뜨기前에、아직도어제ㅅ날일망정、그伊太利天才는、北部의獨創性의엇든部分을、適用할수잇슬가업슬가하는試作을하여엿다。그래서、그結果는、아주必然的아엿다。

나는、엇던며름에、樂隊가風樂을재ㅂ하고、形而上學的音樂을演奏하고이는、屋外『큰서ㅡ트』에서、하로終日안자잇든일을記憶하고잇다。間々이、귀여운쉬ㄹ 時間을너허쉬、조심업는일을記憶하고잇다。그것을쌩각하게하엿다。이[반드]는、조심업는者들을하여음。그普想은、빠上에서가장조치못한것이엿다。모다、『와다』『쯔르라우쓰』가이샤(日本妓生)『산토이』共他에서、模倣하엿섯다。

才未滿인女子의어린대ᆞᆼᆼᆯ소리와泥濘되엿다。그들의繪畵에도、伊太利人은、華美하고無用한것은始作하지안흐면안되ㄴ격이다。그것은最惡한北方의天才가애쓰지안코도하는것과갓흔것이다。彫刻은北方의『트리

才』를把持하엿고、建築은、무첩게도、膨脹하고蠢動하게始作하엿스며、舞臺背景은、우리것을模倣하엿다。그리고、모다、그릴듯하다。그리고、伊太利民族은、熱達한』歐洲民族은、더업는것을、쌩각하면、이것이、伊太利에잇서쓰는、아주奇異한일이라고하겟다。그들의建築

『藝術의完全한作品을創造하는데必要한、모든것이、伊音樂、繪畵는完成하엿고、그들의文學、彫刻、劇은驚異로우며、……그들의版彫、聲樂、舞踊、背景은……實로이써쓰지아ᄂ는技巧를、그들은모다알고잇다。그리고、다른나라國民은、그것을싸과갓한것이라고하겟다。伊太利人은、모든秘訣을가젓섯고、아직도、그것을가지고잇다。우리들北方의[獨創性]의效能을取하가爲하야、그써는、무엇을所有햇섯스며、아직도무엇을갓고잇느냐?『피란델로』는、裏面에北方의불빗을가진、아북은앏은조희로된을、把持하엿다。

그의戱曲은『체ㆍ노바ㆍ에양ᄃ』ㆍVin XX Settembra와마찬가지로、조흔것이엿다。그것은伊太利人이세유中에가장보가실흔거리의近傍에잇는것인데、이것만은北方의天才의幸福이다。傳統的古都市갓치、그게좌다弓形이되며잇다

『피란데르』로는、그戱曲에、한가지 조흔것을가지고잇다
現代批評家에게는、그가、한快樂이다。그、鈍하지안
리。그는、『모-리쓰•므불랑』을、自己마음에取하엿다
그러나、그結果는『피란데르』로가、優秀한劇作家가되엿
다。남어지는、모다端氣요病藥이요心臟인外닭이다。要
컨댄、그는、先生熟練을이것다。그는、善良하고眞正한

『팟시쓰트』라고나는들엇엇지마는、『팟시즘』이라면무어리
도描出하는、最後의劇作家인가、생각된다。이와갓흔、
疑惑喚起者는、『팟시스트』에게王冠을주려고는안이한다
그것은、『에쓰킬러쓰』가또한사람나야、할수잇는것이다
……가장偉大한舞統에『忠實한사람이라。

散文詩二篇

(英―퓌오나•맥클리오드作)

丁奎昶 譯

갈人대피리부는이

나는 속이 맛뚤닌 갈대피리 하나를 입술에 대
고잇든 사람을 맛낫섯다。그가 불던 곡조는 구슬
흐고도 아름다운것이엿는데 언덕으로 단일써 양치
는 녀인에게 배화둔 지금은 이커진 넷날 곡조이
엇다。

그가 분것은「노래중의 노래」이엿는데 심장들의
뒤들미 들녓다。그리고 나는 한섭지는 녀러소리를
들엇다。그리고 또 언늣의 새노래가 을나갓다 자
즈러젓다하는 그러한 소리와 함께。

『죽음의 노래를 하나 부러주시오』 나는 말햇다。
속이 맛뚤닌 갈대피리를 입술에 대인 사람은 빙
긋이 웃더니 그는 다시 한번「노래중의 노래」를불
어주더라。

〔註〕「노래중의 노래」——「사랑의 노래」

그 늘 진숩풀

달빗의 바다들 은(銀)거루가치 떠오르는 그븟진 숩
폴우의 썩국이 소리를 나는 듯는다。
썩국의 슬흔 노래는 멀니써 달빗을 따러 그늘
진 숩풀에 깁히 잠김을 나는 듯는다。마츰내 그
늘 숩풀 그늘속에서 단빗은 삼든락。

愛誦九篇

異河潤 譯

● 鎭魂曲 (英ーR・L・스틔ー븐슨作)

붉은하늘 별빗바다밋헤,
무덤을파고 나를죽게하소서。
나는깃버살엇고 깃버죽으매,
깃버서 이몸을뉘임이로라。

×

무덤에색일詩는 이것으로요ー
눕고십던이곳에 그는자노라,
집, 바다서도라온水夫의집,
그리고뫼에서 砲手가도라온그집。

死 都 (佛ー알베ー르・사멍作)

單調러운모래밧가에 荒蕪히쩍바린,
녯都城 塔도업고城도업시,
훗허진大理石의히屍衣밋헤서
나만흔바빌로ㄴ의마즈막삼을잔다。

×

한쎄는政權의首都。堅固한城壁우에
勝利는그의두쇠나래를버려섯거니,

全亞細亞民이그의一萬門… 城圖하엿스며,
그의큰사다리는바다로ㄴ… 잇거니……

×

只今은숲盛, 그리고永遠한沈默,
돌에쇠돌쇠지이都邑은죽엇노라,
都邑이고달품가치 그낡은벗가敬虔한달아테。

×

그래호을로 靑銅象하나 이災難에,
문허진廻廊우에 바로서서,
별을向하야 설어허그코를치여든다。
그러나 쎄가삼에이는온갓生覺을
쎄허로쇠 말하고집이여。

● 부 셔 라! (英ー알ㅡ프리드・테ーㄴ슨作)

부셔라 부셔라 부셔라
네찬灰色돌우에 오 바다여。
그러나 쎄가삼에이는온갓生覺을
쎄허로쇠 말하고집이여。

×

오 부럽라어 漁夫의아달은,
누동쌍부르며 뛰놀고잇다。
오 부럽어라 젊은水夫는
바다기슴보ー트에서 노래부른니。

×

그리고 큰배들은
山陰밋 그들의港口로間에한다。

그러나 오 사려진님의손이여,
고요해진님의 맛소태여.

×

부쇠라, 부쇠라 부쇠라,
너바위밋헤 오 바다여,
그러나지난날의부드러운情은
永遠히 내에게오지안나라.

이져바리여오
(米—쉬라 · 희스데일作)

이져바리여오, 쏫이이쩌집가치,
금을노래하든불가치이져바리여오,
永遠이 아조이져바리여주쇠오
쩌는조흔벗인니다, 우리를늙히니.

×

萬一누가뭇거든 그는오랜넷날에,
닛쳐젓다고 말해주쇠오.
쏫가치 불가치 비쳔이쳐진눈속에
사려진발자최와도가치……。

둑겁이
(佛—드리스랑 · 콜비에르作)

—검프르게 소쇠오른風景畵에,
바람업는밤에 노래한마디……

달은 밝은쇠빗을을니며준다。

×

노래。 쳐—숨밋헤 산잔한
反響가치 生氣가잇는……
—고요해젓다。 오너라 그곳은 쳐어둠속이다。

×

—둑겁이가! —忠實한兵士내가잇는데
웨 그러도 두려워하는가?
보라, 나래도업는 이줌詩人을
泥土속의쇠쇼리를……—무쇠웁다。

×

—그는노래부른다—무쇠의—웨그리 징그러울가
버니쳐이는 그눈을보앗는가……
아니다, 그는치위몰밋흐로 드러를갓다。

(본소왈)안령히즈프십시요—커둑겁이、그는써노라。

——七月二十日夜——

騎士
(英—월터 · 드 · 라 · 메—어作)

언덕우에騎士한사람
말을달녀넘어가도다。
달은밝고、
밤은고요라。

御甲冑の
히푸른낫빗、
잡어탄그말은
象牙빗이다。

二元論 (佛—포올 • 끠랄듸作)

사랑아 말해라 웨너는
『써피아노 버燕欲』라하며
『당신冊 당신개』라하는지……
웨잇다금『버돈으로 내
이것을 사겟것소。』
라고버게말을하나。

×

내것이냐 네것이냐!
웨 우리를맛쉬우는이말을……
네것이내것 내것이네것?
萬一비가나를 참사랑한다면
너는『우리册우리개』
또『우리薔薇』라야지。

沾 (英—J • 꼴즈워듸作)

삶? 삶이란무엇인가?
平調한音결의鼓動이린가、
다사원재불의버ㄴ젹임인가、

空氣업는무덤에산바람인가!

×

죽엄? 죽엄이란무엇인가?
無窮한太陽의消滅됨인가、
잠못자는달님의조므심인가、
始作안됨이약이의終末이던가—

回想 (日—西條八十作)

南쪽佛蘭西
山속적은마을에
나는잇섯다
그날、 그해녀름。

×

나는석달을
우리故國사람의
그립은말소래를
듯지못하다

×

너무도
孤寂해지며는
다못혼자서
술플과말하며、

【33】

바록 소래가
우녀오는 反響을
그나마 들음으로
깃버햇노라.

×

佛閱西南便
山속적은마을에
외로윗섯든
그날, 그해녀름.

○西風에게 보내는 노래

(英)쉘리ー原作

金翰容 譯

오ー쇠친西쪽바람 가을의숨이여!
形体는안보이되 마른입흔못기여
다라나미 巫女의게쫏겨가눈雜神과가치
누르고검고靑白하고 또熱에붉은
疫病5걸인 數업는무리는.
오 西風 너는날개잇는種子들수래에실고
暗澹한 한겨을의寢床에서 고가면은

낭건허웃친송상과갓치 쉬늘하게누어잇스리.
너의姉妹풀은春風 움우는大地우에
喇叭불어 平原이며언덕우에
(羊떼갓치사랑스런싹들눈大氣의牧場의로쫏치며)
鮮明한빗치며 香氣로채를쎄서지.
四方으로음작이는 쯰친精霊아!
破壤者、保存쯤 오ー西風이여!

×

홀으는바람결 일이커는高空의混亂에
淡霊은地上에허러지는 落葉과갓치
水光이接天한곳에서 헛치이노나
커雨露와光明의天使는.
大氣의큰불길물은表西우에는
(머나드)의頭上에덥힌빗난頭髮과갓치
(註)(머나드)눈(백크스)神祭日에나오는美女)
中天에쉬地平綫희미한곳싸지
닥쳐오는暴風雨의聲髮이허러지나니
아ー西風 이사라커가눈해의挽歌여!
이커무러가눈밤은 사라지눈이해의
크다란填蓋의둥그란天井이되리니
煙霞의한래 모힌無限한힘에싸이여、
이煙霞의무거운欺園氣속에서
검은비와불과우박이쏘다지리니 오ー西風이여ー

【34】

너는쇄엿다 여름날의쑴으로부터
푹은地中海 그리너는누워잇섯다

【빔이어】불우미(책)인 【라바】섬(島)엽헤흘어어는
水晶갓치淸明한물결의뉘누리(渦卷)에감물여
쑴속에넷날의宮殿과塔들을이물결신(強)
그날에限하야 너는양을보더니만
생각하여도 恍惚해지는
풀은잇기(苔)와아름다 은꼿들노찾인그것들을。
인케는겨을 닷는西風너의길에
고요하든太西洋의물결은波山속에쇄여지며
大洋밋풀은꼿입은海花와커큰(濕)나무는 。
네소래에놀버여 얼골빗치푸려지며
떨면쉬 젹몸을 스스로傷우나나 오一西風이여!

X

내몸이만약 비가실고갈落葉이엇던들
버몸이만약 비가날날수잇는구름이엇던들
그리고너의힘에헐덕이는닷는물결아엇던들
自由는최더라도네힘의衝動율밧을수잇섯드면
오一不可抗力이여 젹으나마이몸이
버어린시휠에와도가치 空想아닌
宏中의淬遊者너 넘어슬때에
中天의浮遊者너의벗이될수만잇스면

ㅇ갓치알흐 그쓰린鉄灼의新혀로쉬
너로 더부러시비는아니하련만。
오一나를이러버리시키다오一물결과갓치落葉이며구름과갓치
나는이生의가시밧헤넘어것노라 피흉니 노라
時(뻐)의무거읍이이몸을칼으며묵그리게하노라
김드지아니한急速하고自負만흔너와도가치

X

나로하여곰네竪琴이되게하라 뒤숩풀과갓치
나의힘허나무입가치떠러진다면그무엇이잇스랴?
비偉力잇는諧音의混亂아 슘호나마달큼한
김흔가을의旋律을자아내나니
너는나의精神이되여다오一强한精靈아!
비가나의몸이되소서 性急한쑴이여!
나의날고꿋은思想을 宇宙에쉬쫏치라
고라진나무입허 新生을나음과가치
그리하야이詩의呪文으로말미암아서
不消의火爐에서재와불꼿헛는것가치
人類속에서 버말을 헛터주소서
나의입술노하여곰 잡쇄지안는大地에
豫言者의喇叭이되게하라 오一바람이여!
겨을이오면은 春光이야머지안흐리。

(一八一九年)

【35】

노 래

드물게도물게도　그대는오노나

깃봄의 精靈이여!

너는어씨하야　나를버리고

어대로갓드냐

여러날　여러밤을.

그대가가버린　그날노부러

괴로운그밤이　그멧번이엿스며

뜨그날이　멋번이엿든가

×

나갓흔사람으로써　어씻하면

다시금그대를드러오게할수잇스랴

즐거운者自由로운者로더부러

그대는苦痛을비웃으리니

밋지못할精靈이여!

그대를원치안는者外에는

모도다　그대는이즈바렷네

×

넌는나무입그늘에사는

도마배암파도가치

悲哀를보고그대는놀나나니

歡喜의한숨인들

그대를貴히하지안흐랴

그대는갓가히오지안흐며

귀를기우리지안을그대이리고.

×

날노하야곰　나의슬흔노래를

즐거운曲調에맛추게하랴

그대는哀憐을위하야오지안코

오즉즐거웅을위하야오리니.

그러면哀憐은　그殘忍한

나래를던허버리고

그대를머믈하게랴네.

×

나는너의사랑하는모든것을

사랑하노래　깃봄의精靈이여—

풀은나무입흐로　새옷입은

첨은大地　뜨별만흔밤을

가을의黃昏　뜨黃金色

안개에싸힌가을아참을

×

나,는눈을사랑하노래　뜨한

빗나는쇠리의모든形體를사랑하노래

나는불졀、바람、暴風雨모든것을

올라　自然의物건으로써

人間의不幸으로因하야
떠러워지ㅅ안는모든것을사랑하노라。

　　×

나는고요한孤獨을사랑하노라
그리고고요하고어질고착한
親交들ㅭ쯘한사랑하노라。
그대와나사이에무엇이다르랴?
그러나그대는나의求하는모든것을
가지고　나와도갓치
그것들은　사랑하나니。

　　×

나는사랑을사랑하노라
비록그것이나래를가지고
빗과갓치다라난대도
그래도모든걸건보다도
精靈이여나는그대를사랑하노라
너는사랑이요　또生命이여라
오—오너라　그리하야다시곰
내마음으로하야곰벗집이되게하라。

（一八二一年）

二老兵에 寄하는 挽歌

（外二篇）李 炳 虎 譯

（米）윌트、휘스트ㅣ멘 原作

最後의日光은
가라는그날의『安息日』로서가벼갑게떠려더、
이곳步道우에나　커떤新裝된
투상의무듬을나려다보도다。

　　×

보아라、커달이솟아오름을、
東으로솟아오는白銀의둥건달、
집웅우에어엿분새ㅅ파란幻影의발、
無窮하고도ㅅ獸ㅅ한달。

　　×

나는한줄기哀憐한行列를보며
모라오는全吹의喇叭소래를덧는다
城市의원街路에그音響이넘치나
부러짓는音響과어엿는눈물갓틈을。

　　×

크다란軍鼓는ㅄ귀를붑게울니고、
즉은軍鼓는그音響이더욱식ㅅ해
이巨勤한모든音色의顚鼓는

나를 葬地갑시도 痛擊하여요.

×

한거머리어러잇는그의子息과어버이、
(날가른進擊의隊伍의先頭에그들은늙어커子息
과어버이의두老兵은一時에써나쇠이케두상의무
듭이그들을기다리도다。)

×

볼니는喇叭소태는衝々가차워오고
울니는북소래는더옥震動해
步調上의日光은왼통날가지털써
그힘쎈挽曲은나를잡아갓쇠요.

×

東便하늘에솟아오더는
물업고도浸痛한幻影은빗초여흐니、
(그는어머니의코다란透明한얼골이
놉히天上에빗초여오름이라써)

×

오─굿센葬禮의曲、나를깃싹게함이여!
오白銀의얼골를자진無量의달、나를和하게함이여─
오─나의두兵士여!오─葬地로가려는나의
무老兵들이여!
써가가진物件도뜨한비겨주리라。

달은네게光彩를주고
喇叭과軍鼓는네게눕曲을주고
그래서나의心臟、오─우리의兵士들이여、
나의老兵들이여!
나의心臟은너게사랑을주노라。

×

『난대업는이의게』

지나가는난대업는이!
써가얼마나그대를憐접게바라봄을그대가차쇠게오니
그대는써가차지라는그사랑、써가차지라는모름이로써
들녀이업다(그는엇든쏨김과갓쇠써게오는)
나는씃엇든곳인지、그대와함게、그잇뿐生活를、보써
엿섯고.

다시生覺나노니、우리들은쇠로삭괴엇쇳고、쇠로親切
하엿쇠며、쇠로守節하엿쇠、成熟하야지나온거가와도갓
쇠그대는써와함게成長하엿고、써와가쳐少年이엇쇠며
또는써와함게少女되써도、
나는그대를 더우러먹고、그대를더우려잡잣쇠며、그
대의몸은오직그대自身것만도아넘에、써몸도뜨한오직
써가가진物件도아니엿쇳다。
우리가이케상롬살아갈써에、그대는그대의눈과 얼굴

파 肉體의快樂을내게주엇고、그代身그대는나의수염

파 가슴과・손을잡음으로써、나는그대의게말함은아

니다。내가오직혼자안커나、밤에혼자잠새일쌔이면、

그대다려生覺남이깃지오。

기다리련다나는、내가그대와또다시만남이잇슴을疑心

치안는다。

나는그대를보앗서、그대를次코일치는안허리라고。

『憧憬하고默想할 그대』

×

흥울로안자서、憧憬하고默想할、그쌔이라면

다른나라에서도、憧憬하고默想하는모든사람이、내게

는生覺나노라。

나는獨逸、伊太利、佛蘭西、西班牙、

或은멀니 더멀니、支那와露西亞와日本에서도그의모

든다른말보서、말하며잇는、그녀들을볼수잇슴도生覺

하노라。

×

내가萬若、이모든사람들을알엇더라면、

나는내나라사람들길에함과도가치

그ー모든사람들의게도結合됨이잇스리라고生覺하노라

오ー나는아라요、우리는모다 가튼弟兄、

나는아나다요、그녀들과...

『勝利의名聲을읽을때』

×

英雄의獲得한名聲과偉大한將軍의勝利를읽을쌔、

나는그ー將軍들을부러워하지안노라ー

大統領된그의高官과萬衆의錄을가진그의大闕도。

그러나、愛人間의友情이그녀들길에는果然엇더하엿고

모든危險과非難을지나서、길게〰變할도업시、果然

억마나그의一生을가치하엿스나、

青春을지나고、쏘한中年과老年도지나서、

얼마나그대들길에、堅實하고情깁푸며、쏘한忠實함이

잇섯슴을 나는더믈써、

이쌔라면、나는비로소沈思하면서ー

견대지못하는부러웅을、가득히안고、慌急히되나는다

름질하노라。

(以上)

世人은 全然獨立한特殊性을가진 엇든새로

운學問에對할써에 그이들이 발서다른더쌔어

든誤情의知識에依해서 그것유評價할수잇다는

偏見을가지고한다?

ー란 뜨ー

自由詩一章

支那 胡 適

四烈士塚上的沒字碑歌

【北京萬牲園】裏有【四烈士塚】。【四烈士】當辛亥革命時炸【袁世凱】不成而死的【楊禹昌】、【張先培】、【黃之萠】與炸殺【良弼】而死的【彭家珍】。塚旁有一座四面的碑臺，預備給【四烈士】每人刻碑的。但此有一面刻着【楊烈士】的碑，其餘三面都無一字。十年五月一夜我在【天津】夢中遊【四烈士塚】，醒後作此歌。

他們幹了些什麼？
×
幹！幹！幹！
他們的幫神，——
炸彈！
他們的武器，——
一個成功的好漢！
三個失敗的英雄，
他們是誰？

一彈使奸雄破膽！
一彈把帝制推翻！
他們的武器，——
炸彈！炸彈
他們的精神，——
幹！幹！幹！
×
他們不能咬文嚼字，
他們不肯痛哭流涕，
他們更不屑長吁短歎！
他們的武器，——
炸彈！炸彈
他們的精神，——
幹！幹！幹！
×
他們用不著紀功碑、
他們用不著墓誌銘、
死文字貴不了不死漢！
他們的紀功碑、
炸彈！炸彈
他們的墓誌銘、
幹！幹！幹！

一〇、五、二一

「알」의 女子 (佛—알퐁스•도—테作)

((「알」)는 佛國南部의 都會、美人의 産地로有名한곳이다……譯者)

驪再鼻 譯

나 【바람방아인】에쉬너려와、마을로너려가자면、길엽헤、榱木이심거잇는큰마당속에잇는적은집임을지낸다。그기의指風機방아확실어올리는滑車하고、담넘어로빅이는멋뭇치의검붉은秏草……

무어라고이집이써過한印象을깁히주엇느냐?왜이닷거운든門을보고、써가슴은쓰렷드냐。나는그것을말할수업다。그……內部엔、사람소리하나업고!아모것도안들인다……그압흘지버갈ㅅ쥐)한마리짓지안으며七面烏는憶憑로소리도치지안코잇섯다…窓門에걸인白色의【커—텐】과、집웅우에녀울으는煙氣가업섯드면、아집엔사람살지안는다고늬엿슬것이다。鐴새의방을소리나마……

어젭、午正鐘소래듯고、나는마을에쉬도라오다、햇빗츨避하느라고、나는榱木그늘의農家담엽흘따러쉬왓다……길가운데에、이집압헤쉬、默言의머슴들은、秼草를수레에싸엇모나고잇섯다……門을달린채로잇섯다。갓든길에나는언돗눈울안에덙쥐、너미잘는、쥐고리에、해여진잡배이임은白髮의老人이、안마당속의石卓에럭을피고、——두손으로머리를지래며——잇는것을보앗다。나는머믈러섯다。그中한사람이、가만히내게말하엿다。

——슈—!게게主人이여요……그아들의不幸이잇슨後로、뇔커라고잇서요。

이쌔에、한婦人이쳑은見孩를데리고、黑衣를입고、金字빅이祈禱冊를들고우리엽흘지나쉬、그農家로들어갓다。

내게말하든사람이어쉬、

——아!나리、이럼悲歎이뙤잇나요……그의아버지는아직도、그죽은애의옷을입고잇쉬요、아모도그옷을버쉬놋

——主婦와그末子가敎會에쉬도라옵니다。그靑年이自殺한뒤로、그들은날마도敎會에단겨요……

치못하게하여요、이려!웨!이말아——

수레는흔들니며떠나갓다。나는、이일이더알고십허쉬、馭夫의게수레를그老人의엽헤더여달나고일럿다、그라고、

【41】

── 1 ──

그의이름은【쟝】이엇다、 그는훌용한시무살남잣의農軍아엿다、

고。그가쎅美男子인故로、 女子들은그를처다보고잇섯다。그러나그의머리엥한女子밧게업섯다 ── 그게란、【알르】의

릿々하기는少女갓고、 뜬々하고、 얼굴빗은快活하

農家에쉬는이結緣을、 귀음

闘技場에쉬만낸【바로ー드】와【레ー스】로몸을들러싼、 귀척은【알르】의女子이엿다。 그러나【쟝】은아모래도그의【알르】의女子를갓고귀하엿다。 그는말하고잇섯다、

── 내게그女子를주지안으면、 죽어버릴테요。

그렇케하여주어야하엿다。

그래쒸、 어느日曜日의귀녁에、 秋牧後에結婚케하기로決定되엿다。

다。 새댁은그곳에업섯자만、 그집의안마당에서、 사람들은사못그女子를祝賀하며술먹고잇섯다。……원사람이하나門엽헤의、 떨니는목소

── 主人양반、 아라고그사람은말하엿다、 當身은、 二年동안이나써情婦이던妖女와當身아들은結婚식힐여고합니다

내가말하는것은、 証明하여드리지요、 여긔戀愛떠지를보시요! ……그의父母는모든것을알고잇스며、 그女子를써게주

겟다고約束지하지하엿습니다。 그런데當身아들이그女子를求하고잇는後로는、 그들나그네나、 나를顧치안어요……그

렇치만、 이런일이잇슨後로는、 그女子가탄사람의妻는되지못하리라고밋고잇섯다。

── 엿소!라고그떠지를본後、 主人의【에스테ー브】는말하엿다、 드러와、 葡萄酒나한잔먹읍시다그려。

그사람은對答한다、

── 곰압습니다、 나는목맡은것보다는、 悲哀가더만허요、

그리고、 그는가버렷다。

그父親은、 아모表情업시들어갓다、 그는食卓의自己자리에안고、 食事는愉快하게못마치갓다。

이날귀녁에、【에스테ー브】氏와그의아들은、 함에들가운데로나갓다。 그들은오래ㅅ동안밧게잇섯다。 그들이도라왓

을때、 그어머니는아직도그들을기다리고잇섯다。

—마누라、라고그農夫는、그아들읫데려오며말하엿다「이애에게깃스하여주오 이애는불상하게되엿소……

———

【쟝】은그뒤에、그【알르】女子의말을입박게버지지안엇다。그러나、늘그는그女子를사랑하고잇섯다、그러고、그女子가단男子의품에안겻섯단말을알은後론、오히려前보다더사랑하엿다。그러나、조금이라도그말을써기엔、그는너머

偉大하엿다、이것이、그를죽엿다、그불상한애를……싸스로、그는멋칠동안을혼자한구석에백며、움직이지도안코 잇섯다。어느싸에는、狂熱로쉬빗을갈어、열흡날을늘、그혼자하여치우기도하엿다。……커넉이되면、그는【알르】에

게가는점을잡어、西方에、그都會의가느드란敎會塔이뵈이도록、압흐로거러갓다。그쌔엔그는도라온다、첫코그위더는가지안엇다。

늘、이럿케슯흔빗으로、孤獨하게지냉을보고、집사람들은어쌀줄을몰럿다。모도、不幸이나안날가하고근심하고잇섯다。

—자—들어보렴、食卓에안키、눈에눈물을가득히하여그를처다보며、結婚식혀주마……

【쟝】한번은、그는하는態度를變하여、父母를安心식히느라고、늘快活한체하엿다。그는舞蹈슠에도갓다、술집에도

【쟝】父親은、붓그러워얼굴이발개지며……【쟝】그래도그게집에나들개지며、머리를숙엿다……그리고그는나갓다~

그아버지는말하엿다「인키나잇섯」는그의어머니는、그녀는、늘、무서워하엿다、그라고前보다도、더、그의아들을

注意하엿다。【쟝】은동생과함께、蜜室바로엽해房에、寢臺를갓다놋케하엿다。

이날쉬부러、【쟝】의選擧써、【과란돌르】춤을널고간건그애엿섯다。그의어머니는、그녀는、늘、무서워하엿다、그라고前보다도、더、그의아들을

…밤새、누에에손을되러주어야할지도몰른다。

草家의쏙앤無限의喜悅이다。璭【에로아】의祭事날이왓다。모든사람이【사토니프】酒를머는다、더 葡萄酒가비가치쏫더친다。불상한老母는그들의房얼해、寢臺를갓다놋케하엿다。동생은새바지를밀래 훈다。…花火、檄木은色燈으로가득차고……【쟝】自身도滿足한것가티뵈엿다。그는自己母親을춤추게까지하라고하엿다、불상하게老母는、幸福스러워을

고 잇섯다。

· 밤中이되여、 사람들은잠자려갓다、 모든사람의게잠이必要하엿다……【쟝】은자지안러란。 그는 "後 그동생이 발 엿

지만、 밤새도록그는울고잇섯다……아ー그애는어지간히사람병에걸렷쉬요、 그애는。

———

어떤날、 새벽에、 그어머니는、 누군지自己방을다름질쳐나감을들엇다。 그녀는豫感가른것을늣겻다、

—【쟝】아、 너냐?

얼는、 얼는、 그어머니는이러난다、

—【쟝】아、 어듸가늬?

그는짐웅밋房으로올너간다、 그녀는그의뒤에써따러올너간다、

—애우、 웬일이냐ー

그는門을닷고、 참을쇠를잡어간다。

—【쟝】아、 삐【쟝】아、 對答좀해라。 무엇할여고하늬?

쉬슴으며、 떨리는늙은손으로、 그녀는門지두리를찻는다……窓門이열이며、 안뜰당舖石우에써러지는몸뎅이소리쁜

아다……

그는혼자말하엿다……可憐한兒孩「나는더며그애를사랑한다……나는간다……」輕蔑이사랑을업새지못한담은、 그럿

챠만、 쥭、 너머痛하다！……

이날아침에、 洞里사람들은、 누가、 킵쪽에서「에ー스메ー브」의草家편에서、 커럿케소듸치며우는가하고、 쇠뜨들어

보고잇섯다……

· 그게란、 앗마당에서、 이슬나피로덥힌石卓의압헤서、 옷도입지안은어머니가、 팔에숨언어진애를안고、 悲歎에울고

잇는것이엿다。 （끗）

白鳥의 노래

—習作 一幕—

췌키―홉 作

金 溫 譯

바씨―리―바씨례비츠·스베드로비―둪

喜劇·俳優·老人·六十八歲

니키―타·이반늬이츠·後見 老人·

場所 시골 劇場의 舞臺

演劇 畢한后

【시골】劇場의 空虛한 舞臺 右手에는 劇場化粧室의 초라히 해단 문이 즉느러커달인것이보인다 左手와 舞臺 안側正面으로는 廢物道具가 초잡히 싸여잇 다 무대 복판으로 椅子가하나쓰러커러잇다衣半暗

스베드로비―둪

칼하스 (토로이役의 카메논王의 衣裳) 의 衣裳을입고 손에는 촛불을들고 化粧室로 부러登場 典笑

스베드로ー비―둪】 아아 앗찻찻! 참 얼빠진 실술 다하겟군! 化粧室에서 한잠을돌―썩자네。엇만】 ! 면극은밝서 필한지가 三五五帝씩인데 떵떵이

빈 이한데서 세상두모두구 코만고라스니 아 아 늘거빠젓쑨 늘거싸젓쉬! 에 에 이늘근것이야말 로 늘근 밋쳐개갓흐니! 그러니쌰 그야말슴으로 그커안즌채로 끌고러진걸보니 단단이두 취하엿든 모양인걸! 헤! 영리하그던―충찬하에으, 늘근 하 라브갓흐니 (소리친다)「메고―르카」!「메고―르카」 경을칠! 놈들! 「프트루―쉬카」! 모두잡을만자 !오랄 울질 놈들! 놈들을 입에다 뭉둥이 룰모두 가쿠 메기구 북사 발이되도록 경을 둑닥을 취야지― 「메고―르카!」 (椅子를집어 안취놋코 거럭안는다) 초물을 마루에 세워놋는다) ―대답하는놈은하나도 업구…… 떵하니 울이기만하는걸…… 「메골―카」넌 석하고 「표트루―쉬카」 넌석은 오늘 부즈럽하다 는깝쳐 내가 三루―브리―씩 노나준 덕으로 이 커 산양개로 과신들 차자볼순들 잇슨뎐가……넌석 들― 거커나 안가고 이야를입업시 문두 거러채

거두 틀린업는걸……(머리를 두리둘인다)취하엿는
걸! 우―후! 오늘이야말루 배게 버리나된다는
特別興行이라구 얼매나 麥酒루 火酒루 떠넛는지
알―수가업단말이야!아이구! 온몸에 모두
술쐬게기가 걸이구 입숙에는 첫바닥이얼두겹이나
덥인것 갓단마리지……것씩두두하구에―ㅅ……(間)
이것참 우슴찻는가원……이늘 그짜진것이 북사발이
되도록잘얀마시구두 무에그리조와 마셧는지 커도
모른단마랴……후―ㅅ 밥시사! 허리가 다 둑늡
〈하구 머리는 쐬지는것갓구 웃재 왼몸이 으
시시하구 게다가 맘이웃재 선득〈하게춤구 게
다 음(地穴)쏙에나 든것갓치 어스름 나이조수(潮
水)나마 불상이 돌보앗스면 오작이나조련만도……
미치광이 「이바―늬이츠」는……(間) 무엇〈헤
야이커 나아도 되오……아무리 쐬틀핀데두 아
무리 용기를 썩내두 제아무리 밋친 짓을 다한
대두 아―아 이커 살가두 다사랏스니……떼순에
여떨이나! 이커 붕쌍두 붑대루다보구……알영하심
시지요 두번씩 드라오지안는게구……병은한방울남
지안코 훌러마쉬 맛창에 발일탁말탁 남아잇는
거나 쇠음이야……쇠써만남아쉬……그러치두뒤 뛰 그
커 그런쇠음이란말이야 「바슈―쇠」……실커나 달

면 아무개든 앗참 新諫에 參拜요 죽을 채림할

썩인데……이 老人은 아―아 아누님! 맙시사 그

런드런말을 입에다 답는둥추한 醉相욀은낭 세오

분―해하지구 게다 이런 녹색비지랑배이이 옷썰하

떠……에이 쇠락산이라구 보기 가실트라원! 옷이

나밧쉬임어야 하겠꾼……에에메스써워!이늠에테서

이모양으로 하루 밤만 안잣섯다간 그야말로 무

서 조려 죽겟다……(자기化粧室間으로向한다 이

벼 맛춤 奧側 化粧室로부터―힌 寢衣입은 니

【니키―타】 키
키―라가 나타난다)

【스베틔로비―둡】(니키―라 를보자 깜치고 뒤로물
너슨다) 뉘구야? 웨? 누게 일이잇써?(발을
궁그른다)

【니키―라】 때. 네가 뉘구야?

【스베틔로비―둡】 때. 커올습니다!

【니키―라】 커올습니다요. 누구락구?

【스베틔로비―둡】(고요히 그의쳣흐로 갓가이가면쉬) 해에

―아 바시―러츠 비 커올습니다……

【스베ㅅ드룹비―둡】(시름업시 椅구우에 쓰려커 괴롭
게슴쉬고 온몸을 부들〈〜뜬다) 아―아 간담이다

쉬謹하엿고나!―누구라구? 아 너……너 니키―루

쉬카나옴뭬……웨너 여기잇니?

【니키―타】 예 커는이化粧室에서 쉬게 되여서…그런
데참 영감님 참 원학옵는바지마는 아렌그씨아 초
미―츠에게 말슴하시지 마럭쳐주시지요……너기밧게
잘테거 업습니다 예 참말임네다……

【스베틔,로비―둡】너 니키―루쉬카야……아―아 무에
주은 나를 뜔여섯번식이나 재쳐배내쳐구 花環앗써
개나 그밧게 만―은것은건을 보내기ㅆ지 하구도…
…그뿐이겐니……모도가 歡喜에서 날뛰고도 그어
나 뉘기하나 이 늘근 술에 취한老人하나 섁워
집으로 인도하는 놈하나업잔켓니 나는 눌근사람

【스베틔,로비―둡】너 니키―루쉬카야! 그난틀 판
라 할쉬나나―아―아 무에라 할쉬나!

이지 니키―루쉬카야……예순 여덜살에다……病人
이다옹!―나의 가업는 魂은 苦悶하고 잇고나……
(後見人의팔에 매여욷다) 가지마라다우. 니키―라
야옹……나는 지금 늙고 病人이구 죽을써더 머
지안아 죽어야할 싸가아니냐……아아 무서워―아

【니키―타】(공순하고 옷ㅅ하게스리) 바씨―리 바씨―
리츠 이커 댁에 노라가시는게 엇더하시지요!

【스베트로비―둡】 가지안올러야! 써거는 집도업다요!

【니키―타】 오―神이시여!―이커 어나곳에 사시는지도

이즈첫는가요!

【47】

【스배르로비―돔】 그래 보여도 나도 사람이다 사람잇다 이몸을 도라흐르는것은 물이아니고 쓸는피다 나는이래보여도 貴族이란다 니키―타야 쏘한 홀용한 家門이엿섯다……아죽 이런地穴에 싸컷기전에는 軍卒이엿섯다 砲兵이 엿섯다……아죽으나그쎄는 그얼마나 이나가 美丈夫엿스며 쎄쯧하고 그얼마나 勇敢하고 그얼마나 靑年이엿섯든고―나 아―아 그러나 이모―든 것이 그어나곳으로 사라커바렷는지? 니키―루쉬카야……그다음 나는 엇떤 俳優가되여슬슬아니용? (이런쉬後見의팔에 의지한다) 대처 그모―든 것은 그어나곳으로 사라컷는가 그어나곳에? 아―아! 오늘 이우렁렁이 무엇이나 난길엇슬업시다!―이地階이야말로 내四十五年동안의 기―ㄴ 生涯를 쉽어버리엇든고 아그러나니 키―타야 그는도 그무에린할生涯엿든 지금에이 地穴을 바랄필써 맛치 네 얼골이나 드려다뵈는것갓치 그모―든것을 하나도 싸르틸것업시 뚜렷히 보앗다 靑春의 쌀는 感激、信仰、熱情、女性의 사랑 女性이란다 니키―투쉬카 야!

【니키―타】당신 바씨―리 바씨―리츠 이커 즈므실써도 되엿슴니다.

【스배르로비―돔】 그나곳에는 나는 가기실타 실어! 그곳에는 오―직나하나 섚인다……버게는 아―모도업다 니키―투쉬카 친척도업구 마누라도하나업구 자식도 하나업고……그야말로 황량한들판의 쓸々아부는 바람이나 그 孤獨함이다른이 잇겟느냐 이몸이죽엇슬써나 그누구하나 닛닉킬사람이잇슬것이겟니……오―그얼마나 이나 孤獨이 무서읍인지……그 어는뉘구하나 싸스이 하여주는사람도 업구 그 어나누구하나 愛撫해주는사람도업고 그어나 魂하나 이 醉한 늘근것을 寢床에뉘여주는 사람도 업고나……대처 나는누구의 것인가? 그누구에 쓸데가 잇다구? 오대처 그누가 이나를 사랑할 것인가? 그 누귀하나 이나를 사랑하는사람이 잇기는 무에 잇슬것인고! 오 니키―투쉬카 야―

【니키―타】(쉬려운音聲으로) 온 世上이 사랑함니다바씨―리바씨리츠!

【스배르로비―돔】그네들은 벌서 자기집으로도라가고 요한 잠에취하여 이것의 【으슴】은 약꺼버려슬게 아니뢴가나! 아니 나는아모에게나 쓸데업는것이구……아무도 사랑하는사람도 업서……버게는 아 낙도업고 아달도 업잔나……

【니키―타】에―에 무엇을 그리 쉬러운만하시비…

【스테 지로비—돈】 내가 아직 덜 멋을 俳優의 시절의 일

이다 겨우 배우생활에 熱中하엿슬그째 지

지도【기억】에서 사러지지안엇지마는 버【무대의술】

에 여지업시 반하엿든 女性이하나 잇섯다……그

는 맛치 白樺樹갓치 쏙째진 美妙한女性이고 아

직 靑春의 호화로움이 넘치며 찻스며 써엿하고

도한낫 女性의 여름날 夕陽의 붉은【노을】이나다름업시情

예을어스며 밋봄을 다하엿든 女性이 엿섯다 고하

날빗 쌀간 새닙 별는 그【오쯧】한微笑의앞헤는 그어

나린 어듬의밤이여스나 억제할수가업섯다 大洋의

狂波는 岩礁에부다쳐 부서지나 그女性의 곱슬～

히 뜬 捲髮의波浪에는 험초의 바위나 氷山이거나

눈동령이거나 아니 부시질수가업섯다! 잇지도 안

엇다마는 그어는째인가 지금내가 뎌압헤 스듯기 섯

섯다……그쎄의 그女性의 아름다운 맵시는 오로

지 絕世의 親線은 비록 무덤에드러갈지라도 그쎄의 아스

러울만치 엿섯다……그는 샤스한【사랑】! 天潑絨!

深淵! 靑春의 찰란한光輝!

幸顔에 취한이나가 그女性에압헤 무릅을꿀코

는 普譽으로 애결하지안엇 슴이럴싸나 (스러키가 幸

아리 말하지 안하엿겟나 舞踊을 버려주서요! 舞

—舞踊을버려주서요……알겟늬? 그女性은 俳優들사

랑은한게엿스나 【배우】의 아낙되기는 決코실엇섯다

— 지금도 잇지안어스나 그날버가【맛홀】하게될싸

役은 卑賤한게엿스며 광대노름이 엿섯다……나는

무대에서 맛름을 하면쇠 광차 暗々에서 이나는

이 쌔는것갓하 슴이엿다……그쎄비로쇠나는 그곳

에는 아모 神聖한藝術의그르트기도업슴을 쌔나랏

다 그리고그모—든것은 虛僞이며 거짓임을, 쌔닷

랏슴이다 이나는 奴隸며 사람들의道具의 작난깜

이며 광대고 헤락바인것도 쌔다랏다 그쎄비로쇠

나는 · 世上人間들도 그무엇인지를 아럿다! 그쎄로

부터 나는 그네들의 拍手에나 花籠에나 狂興에나

조곰도 미떠지지 가안엇다……그러치안켓늬

니키—투쉬카야! 그네들은 이나에게 拍手를 하

는이 한부—브리 의銀貨로 써 肖像 사진을 사

지만은 한낫 나는· 그네들에게는 鬥外漢이며 그

네들에게는 이나는 한낫· 瞬 (卑) 하구 엿섯다 그

무엇이다 을것이 겟니……그네들은 虛榮과 자랑

과 罪惡새로의 자기의 누의나 싸님은 이나의 아낙으

으로써의 자기네 몸을 낫출줄을 구

로 하겟다 는데까지 자기네의 人間들을 밋

래여하지안는것이아니겟니……나는 그人間들을 밋

지안는다……(床机우에쓰러진다)죽어도 안밋는다!

안밋을터이다—!

【니키―타】여 당신의낫빗 이야말로 아조말슴이아
니온데요 비―바씨리 바씨리―츠 커쩌지 견딜수업
서 되엿습니다그려……비 집에도라가시지요 자맘을
널피 가지시구요!

·【스베트로비―틈】그뼈 나는 그모든것 하나 난긴
것업시 뼈다보고잇섯다……이 도둥한 자세는 가
장高價에 어듬이잇슴이엿다 니키―두쉬카! 그한가
지사실이잇슨후……그女性과의 이야기 사실이 잇
슨후……이나는 아―모 정신업시 意慾도업시 逍遙
하엿스며 초초한 生涯로 한날〱을 보내여바렷다
【광대】노름과 嘲笑者의「맛
암흑분별할 여의도업섯다…【익살】을 다해버려이
사람들의맘을「誘惑」하엿섯슴이 아니엿나 아 그러나
나는 그 무에라할 偉大한 藝術家엿스며 그무에라
할_天才엿든고! 나는 이天才를 순양에 매장해
버리고 賤卑하게 하려버렷스며 오로지 뜨한낫
서지……다시말 할것업지 이 暗黑한 地陷이이나
이것다……다시말 할것업지 이 暗黑한 地陷이이나
룰 쉽엇다 집어 셍기어버렷다! 지금까지 나는
그런것을 感觸한일도업섯스나 오늘……잠에쇠여…
그런데라 살필뼈 나는어―언간 六十八歲의 高齡者
이아니겟느냐 내가 늘것다는것도 지금 이 참라가
칫유으로 쇄추어 주엇다! 오 이나의 노래도 거

두윗다 (운다) 오―아나의【노래】도 거두어바렷슴이
여!

【니키―타】 바씨―리 으바씨―리츠! 여 보시요
영주……맘을 좀 진정하시지요……오―神이시여―

(소리친다)【표―루릅―슌!】【떠골―카!】
【스베트로비―틈】아 그러나 그무어라 할 天筭
이엿고 그무어라할 침이엿드고! 그얼마나 (가슴을
두다린다) 아 가슴 속에 그얼마나 豐富한 葛詞와
그얼마나의 美妙한 情緒와 그얼마나 아름다운거
든고의 실이 숨어잇섯인지 오로지 너로쇠는 想
像할배가 못될 것이다! 그야말로 숭이 막힐 지
경이다……사 老人아 들어보아라……잠간만 참아
다고……참아다고 나도 숨을 좀 자춘다유에다……
요안雷帝의 幽靈은 이나를 아딜로섭아
무덤숨 그늘쇠 드미트리 이름불러쇠
이나를 에워싼民草의맘을 어지린히하여
이나를 위하여 보리―쓰둘 祭物로 청하엿시라
이나는 王子이노라 오하라 깃붓이여
오하라 붓쇠러쇠라
교활한 波蘭女王압헤 이몸을 굽히엇슴은―
자엇더하니 들엇느냐 아?(또生氣잇게)잡간만 참
아다구 자 이커는 또「리아프」이다……자 드려라

하늘은 깜깜……비가 쏘다지고 雷聲이요란!
가만뒤인다! 원하날은 께쓱즐하는듯하다 그리고 번개는
그곳에서

어르크라 狂風아! 그때다 이잣컬케썼지
휘쓰러 부르어라!

이데 深淵의 張水야 暴風에 쓰러부어쉬
高大廣樓를 넘치이고 지병우 [바람]

[부처]쓰지나 넘치여 흐르라
그네 번개갓흔 硫黃의 火焰아!

놋려에 莊林쓰지 문즈려 부시는
무씨운 雷電의 날카로운 솟이여
어나白髮頭上에 씩려지어라!

萬物을 搖動케하는 蒼空의 雷神이여
萬象의 森羅를 뭇즈르고 못더운 이씨돌 놀려

忠德의 무리의 씨물
부스르고

그狂風어부는대로 허드키나 보버려라이—
(초름하게스라) 자 지쳐말고 才談이다 舞詞되여
(活을끌웃다) 자 어쉬 뇌지못하겟는냐— 나는
말을 순간도 업다.
[니키—타] (활詞짓는다) [비 엇더시지요 할아버
지? 키든 이런雨中에 싸즈르나보다는 집 즈벙밋
헤 안고잇는게 퍽으나 흉용할줄 맛싸온데요?오

매— 참말로 게즘아해들하고는 하렴버나 쇠로화
해하심아 촛찟슴네다요 어린 夜伴에는 누가 똑々
하거나 白痴者거나 그다지 뉘기나 그리고마운일
은 아니온데요—」

[스벨트로바—늘]
땅엇 부르지커라!
부러라! 쓰러부어라!
그무엇하나 이나에게 태와버려라!

그무엇하나 狂風이나 [우뢰]나 또 바도—
불이나 이나의 벗님이 아니온것에는—
그네들의 殘忍도 이나는 것입이업쏘로어
이나의 生命이잇슴베쩌지는

· 그나 나그네에게 [나로]도 줄수업스며
이나의 아달도 부르지안을쉬리이—
[힌]이다 天才다 大藝術家다! 또 그무엇인가 엄
스럼가……그무엇인가 이러케……나이가차……야름
〈—하는 것은……오참그렇다 (슈떼스러운우슬)
이커는 [하므레트] 에서 다자 시작하구나
는곳이조을것이냐?……우—그러쳐!
로)「아! 피리부란가! 그대 [피리] 쿨 아니여게
가키오렴으나—(니키—타에게) 그대는 넘으나 나를
[니키—타] 예—王子님! 그러차옥겟도 王子 게

【51】

對하온 一心과 陛下께 忠義를 다 하랴므로써의 所爲로소이다」

[스베스트로비—듭] 『무엇이 무엇인지 하나토 알 수가 업고나 무엇이나 부려 주렴으나」

[니키—타] 떼 小人은 불줄을 모름니다・王子님 ─!」

[스베스트로비—듭] 『원하는 바이려나─!」

[니키—타] 『황송하옵네다 마는 全여 小人은 不能어로쐬이다 王子─!」

[스베스트로비—듭] 『아 거짓뿐평하기보다도 쉬울 것이려아 피리를 이리 잡은다음 이곳에다 입설을 대고 손가락을 이곳에다・따면은─ 스스로 부려지려아」

[니키—타] 『여 小人은 헌번도 삐와 본 일이업소이다─」

[스베스트로비—듭] 『아 그대는 나를 뉘구로써 성각하는가? 그대는 이나의 맘을 吹奏하기는 하랴 하면서 아 피리로써는 그무엇하나, 吹奏힐수가업슴 언가─! 그렇진대 그대는 이나를 한개의 피리만못 한 愚者로・아논려인가? 그야 그대의 맘가는대로 생각하야려라─ 그대는 나를 괴롭게는 할데나들 이 나를 戲弄치는 못하티라─! (嘲笑하며 拍手) 아주 그 만이야! ─그만하티라─! ─뜨한번! ─흘용하다』 경을칠 가락임으러가자……老희라고는 조곰도업다……모두

누가 ·늘근배이려 한다마라─! 조곰도 늘거지친기 새기이라고는 희스슬도업는걸 모두 시근소리뿐마 라─! 온몸의 血脈으로부터・噴水갓흐 힘이 쏫사나 오누나─이것이야딸로 生氣다 生命이다! 오─아 니키─라아 天才에는 나이가 무슨 나희냐 얼썹젓니─! 니키─루쉬카야? 自失剡누나! 잠잠 간만 또참아라 나도 정신은 좀 차려야겟다……! 참무에려 할가나─! 자 뜨 드렴보아라 무어라 할 美妙이며 그무여라랄 音樂이엿든가─! ·싯……고 오 이—

밤! 우르라어나의 靜寂아─ 蒼空은 맑피 별髮갓은반듯인다 大氣는 간멸판 조름조차 구레여 안눌쉬려 은실들은 白楊의씨잎소래가 아스렵어 한드릴 뿐이려나……

(패당하고 묻어는 소리가 들인다)

[스베스트로비—듭] 커게 무엇인가?

[니키—타] 아마 『표도루─쉬카』와 『페―쟈』가 도라온겁이오나 다……天才심니다?

[스베스트로비—듭] (소리난 편을당하며 소리친다) 天才심니다?

[니키—타] (니카라에게) 衣裳이나

【52】

사근소리다 모두헷소리란마라……(깃븐듯喜笑)너 웨
이리 운다구? 참 랄난는걸—
얼 어리 굴뇌〈—하고 이러냐? 예—ㄱ 좃챠냐! 아
참말로 좃챠라! 자—자 영감— 그런 눈은낭 가
지지말고! 웨 그리 눈을 쓰브리느냐 응! 자—자
……(쉬름에게워 니키—타를 쉬려안는다) 을지마
라……藝術이나天才에 老少가 그에닷잇나냐 孤獨도
不幸도 업슴이다—……死神써지나 牛움은……(운다)
아니 敬藏이다—
노래도 웃막앗다 出春은 지낫다……아 이나가
무슨 天才갑실요! 「니키—타」야 별—서 ,우리들의
이나는 물쇄의「리몬」이며 어름
고쳐다. 곰팽이 녹쓴 날근 못이다 그리고 너는
이劇場구석의 놀근 쥐 가아니겟늬……。後見자 가자
!(兩人거렴슨다) 오 이나가 天才냐?
이나는 아무리 틀읍업는맛틈을 맛는다면 「포린부라
—스」의 侍從맛게 떠쓸때가 잇겟는고……그러냐그
것좃챠냐 이런 구절이잇지안는냐—
……「오헐로」가 운데
씃쳣도 버리엿쉬라 滿足도 버리엿쉬라
羽襞의 美려한 軍隊도 野心이豪勇으로
리는
막 고요히 써린다

라딸소리도 북소리도
피리소리도 엄수한 軍旅도
그모든 名譽와 榮光의 悲慘도
淨快의 찻음의ㅡ맛칠듯 그動亂도
오—오 버려엿쉬라!
【니키—타】 天才시요! 天才!
【스베트로비—돔】
오「모스크바」, 天才ㅡ를 럄별하자ㅡ
다시는 두번도 안어오리라·
뒤도라도아니보고 사나이뒤여나가
버림바든 모욕의 感情의 숨은 집어
잇슬쏜가
왼世上을 롬하 헤매일쏘냐
馬車를 다오! 오 馬車를!

(兩人退場)

【53】

그가 그내 男便 속인이약이

버-너드·쇼오 作

起悌 譯

저녁八時。크롬웰른 街에잇는 그내의집應接室。門帳어
드러잇고 洋燈이켜잇다。【그내】의 愛人十八歲나 된少年
이 燕尾服에발은外套를넙고 손에 옷한숨과 오페라 帽를들
고혼자쉬들어온다。門은구석갓가히잇다。門어구에옷
하나더니 自己右便으로갓가히壁에달닌煖爐뎝흐로다
다。그마진便壁으로로큰피아노가히잇다。煖爐갓가히
꽉은裝飾한레이블이불이잇는데 그우에손거을、부채、하
얀擧甲한한귀련、羊毛로만든 리等이노혀잇다
마진便쏙아노갓가히덥고비 모난폭신한교자하나이잇
다。房안은南方케- 싱튼風으로꾸몃다。即될수잇는대로
外樣만치례하야 所有者의社會的地位와奢修한것단表示
하기爲한것이고 조곰도居處에꼭한것을爲主한것은안
이다。

重復이되지만그는퍽美男子로움ㅎ속에 노닐며空中을것
는듯하엿다。그는옷줄을注意하야레이블우부채뎝헤옷
는다。外套를버쉬쉬더이불우에는혼자 리가업스닛가피

아노우에옷코 그우에帽子를놋는다。煖爐것흐로와쉬時
計를보고넷는다。뎨이불우에 노인物件들을보고天國門
이自已압헤열닌듯이 반가의한다。뎨이 볽것으로가쉬쇼
을집드니그부드뎌운것으로코를푹쏴고키스를한다。掌
ㄹ-甲에 도한착식 〈-키스를하고부채에도키스를하고
는 그냥恍惚하야쇠쉬렬며한숨우휘짓는다。교자우에안
드니瞥間現實을녀나空想에醉할녀고 손으로얼골우가린
다。손을나리고自己의어리석우을스사로북히듯이빙고
렷옷는다。구두에먼지가올느것을急히精誠을다해手巾
으로닥는다。손거을을듯어에쇠가며네그라이를웃친다
時計를다시써여불써셔 그내가아주精神이散亂한듯이들어
온다。親劇服을넙은데다 그리醴面도차리지안코無數히
金剛石으로團裝을하야 그내는퍽美人이요철어보인다。
그러나實狀은團裝한衣服과態度와닭나南方케-싱튼地
方에흔히三十七歲가량어나된女性이다。【그내】가드려
올뒤쏘거을를나려놋는美少年과는아주어림업시肉體的

으로나 精神的 으로써려젓다.

【그】 (그녀의손에키스를하며) ─ 인졔야겨우─

【그녀】 해ㅣ리、큰일이낫쇠요.

【그】 왜 무슨일이요.

【그녀】 그만당신의詩를일허버렷쇠요.

【그】 그것이무어 그리貴한것이되요? 내이다음쏘써들이지요.

【그녀】 안이야요 그만두. 도모지인졔는더詩를쇠주지말아요. 내가엇지면그리밋쳣든가! 왜그리철이업쇳든가! 왜그리輕率하엿든가.

【그】 大體무엇이그리밋치고철이엄고輕率하다는말이요?

【그녀】 (성화가나쇠)여보좀精神차리우 헤ㄴ리. 이야말로엇더케큰일이날는지알것쇠요. 남이그詩를엇다고해보셰요. 엇더케生覺하겟소.

【그】 여前에女子를사랑한사람보다一層더眞心으로女子를사랑한사람이라고하겟지요. 그러나그가누구ㄴ지는아모도몰으리다.

【그녀】 萬一그女子가누구ㄴ지를알면大體나는엇더케되겟쇼?

【그】 그러나남이그것을엇더케안것쇼! 쇠요 내일홈이불상하

고어리석은일홈이그詩안에가득한걸. 아─한것써일홈을 머리·처인이냐、글려이다스우리엘이냐 或은무란다스카냐 或은흔히들아단기는일홈 或은비트리스나 만지엇든들─ 구태여오─로라! 으─로라! 론든안 에쇠오─로라는나밧게업쇠요 쩌다남아다할지요 온世 上에쇠도오로라─라는나밧게업스리다도 그리고오로라─ 는詩에쇠韻을맛치기가몹시도쉬운字지요─오! 헤ㄴ리 왜 당신은조곰이라도날生覺해쇠感情을制禦하지못하엿소?

【그】 왜줌生覺을해쇠쓰지안엇쇠요. 당신쇠生覺을해쇠詩를쇠엇쇠요! 그렇케물으지요.

【그녀】 (外面으로憤하은듯이) 암 그아勿論당신어 야잘허엿쇳요 이것이당신의잘못인同時에내罪도됩니다 당신의詩를沈코남의旣婚女子의게보내쇠는안된다는것을 내가注意했쇠야될것인데.

【그】 아─엄마나내가그詩를處女에게보냇스면겟쇠요. 얼마나願했겟쇠요.

【그녀】 참말당신은그렇것을生覺할수가업슴니다. 그詩는旣婚女子의게만適當한것이라고生覺하느가요. 그래말셩이지요.

【그】 (쯔린듯이썰나는목소래로) 아쇠누녀이잇슴닉 가.

【그녀】 비 勿論잇지요. 나를仙女로아쇠오.

【그】(입살을쌔물며) 그럿습니다。큢킹으로。只今

도그럿코근徃도그래ㅅ섯고或은──(술먹을먹한다)

【그씨】(溫順하여지며 多情하게自己손을그의개에

언즈면) 여보날좀보우。우리둘이쉬로떨나라에쉬살며、

여러가지사랑해주시는것은大端히고맙습니다만은 쌔男

便이誼조치못한親戚이잇는데는영、견딀수가업쉬오。그

럭치안을닉가。

【그】(얼굴에和氣가돌며) 아　참당신男便의親戚이

【그씨】 實狀뎌디는맨親戚뿐이지요。親누이가며덜이

요四누이가며덜、사내동성도그만츰된다오─그쉬진사

쌔동성들은아모상관도업지만。여보헤ㅣ리 당선도世上일

을솜안다면말이지오。食口가만흔집안에쉬는게집애들은

밤낫쇠쉬이쉬리좌오기만하다가도커의오라비가쟝가만들면

그쇠엔모두달나부러쉬안해쌋지못하다가고新婦를성화갓

치못하게군ㄴ다는것은집장하실테지오。甚至於茫然한

임에막마주쉬ㅅ辱을ㄹ한다오。世上에는日常남이아지못하

든어리석은수작이만으닉간은。당신도곳살으리다만은알

가만하면 그냥믯치치오。結婚한사내집에는누동성들이못

들어온다는法律이生겨야하런만은。아마를님업시지을지

니가버는질팡주리에쉬그詩를집어벗겟지요。

【크】 아마그詩의意味는몰으리다。

【그씨】흥 몰나요! 넘어잘알어쉬탈이지요。三곱

쟁이더잘알으리다。조버려먹을와체이이가!

【그】(그씨게로가며) 여보왜남을그러케生覺하쉬오

인쉬고만둡시다(그는그쉬손을잡은채란子(緻誕)우에 그

쎅괄밋에안는다) 오─로라우리가만쉬음에이親樣으로안

쉬쉬써가당신쇠의그詩를읽어드리든커떡을記憶하쉬요。

【그】 果然그럿습니다。

【그씨】 侮辱이무슨關係가엿쉬오。다만데디가엿데케

生覺하겟쉬오。무엇을하겟쉬오。(갑작히男子며덕를自己

무릅에쉬싹리 치면쉬)당신뎨디의일은조곰도生覺안는구

려(빌덕일어나며新ㅅ激動해간다)

【그씨】(女子가갑작히싹 리첩으로房바닥우에누어쉬)

뎌디가쌔게무슨相關이엿쉬요지나는데㎎럭를自己

남의시비나하고개쌀머리업시거지갓튼녀에라고아모것도

못한다고生覺하면잘못이지요。(女子는방안을왓다갓다하

고男子는쳔ㅅ히일어나쉬손에먼지를떤다。女子는갑죽히

男子되로가쉬그의가슴안에엄킨다)뎌ㅣ쳐발이지살며

주。여그쉬엇뎌케뛰여나갈道理를해쥐요。당신어살아잇

는날까지 祝福해 드리지요. 아ー가막혀 (그나는그의가슴
여씨늣긴다)

【二】 그런나여보 나는아렇케幸福을늣기오.

　【그네】 (가슴에쇠뭐여가며) 너무그리自己만生覺하
지마오.

【二】 (겸손히) 암 참그럿습니다. 萬一火刑塲에를가
드라도당신과함께만가면모ー든危險도다이커버리려
오.

【그네】 (온순히 그의손을情답히두다리며)아ー헤누리
당신은정말貴엽고사랑스러운道令님임니다 (怒하야그의
손을뿌리치며) 만은所用이업서요. 아나를도아줄사람이
잇섯스면은.

【二】 (沈着하야) 써만오면당신의가슴이스사로알켜
주리다. 나는그것에 對하여셔여러가지生覺을만히해보앗
지만何如튼우리가取하야할길은차켓슴니다.

【그네】안야야요! 나는決코不當한일이나名譽롭
지못한짓을안할作定이야 (교자에안켜쇠決心한듯하다)

【二】 그런짓을한다면발쇠오ー로라는아니지요. 우리
의길이야말로아주單純하고平坦하고흥업진것임니다
우리는쇠로사랑하고도나는그것을붓구러워도안합니다.
나는兄수이라도곳가쇠당신의男便쇠宜言하는同時에원룬
돈이야다알길作定임니다. 이것이即당신이발불가장名
譽스러운길이구려. 더보우리함께가릴것도업고부쇄릴것

도업시곳아커덕여어집에쇠떠납시다. 당신의男便에는꽤
身勢를질것슴니다. 말하자면우리는이집에손넘이지요. 그
는훌륭한사람일뿐더러꽤親切한사람이지요. 그는아마自
己의平凡한性質과咨嗇한商業的還境이許諾하는이만을自
由롭게公明正大하게유수히하야집에쇠나갑니다.

【二】(그를치여다보며) 가기는어데로가단말이요.

【그네】 험곳만침이라도平常한生活의길에쇠떠나지맙사
다. 劇塲에갑라고햇지만은詩가업쇠진썩문에直接行動을해
야지요. 만은劇塲에는감니다. 그런데金剛石들은쇠여버
려요. 참아볼수도업고所用도업느.

【二】 (성아가시여) 나는金剛石을실혀한다고발쇠
말하지안어서요. 한갓쇠더가고그것을성화갓치말하나간고
럿치요. 내게單純에對한理論을說明할必要는무어요.

【二】 내가說明한것이무어에잇서요비. 이런物件은당신
쇠아모것도안아라는것은잘알어요. 에ー또、네. 劇塲에
갓다가쇠이리오지를말구요. 내집으로가요. 버집에잇다가
離婚이成立만된쇠면무어든지相關업시당신의말대로잔채
도합시다. 法律이重大한것은못되오. 우리사랑이단法律
로된것은아니니간. 뿐만안이라拘束도못하고遙出도못하
닉가. 편간단하고자미잇지안어요. 비(웃출물며)당신쇠

【57】

웃첨니다.

【그네】 (정신업시 웃슬바터 쇠보지 도안코엇터한듯이)

이업다는것을表하기爲해 당신男便쇠馬車를빌녀 달납시다 네.

【그네】 그럼 우리泰然하게잇습니다. 只今이나쇠 時間휴이나 劇場에갓다와쇠 그이게일음읍니다. 別일업슨것갓치 或은오날이나 來日이나 正直하게붓구러울것도업고 무쇠워 할것도업는以上에야무슨걱정이잇겟쇼.

【그네】 어듸 入場卷이오. 로ー헤ㄴ 그린거요.

【그】 말은해 보앗소만은 로ー헤ㄴ 그린것은다쌀녓쇼 (코ー트劇場入場卷두장을써낸다)

【그네】 그럼머애요.

【그】 그것물으쇠요로ー헤ㄴ 그린이업다면캐ㄴ 듸다劇場밧게볼만한것이더잇쇼.

【그네】 (뛰여일어나며) 캐ㄴ 듸다요! 안아 다시ㄴ 거긔안가요.헤ㄴ 리.(피아노우에웃슬던지며) 아주남분劇만하지요 내가와보앗든지 후화가나요.中止나마즐건데.

【그】 (감작놀나며) 오ー로라!

【그네】 그러코말고요

【그】 그絕걸한단애詩가! 우리 가쇠로하고십흔말을 다하게한그詩가ー 우리 가쇠르 긴感情을 그대로그러ㅐ 인그詩가! 그ー

【그네】 네 果然. 그것을보고나쇠는前에몃도안쑤든 것과生覺이나쇠못견대겟쇼. 내自身이쑥캐ㄴ 듸다과갓 치돼보는것을엇더캐.

【그】 (女子의손을잡고두러지게그얼굴을보며) 반은 그럿습니다. 당신은곡캐ㄴ 듸다갓습니다.

【그네】 (팀긴손을쌔며) 아이송상해! 당신은쑥쒜ㄴ 갓습니다요. (男子를말씀이보며)지금보닉간당신은참유쒜ㄴ 갓구러 (不快한듯이피아노의교자로쑈는女子우 에헐석안는다. 그는女子겻으로간다)

【그】 (진충하겟) 만일캐ㄴ 듸다가유쒜ㄴ 을사랑햇다 면조곰도쇠슯치안코이갑々한데로뛰여여나갓지요. 오ー로 라!

【그네】 (역시진충하겟) 헤ㄴ 리, 그劇에무엇이싸컷 는지아우.

【그】 싸컷것은아모것도업지요.

【그네】 잇고말고요. 지울지나가거긔가쇠모든임을괴롭게만햇다면그劇이아말로참人生의悲劇이되엿스리다. 거긔對해쇠내前에말하지안은 것을말하리다.

【그】 무엇이요.

【그네】 려듸를다리고갓섯지요.所用이업슬스련만 사실내男便이눈만엿스면이用이잇슬줄노알고. 지울지나도갓 치갓섯는데 그評하는것을당신쇠들녀주고십헛쇼. 아

주通德을破滅하는거ㄱ임닛가요. 그리고쏘煖爐엽헤少年을안치고각각것으로싀여가며사랑을하거는女子의種類을안나요. 그내가슴속써와내男便사이여愛을부읏더고하지요.

【그】하는더로두어요. 왓다.

【써】第一그것이相當혜요. 왓다.

【그】그내가世上을그러케보는것은事實이야. 그것이 그내의調이어.

【그】쩌가조와하는데아무슨調이되것싀요. 려더쇠 그詩조박이가는날이면도로혀내게調이되지요. 당신도좀知覺아잇스면조곰직더쌔쉬더게誠情이나마하련만은.

【그】(피아노엽헤서넘넌떨조ㅎ든도어왓다가. 다한다) 結局은무엇이무섬고무엇이ㅎ려을것이어잇지도안슴니다.

【써】지을시나가무엇을하며당신男便이무엇을할수가 잇것싀오. 누가무어러것싀오.

여보사실이지 지을시나나혀더가써기무슨相關이잇싀요

【써】直接혀다알혜가쉬우러돌이갓치가겟다고하자 는말이지오.

【그】녜 게싀더간간할것이오.

【써】써男便이그劇여나오는덩정 ──한敎師와목한 판으로 그냥엇슬을할우. 殺人이라도하고파요.

【그】(急허일어나머沈重히말한다) 하─당신은아직 物을섬니다. 그러쳐안어오. 맨문쳐 나는그劇예詩人과 는판인임니다. 나는希職思想예려體育예힘썻슴니다.

당신男便이十年만에쩌엿드면如何間버對敵어나되것지요 感情이爆發이되야 란랄을하드려도그쳐十五秒가량이지 오. 十五秒야못견대요? 그다음예야막두득쉬주사오.

【써】(아주늘버여男子계로오며) 무득쉬주다나오

【그】그게무슨딸이오.

【그】(온순히) 쌜을것업싀오. 무슨일이잇든지근심 하실必要가기허코업스닉가오.

【써】내男便은엇떠케되오.

【그】(疑心젹히) 그가只슨은나를사랑치안나오.

【써】당신되머리라고합되가.

【그】놀닐것업싀오. 별일업슬터나나물맛어오. 당신 男便은버몸을막을만한才操가잇는중은잘알고이뤈環遇예 는劇일도안남나니가. 그리고勿論나논아므것도안할러야야 요. 당신을사랑한사람은모두神聖한니가.

【그】(情다히쉬안으면) 안─이오 안이. 펴興舊이 되엇구려. 당신쌋지안캐. 아뤈슬때업는격정은다下級人 物예屬한것임니다. 자우러는죽어도좋터高尙하고 고요.

【써】(그의親綠을피하며) 안이요. 그만쉬두요.

ㅁㅈ─ㄴ氏.

(天號完結)

第 一 回
(한글使用에對한外國文學見地의考察)

鄭寅燮　張起데　吳夏潤　李善根　李炳浩　金한용　金한은

六月九日忍冬亭에서

인섭。이제부터 시작합시다。韓再鳳氏와 柳錫東氏가 出席할터인데 아직안오십니다 그런。발서 시간이 이려케넘엇는때……?

찬근。그만시작하지요。

하윤。韓再鳳氏는 밧바서 못오실것임이다。

명호。柳錫東氏는 요즘 아모소식이업든걸요。

인섭。『입센』研究따위 맛분게지요。그리고 金石香氏와 金晉燮氏에게도 바로京城으로 通知해두엇슴니다。알고나거시라구요。

그레。인제부터는 미리通知해서 意見書라도 오게햇스면 조흘가함니다。

한용。이번問題갓흔것은 우리가切實히늣긴바를 서로

〈이약이해야 될가함니다。

김온。本論으로들어갑시다。

인섭。『한글使用에對한外國文學見地의考察』이라면 너머漠然한지모르나 要컨댄 國文字의活用에對한 意見일가함니다。

하윤。論點의目標가 不明하지안흠가요?
第二期『르네쌍스』에들어간우리社會는발서日本化되卫皮相的인文獻으로서滿足치안卫直接으로世界文化를吸取하卫키하는從律的인一面과鄕土的獨自性을밝히려는運動의一部卽『한글』이란自律的인表記와의兩面이接觸하는곳에 그目標가잇스니 換言하면 우리自身의立場見地、눈 한발은몸 外國에두고 또한발음內地에둔것이니언 이 各히의處地에잇는者로서 朝鮮文字表記의根源的自由性을 어느程度外지應用하고 그効果가잇슬가하는問題원가합니다。

선근。勿論그럿슴니다。 말하자면 우리가外國文學을輪入하는데 在來國文表記로서는不便한점이만흐니언요

명흥。엇재든・『한글』의根本性質을쌂혀보아쉬 맛낭하取할킴은 얼마러도活用해안될가합니다。

인섭。여거서 한마듸할것은 요사이 所謂『한글』學者단분들中에는 狹意의國粹主義的偏見에쌔진의가잇는듯하고 民象의一部에쉬는남이장에가면 自己도 거름치고 장에간다ㅡ는세ㅁ으로 一種의單純한其目的流行心理에支配되여 그一端을집작함으로써 남에게對한怪違越感을享樂하려는 傾向이,보이는듯해요。

선근。아쩌 鄕見이말한 單純한國粹的偏見에쌔진다는것은。 아주不可한짓일가합니다。

한용。『한글』에對한好意的態度는 그것이元來 表記의豊富性과自由性이이고 거기에言語學的妥當性이잇는다우이지만 아직 그自說의現在到達도 統一이이업고 普通흐히말하는 요사이『한글』綴字가는 어되무슨일이되되여 며

각데。그러나 더욱이 慣能使用의効果間題이들어가

한용。注意할점이잇는가합니다。

한용。을슴니다。 爲先 그럼한活字가엄스니언『한글』式의活字를쌧드려도 印刷所에가쉬는 改記째안됩것임、

인섭。올슴니다。 며거同聲社에도 그럼活字가업스니 當熱한歸着임니다만 오늘論壇의主意는理論上에서 이약이해야됩것이니다。

한용。理論上으로보아쉬 在來것에보담『한글』的見地에好感을가지는것이지요。

선근。그린데 생각해야뭇것은 民衆이理解하는程度임니다。

한용。말하자면 갑작이變更할수업다는것 그럭나 朝鮮語文法을統一하자는意味에쉬 使用하기努力할것이지요。

인섭。可能의範圍內에쉬 쓰자는것임니다마그려。『東光』에나『한글』이란雜誌에 글을쌀애는 勿論、自己의承認하는바를試用하려니와 現在『海外文學』原稿는 自由롭게 滿足히쓸수업잔슴닛가? 그거過渡期의悲劇的體溑일가요!

하운。그러나 鷺者鷺에만들니며쉬 그들에게支制만되여는 어되무슨일이되되여

며데。渦俗만에妥協하다는 어되進步的敎化가잇슬슴

닛가?

인섭。모른다는單純한理由로서 그文字의使用을否認하
는것위름 退嬰의保守라는늣슬가해요。그게야 勿論어됫
바진者의常習이닛안 떠말할것도업거니와 元來言語
文字연 그變遷性을承認안이할수업스니 先塋의創造
라고만해서 現代에써지 그死語而已인것을使用하는
것도 한버ㄴ 考慮해야될것인가함니다。더구나 單純
한言學者的見地가안이고 文學的美의效果도성각해야
될것이……

김온。露文學에서 地方語갓흔것을 全然否認한다면
藝術的妙味를돌보지안는사람이라고하겟슴니다。露西
亞南方語와中央語는 露語字典에도업서 읽어서理解
는하니건『한글』이 表現의統一싸워 言語를더무單一
化하자는것은 外國文學見地로서 不贊成임니다。
크른』 그건 쇠와꼭갓흔意見임니다。그려―即『다이어레
키드』의價値을否認할수는업서요。싸워버리기가 慶尙
道사투리를嘲笑하는듯하나 그것은彼此一般일것이며
地方語를使用하는데는 그作品의『포―카스』가잇다면
엇진단닛가?그러니간 우리立場은 單純한文部省敎
科書을全的으로尊仰할것도안이요。骨薰品質美에만追
從치안코 우리글의『알파베스르』를 얻마라도自由自在
로운公賞의根據에서 聲音化할것이며 新語라도創造
해서 文化輸入에不足한點을補充해야될가함니다。

슌근。希望은그럿슴니다만 當面한實地問題로朝鮮에업
는發音符號를 곳使用할수업는것이 우리處地가안임
닛가?

좌윤。그러나 그린拘束뙤문에 讀者의遠薄한程度에들
支配된다는게야 어듸될말이오!(笑)

한용。우리가 暫間 뙤쌍각해야될것은 國文의橫書인
데 엇떠케씽과들하심닛가?

긔례。그것은 청말重大한問題임니다。

병호。우리는그다지贊成할수업서요。

잔온。橫書인外國語를混用할때는쐇便利하잔台니다。

한용。그러면 밧침을모다右便에並記하자는便임닛가?

긔근。그럿찬으면글줄만맵흐로쓰는것임닛가?

선근。밧침을모다古便에附記한다면 混雜해서 發音形
式에不便할것임니다。

병호。원 朝鮮글자는 從書로쿠아氣分이나고 興이나
는긔데……

인섭。그러나 요사이 支那에서는 新靑年들이橫書
를取扱하기되엿잔엇슴닛가?『月刊創造』라든가『洪水』
갓흔文藝雜誌를보시지요。從書의大本家인 古大支那民
族가운대도 活字를全然橫書化하는現象이 오늘날許多
한것을보면 能히 言語와文字表記의 變遷을쓴과할수
잇슬가함니다。그러나 요사이 우리『한글』學者가온

대는　英字도안이요　梵字도안이요　그러라고　訓民正
音도안이요　一種의奇々妙異한　洋風曲字를大發見해서
一種의자랑쉬리로아는이가잇는듯하나　이것만은　정말
『感謝로운미울』일가합니다.　차라리　日本서主張하는□

ー　ㅁ字로서代用한다면　世界文化와共通能率을도우겟지
마는　더구나　正書、草書、大字、小字各種으로複雜化
해서.　民衆의精力을消費케함은　社會的效果와
國民文化能率을덜생각한것이라하겟습니다.　말하자면
有閑的『인텔리겐챠』의自己滿足에不過하다할수잇슬가
요……

너며　말이길어젓슴니다만　橫書縱書問題는　좀취럼
쉬울게決定될問題가안인가합니다.

×　　×　　×　　×

그런데　이해서지는　너무抽象的으로　槪念的으로만
論해오듯하니간　그리말고朝鮮文字表記의實例를들어
이약이하는게엇더합닛가.

하운。　만흔것을　엇더케ー々히定합닛가？

한용。　대강　멋가지重大한것만　이약이해보지요.

인섭。　今年『東光』　新年號에　『우리글表記例멋今』이라
해서　問題十種을들어　여러國文硏究家의意見을을러
잇스니　이것을土臺로하여서　이약이하는게조흘가합
니다.

×　　×　　×

인섭。　먼첫問題는　母音字『ㆍ』字를廢用與否？ー인데外
國文學을飜譯하는見地에서　엇더케생각하심닛가？

한용。　原則으로는그것이存在하고　匸ーー의合音이니
保守하지요.

인섭。　現在그런音이업스니　일부로複雜化할건무엇닛가
차라리　이ㅓ라고쓰지요.

병호。　안쉬도　不便이업스면　쓰안는것이엇덜가요？

선ㅇ。　우리는　廢止하는것이　조흘가합니다.

그데。　飜譯할써　必要를늣기지안습니서？

김온。　露語에는　ㅇ이의單音이잇스니　그런것을表記
移植케는　必要할가합니다.

인섭。　쓰는이려케생각합니다。二重三重譯이大家然인譯
界에잇서서　우리는　될수잇는대서지　그와다른患實한
紹介를爲하야　外國發音에갓차운것을取하는게　맛당한
責任일가합니다。그럼으로　여긔에　單純한國語學者와
다른　우리의바랑이잇는바위　國音에만　限界되지말고
必要를늣기는써는　當然히라區別해서使用합시다.
다음에는　硬音을　스로서全律할가　子音同素複으로
쓰表記할가하는問題인가합니다。

하운。　그것은　ㄴㄴ으로쓰는것이　조흘가해요.

인섭。　아마　大槪贊成할것임니다.

하운。　大部分이　先型의意思를尊重히하고　ㅎ을노
理的이라하야　並書體를贊成하엿는데　ㅎ을노　普成

專門學校長朴勝彬氏만은　ᄉ을　硬音을表示한다는

것과純한一種의符號로생각해서　이러ᅕ지　그것을使用

해왓스니　爲先그것으로쒸全體에代用하쟈고主張한것

것습니다。　여기에는　新鮮한同感을가것다할가요

……말하쟈면　밧침의ᄉ라는　ᄯᅩ는　ᄉ라는元音을

며나쒸　獨逸의「우무라우트」라든지　佛語의「ᄋᆞᆫ산」

「그ㅡ브」라든지　英語의「아포쓰트로퀴ㅡ」갓흔

것과갓치생각해서　이것은된音의「마ㅡ크」로만생각자

는　表記의蛇足裝飾을避하는데　만흔意義를發見할수

엿슬가합니다。發表當時에야엇엇제ᄉᆞ든　그써것만이

文字發達의唯一定路가안이닛가……?

신순。一理는잇는듯합니다。그러나　外國語中에　子音

並記와의硬音으로發表됨섚　子音單字만이라도　前

로同素模으로쒸　表記하는것이　合當할가한다。

인섭。그럿치만　外國語에도　子音字만이라도　一律로생각할수

긔명。그럿타한다면　밧침」과「된音」이不明할쒸

가잇슬가합니다。

병흥。더、쥬、뎌ㅡ쥐、쟈쳐ㅡ쉬　와의　關係임니

다。

과흥。　語語에는　【더】와【쒸】가明白히달나야될것것습니

다。

그거야　다른外國語에라도　다잇스니　勿論區別

할것이지요　그리고　【죠】와ㄷ區別해야될것인

가합니다。

과흥。　그것은그럿코　다음은「여름」과「녀름」임니다。아

것은　엇더케생각하심닛가？

한용。　어느게올타할가　確定할수는업습니다。민순히쒸

것은　各個人에따라라쒸도다

긔명。　다음은「들어가」와「드러가」의問題임니다。

병흥。다음問題는「ㄷ스ㅋ큰포ㅎ」의밧침인가한다

요。　兒童雜誌여여쒸도「메ㅅ날〈ㅡ」해도　잘理解하고「뼛

날〈ㅡ」해도　아혀물은　녀수히생각합니다。「한글」

研究家들도　이것은　正말根據로로하

쟈니……뜨는엇더니……

인섭。그런것것습니다。아것은　純全히慣習의差일가한

다。

긔명。　이것은　語根語居性質로생각해보아쒸　勿論「들어가」

이것지요。

한용。勿論이고말고요。다음은　무엇임니가。

긔명。「막혀쒸」와「막히어쒸」의問題임니다。

인섭。그것은 全然히 縮用伸用의 差異에 不過하니 兩便可能인듯해요。맛치 英語에 do not 와 don't라든가 can not 와 can't……

명호。그것은그리고 다음은…… 비슷하게…… 『떠우니』와『덥으니』……와의 關係임니다。

하윤。文學的 乃至詩歌의 韻律的 價値로 쓰씀가하면 語感이달나서 必要할것갓해요。

천온。日本古語가 文法대로 놀라고 꼭 그대로만 現代에도 使用하자는것은 不便한것이겟지요。

인섭。가? 그긔에 表現感情의 發達이 同伴될것이것지요。 敎授에는 統一의 必要가 잇거니와……

한용。梵語에서 譯한 佛經에는 정말 奇々妙々한 字綴이 잇는데 쓰지안는것, 그것다 字音도 外國文學輸入의 立場에서 쓸생각하면 『슱』란 表記도 必要할게 아닌가 합니다。新語創造라도 글자 하는것것。單純한 模倣而己도 안임니다。曲字代作

인섭。何如間 우리는 單純한 國粹도 안이요。

각데。다음은 漢字로된말거지라도 다 國音을 標準하며 쓸어 如何? 임니다。北京大學을 中心으로해서 文學革

천온。支那에對하야 支那改良이가 如何? 임니다。

하윤。漢字使用에。만흔 價値를 發見하려니。直感的으로 命음안햇드면 엇더면 안인것가?

김온。…… 로包蓄味量 認識할수잇스니간……그리고 小說것흔 것은 漢字右便에 比들다는게 더해요。하지만 日本에서는 音讀訓讀하는게 잇스니 フリガナ가 必要한지만 朝鮮에서야 音讀뿐이니 必要가업잔나요…? 우리의 科學의 熟語갓흔것

한용。支那語에서 『工夫』라면 時間을 意味하니 우리의 工夫는 공부이니간……혼자만 漢字에서 根源된 것은 큰問題임니다。

인섭。이問題는 漢文發比論이아니라. 純國文으로 써보쌔요……漢字에서 根源된 말을 國音으로 씀이 엇더냐 하는것이안임인것임……그 文學 植하려고 할애 植할때 藥果들써 가잇슬가 합니다。그다음의 『하, 눌, 한울, 하날』도 다 바리기 앗가워요。 다르니간……그리고 쇠 國語가운데 漢音使用하는가 國音을로 譯 하는것것。原語元味를 傳하는것은 不贊成이야。

인섭。漢字使用에 制限하는것은 아조 贊成이야。何如間 이問題는 좀취름 決定될것이안요。日本서도 明治維新때에 言文一致論이니 假名持積論이니 羅馬字論이니 하드시 或는 最近의 漢字制限論이니 무어니…… 그와마찬가지로 우리社會에서쓰 반다시 한번은 連勝할問題인가 합니다。現在에 잇서 쓰는것은 무어라고든지 一言에 附하기는 정말 어려울것 안인것가?

—【完】—

執筆諸氏의 最近
消息

（顧序不同）

·載非한氏의体軀엔 無限의業
光이 거득하기를ー

× × ×

金石香氏는 오래동안現代英文學
을 徹底한語學的見地에서 忠實히
研究해오든바 요즘은 韓國해쇠
京城基督敎靑年會舘에서 英語의敎
鞭을잡고잇다한다。

× × ×

金晉燮氏는 유니을더劇의論評이
로서。獨文學者의認識을바닷스며
特히表現主義文學에對한氏의思考는
朝鮮의權威인가한다。山岸文學博士
가 日本에잇쇠쇠의功勞者라면 氏
는 表現主義文學紹介의先驅
인가한다。淺薄한朝鮮文集家中에는
難解글늣기는이도잇싯지마는 氏는
最近에는『世界文學展
望』에쇠그獅子筆을웅즉이자狹量과
誤解에對하야 『힘의말』로쇠싸웟
들은 氏의意揚氣ㅅ한肅度와 親切
한指導에感化되여 每望과歡迎의人
氣를 一身에안고잇쇠 普通『영덕
ㅣ쒸ㅣ』라는愛情에가득찬일홈으로
所開어자수한다고。

이番에『쬬ー지기싯오』의小說과
『라프카디오•하ー』ㄴ의詩人戀愛親
ー을譯註주엇스나 이것도 또한
逸文學에對한素養 特히劇藝術여考
察함이만흔評論은 將次 朝鮮의劇
場迷勤에深刻한留意가잇슬줄을믿는
다。『海外文學』顧者를爲하야 多
海外文學을爲하야 이번에『蹬驗과
形成』이란論文譯과 表現主義劇의
傑作『人間』＝群衆』을譯해주엇스나
到達時日關保로 다음號에미루기되
다。

× ×

려이몬드•배」토크氏는『헤 든』二
氳의名으로도 通례 오든바 그얼골
여耶蘇여비슷해서 一部文學家들은
◆려이몬드•크라이스트』라고도불녀
왓섯다。그러나 氏의思想과生活은
그와反對인것인만큼 東京裏面을體驗
하다가 이번에 北西伯利亞의『오
로라』를차자 멀니 放浪의발자옥
을놈즉이게되엿다。
旅行을즐기는氏의붓대는 歐洲方
々谷々을찻다가 콘쓰탄리노-플의
魔都에서 詩路를더듬고잇슬것갓다
海外文學을爲하야 이번에 는『쇼 오』
印作記를보내주엇고 氏의許樂天分
은 散文詩와劇作과小說에도大하나
每樣글을보내줄것이며 海外文壇消
息을傳해주는데 크다란이될가성
각한다。

桑氏는 오래동안佛文學을專
攻해오든바 넷날에는 佛國大使館
의光榮스럽게質을바닷섯다。그만큼
氏는 佛文學에對한素養이깁흐며
皮相과거짓이안흔朝鮮文學界에한『에
곡・메이킹』을보기될것이다。

『아테네』에서는 一般을指導함이
만하잇고 佛蘭西劇을上演하기되며
는 佛語會話에對한能通自在
好評을밧고잇든지오래이다。特히
『안드레・지-드』와 『아나톨르・프
란스』에는 非常한硏究의結果를期
待할수잇스며 『海外文學』을爲하야
重大한佛文學紹介를擔負하고잇
스니 未久에 朝鮮서도 佛語모르
는佛文學者가 발자취그림작들감
추리라確信한다。

× ×

戚逸敦氏는 넷날에 英文學에趣
味가깁허 그일홈外지『함일들』인것
만큼 그方面의硏究에專心하엿든바
섯각한바가잇서 日本文學硏究에方
向轉換한지도 벌서오래동안이되엿

氏가 朝鮮의口碑傳說文學的材
料를爲하야 全鮮으로探集함이잇섯
고 그러서도 만흔興味를發見하며
섯다。最近에는 比較言語學的見地
에서 朝鮮의根源을 作定하려는努
力에 餘念업는듯하다。朝鮮文學

家가 흔이等閑視하는。日本文學特
히 이番에는 『明治文學의 史的考
察』을실게되여서 우리에게密接한
參考를 提供해주엇스니 讀者에게
만흔도음이될가한다。微笑에서眞을
發見하려는 氏의健康을祝하고저…

× ×

異河潤氏는 한발을佛文學에두고
또한발을英文學에두어서 朝鮮文壇
의現勢를섬섬覺할때마다一種의悲哀를
늣기는그만큼 將來朝鮮文學建設에
는 감춤힘을發揮할줄밋는다。特히
十九世紀의英佛詩歌를 比較硏究하
야『愛誦』評에努力하겟다드라。

× ×

李軒求氏는 露文學에專心硏究하
는바 最近에는 世界文化史上으로
본 社會改造思想의變遷을明確히해
서 그것과文學과의關係를究極하는
듯하다。特히 露西亞國民文學의史
的考察은 우리들을開發함이만흐리
라生覺하며 社會事業을爲하야 努
力함이만흔氏로서 그와갓치밧분틈

큼 一般民衆에게 近接함이잇스리
라生覺하며 『哀愁와快活』을彙한氏
의가삼에서는 創作詩集『쑴길』이未
久에나오겟다는데 이것은 어린넷
날에도라가신 아버지의가삼에 드리
려는것이며 氏의第二詩集『그리울』

은 가삼에숨겨둔 그이에게…… 이
러한가。

× ×

어番夏期엔 江原道地方에서 外
國文學을巡講하리라는데 金剛山의
世界的地位에對한氏의자랑만이라도
人氣熱中以上의 讚揚을 바들것이
다。該地方有志諸氏의援助를期待한
다드라。

× ×

날에氏가耶蘇에게愛情을밧치든그만
는好意와善意와親切을가진氏는 넷
誤譯하는譯者에게 一々히敎示하
的考察은 우리들을開發함이만흐리

울타리라드 每様 玉稿를보내줌에對
하야 만흔感謝를드리며 氏의健康
을祝한다.

× ×

張起悌氏는 現代英米劇에研究함
이깁허 그方面의翻譯에힘쓰을々及
는다. 氏의溫情가득한性格은 將次
朝鮮의劇界에 眞正한意味의演出指
導者가되실만큼 日常에세르라프ㅣ獨
무리가안일것이며 沙翁이말하든바
『人生은劇場』이멋고 氏는 또한
『俳優의한사람』일가한다.

× ×

李炳虎氏는 米國詩文學 特히
『휘스트맨』과『롱퍼로ー』에眞實한
研究를가진분이다. 氏의性格에는 그
兩人의詩歌에서 發見할수잇는것든
要素를 넉々히發見할수가한다
英文學研究家 亦히한勞力의一部를

發表해 주니 朝鮮全麗의幸福이안이
고또무엇일가.
最近에는『토마쓰ㅣ하ー드』에接近
한다드라.

× ×

金은氏는 朝鮮에서 말할수업시
自身이라야아 가장理解할터이니안
國雜誌에서 無엇을쓰주시드라도
오직感謝를드릴따름이다.

─ ─

드문 露文學의篤實한研究家이다.
露語의『말과베스트』도닉々히理解처
못하고 露文學이니 勞働詩歌云하
는 헛수작만흔朝鮮에서는 氏의出
馬가그리웁다.

鄭寅燮氏는 요컴 老祖父宿忠다
위 늣게들어와 日常의研究에專心
世界文壇의思想藝術을
研究하면서 그餘暇에는 朝鮮을外國
에紹介하랴는 責任을늣겨演壇과外
國雜誌에서 朝鮮의思想과藝術을傳
達함이만햇엇고 요컴은 日文著書
『溫突夜話』는 日本社會의興味를도
늣긴바잇서 最近에는『타ー골의동
모協會』일을辭任하고 朝鮮『포ー
크·로어』의英文著書에힘쓴다하며
沙翁研究를連緻發表할것이 멋스나
當分問죠ㅣ오』의劇藝術을紹介해주엇
고『文學의社會的效果』란것이立場
見地를가지고 아직다은菁芽여서閉
門이라든가──. 그리고 朝鮮中等
學校의英語敎授方法에 만흔不滿을
늣긴氏는 近々 英語劇演出의效果
를宣傳하리라드라.

(未完남은諸氏次號連結)

【68】

LITTERAE EXOTICAE

VOL. I, NO.II, JULY, 1927

published by

THE SOCIETY FOR RESEARCH IN FOREIGN LITERATURE

海 外 文 學

全世界의眞善美
外國思想藝術의朝鮮的唯一殿堂
「코리안」文學의產婆役

忠實한硏究와 깊혀 二束單

참된消息

SO

LET US HOPE

THAT

THIS MAGAZINE OF YOURS WILL BE THE HERALD

OF

TWENTIETH CENTURY RENAISSANCE

OF

THE LITERARY LIFE OF KOREA

R. B.

해외문학

1927년 해외문학연구회의 기관지-영인본

인쇄일: 2023년 4월 10일
발행일: 2023년 4월 15일
지은이: 편집부
발행인: 윤영수
발행처: 한국학자료원
서울시 구로구 개봉본동 170-30
전화: 02-3159-8050 팩스: 02-3159-8051
문의: 010-4799-9729
등록번호: 제312-1999-074호
ISBN: 979-11-6887-254-7

정가 120,000원